2026

박문각
행정사

브랜드 만족 1위
근거자료 후면표기

수석배출
제13회 행정사
*일반행정사/외국어번역행정사

5년 최다

★ 전체 ★
수석

합격자 배출

KB233448

조민기
민법(계약)

2차 | 핵심요약집

박문각 행정사연구소 편_조민기

박문각 행정사
조민기 민법(계약)

2차 | 핵심요약집

머리말

현재 행정사 2차 시험과목인 민법(계약)은 논술형 1문제와 약술형 3문제가 출제됩니다. 논술형 1문제는 다시 2개의 소문항으로 세분화된 사례형식이며, 약술형 3문제는 준사례나 단문형식입니다. 결국 약 50분 내로 5가지 주제를 써야 하는 어려운 시험입니다.

주어진 시험시간에 비해 문제 지문이 점점 길어지고 있는 추세이므로 간결한 답안작성이 무엇보다 중요합니다. 이를 위해 본서는 민법(계약)의 전 분야를 실제 시험에서 쓸 수 있을 만큼의 분량으로 정리하였으며, 출제가능성을 기준으로 중요도를 표시하였습니다. 다만, 절대적인 것은 아니므로 학습의 편의를 위해 참고만 하길 바랍니다.

가장 좋은 문제는 기출문제라는 말이 있습니다. 시험이 거듭됨에 따라 이제 기출문제도 계속 반복하여 출제된다는 점을 주의해야 합니다. 최소한 기출문제의 답안은 완벽하게 쓸 수 있어야 합니다. 이를 위해 제1회부터 13회까지의 모든 기출문제를 진도별로 수록하였습니다.

주어진 지문에서 정답을 고르는 객관식 시험과는 달리, 상당한 분량의 답안을 직접 작성해야 하는 주관식 시험에서는 꾸준한 답안작성 연습이 필수적입니다. 많이 아는 것보다 시간 내에 쓸 수 있는지가 중요합니다. 처음에는 무엇을 써야 할지 막막하고 두려울 수도 있으나, 본 핵심요약집을 통해 답안작성의 요령을 익히고 연습을 거듭하다 보면 합격 답안을 쓸 수 있게 될 것입니다.

편저자 조민기

행정사 2차 시험 정보

1. 시험 일정: 매년 1회 실시

원서 접수	시험 일정	합격자 발표
2026년 7월 27일~7월 31일	2026년 10월 3일	2026년 12월 16일

2. 시험 과목 및 시간

교시	입실	시험 시간	시험 과목	문항 수	시험 방법
1교시	09:00	09:30~11:10 (100분)	**[공통]** ① 민법(계약) ② 행정절차론(행정절차법 포함)	과목당 4문항 (논술 1, 약술 3) ※ 논술 40점, 약술 20점	논술형 및 약술형 혼합
2교시	11:30	• 일반/해사 행정사 11:40~13:20 (100분) • 외국어번역 행정사 11:40~12:30 (50분)	**[공통]** ③ 사무관리론 　(민원 처리에 관한 법률, 행정업무의 운영 및 혁신에 관한 규정 포함) **[일반행정사]** ④ 행정사실무법(행정심판사례, 비송사건절차법) **[해사행정사]** ④ 해사실무법(선박안전법, 해운법, 해사안전기본법, 해사교통안전법, 해양사고의 조사 및 심판에 관한 법률) **[외국어번역행정사]** ④ 해당 외국어(외국어능력시험으로 대체하며 영어, 중국어, 일본어, 프랑스어, 독일어, 스페인어, 러시아어의 7개 언어에 한함)		

3. 외국어능력검정시험 성적표 제출

2차 시험의 원서접수 마감일부터 거꾸로 계산하여 5년이 되는 날이 속하는 해의 1월 1일 이후에 실시된 외국어능력검정시험에서 취득한 성적으로 대체하며, 기준 점수 이상이어야 한다.

◈ 영어

시험명	TOEIC	TEPS	TOEFL	G-TELP	FLEX	IELTS
기준 점수	쓰기시험 150점 이상	쓰기시험 71점 이상	쓰기시험 25점 이상	GWT 작문시험에서 3등급 이상(1, 2, 3등급)	쓰기시험 200점 이상	쓰기시험 6.5점 이상

◆ 일본어, 중국어, 스페인어, 프랑스어, 독일어, 러시아어

시험명	FLEX (공통)	신HSK (중국어)	DELE (스페인어)	DELF/DALF (프랑스어)	괴테어학 (독일어)	TORFL (러시아어)
기준 점수	쓰기시험 200점이상	6급 또는 5급 쓰기 60점 이상	C1 또는 B2 작문 15점 이상	C2 독해/작문 25점 이상 및 C1 또는 B2 작문 12.5점 이상	C2 또는 B2 쓰기 60점 이상 및 C1 쓰기 15점 이상	1~4단계 쓰기 66% 이상

4. 시험의 면제

(1) 면제 대상

공무원으로 재직한 사람과 외국어 번역 업무에 종사한 경력이 있는 사람 등은 행정사 자격시험의 전부 또는 일부가 면제된다(제2차 시험 일부 과목 면제).

(2) 2차 시험 면제 과목

일반/해사행정사	행정절차론, 사무관리론
외국어번역행정사	민법(계약), 해당 외국어

5. 합격자 결정 방법

(1) 합격기준

1차 시험 및 2차 시험 합격자는 과목당 100점을 만점으로 하여 모든 과목의 점수가 40점 이상이고, 전 과목의 평균 점수가 60점 이상인 사람으로 한다(단, 2차 시험에서 외국어시험을 외국어능력검정시험으로 대체하는 경우에는 해당 외국어시험은 제외).

(2) 최소합격인원

2차 시험 합격자가 최소선발인원보다 적은 경우에는 최소선발인원이 될 때까지 모든 과목의 점수가 40점 이상인 사람 중에서 전 과목 평균점수가 높은 순으로 합격자를 추가로 결정한다. 이 경우 동점자가 있어 최소선발인원을 초과하는 경우에는 그 동점자 모두를 합격자로 한다.

출제경향 분석

[문제 1]의 물음 ⑴은 제3자를 위한 계약에서 제3자의 지위에 관한 사례입니다. 제3자를 위한 계약의 의의와 수익의 의사표시 후 제3자의 지위를 약술하고, 제3자 권리의 변경·소멸 가능 여부를 조문과 판례에 따라 간략하게 설명하면 됩니다.

[문제 1]의 물음 ⑵는 제3자를 위한 계약에서 요약자의 권리에 관한 사례입니다. 이 문제에서는 각 쟁점의 대표적 판례를 쓸 수 있는지가 중요합니다. 낙약자의 채무불이행을 이유로 요약자의 해제가 가능하다는 판례를 소개하고, 제3자의 손해배상청구, 제3자가 해제의 소급효가 제한되는 제548조 제1항 단서의 제3자에 해당하는지를 검토하면 됩니다.

[문제 2]는 서면에 의하지 않은 증여의 해제와 해제의 효력 제한에 관한 사례입니다. 판례를 그대로 사례화한 것이므로, 제555조와 제558조 조문을 제시하고, 관련 판례를 쓰면 충분합니다.

[문제 3]은 조합원의 출자의무 불이행, 조합의 이익분배에 관한 사례입니다. 기본서에 흩어져 있는 내용을 종합해야 합니다. 조합의 의의에서 성립요건을 도출하고, 출자와 이익분배가 언급된 조문·판례 등까지 쓰다 보니 분량도 상당하고 어려운 문제였습니다.

[문제 4]는 제4회 행정사 시험에서 출제되었던 화해와 착오취소가 다시 출제되었습니다. 이처럼 한번 기출된 내용이라도 중요부분은 계속 반복하여 출제되고 있습니다.

올해 행정사 민법(계약) 문제는 [문제 4]를 제외하고는 모두 새로운 주제로 출제되었습니다. 약술형도 판례와 연계하여 사례나 준사례로 출제되었습니다.

민법(계약) 과목이 점점 어려워지고 있습니다. 주어진 시험시간에 비해 문제 지문은 길고 써야 할 답안 분량은 너무 많습니다. 민법(계약) 전체를 기출 주제, 미기출 주제, 최신 판례, 종합 사례 등으로 구분해서 핵심만 간략하게 암기하고, 시간 내에 답안을 작성할 수 있도록 반복 연습하는 것이 중요합니다.

구분	계약의 성립과 효력	계약의 해제와 해지	증여	매매	소비대차	임대차	도급	여행계약/위임/조합/화해
1회		법정해제의 효과(40점)				주택임대차보호법상 묵시적 갱신(20점)	완성물의 소유권 귀속(20점)	수임인의 의무(20점)
2회		법정해제와 합의해제의 차이점(20점)				임차인의 유익비상환 청구권(20점)	•도급의 위험부담(20점) •일의 완성 전의 도급인의 해제(20점)	조합채무에 대한 책임(20점)
3회	동시이행의 항변권의 성립요건(20점)			•매매와 과실의 귀속(20점) •매매예약 완결권(20점)	준소비대차(20점)	임차인의 지상물 매수청구권(20점)		
4회	•청약과 승낙의 결합에 의하지 않은 계약의 성립(20점) •계약 체결상의 과실책임(20점)			매도인의 담보책임(20점)		임차물의 무단전대(20점)		화해계약의 취소(20점)
5회	제3자를 위한 계약(20점)		증여계약의 특유한 해제원인(20점)	계약금(20점)		•임차인의 부속물 매수청구권(20점) •임차권의 양도(20점)		
6회	제537조 채무자 위험부담 주의(20점)			•계약금의 일부 지급과 해약금 해제(20점) •이행기 전의 이행의 착수(20점) •물건의 하자에 대한 매도인의 담보책임(20점)		임차인의 지상물 매수청구권(20점)		
7회	•계약교섭의 부당한 중도파기의 법적 성질(30점) •손해배상책임의 범위(10점)			환매와 재매매의 예약(20점)		권리금 회수기회 보호제도(20점)		여행주최자의 의무와 담보책임(20점)
8회	동시이행의 항변권의 성립요건(20점)					•임차인의 부속물 매수청구권(20점) •임차권 등기명령(20점)	•주택신축계약의 법적 성질과 완성물의 소유권 귀속(20점) •수급인의 담보책임(20점)	
9회	제538조 채권자위험부담(20점)	합의해제와 제3자보호(10점)	부담부 증여(30점)			상임법상 임차인의 계약갱신 요구권(20점)		조합원의 탈퇴(20점)
10회	교차청약(20점)	해제와 제3자 보호(20점)		전부 타인권리의 매매와 매도인의 담보책임(20점)		임대차보증금의 반환(20점)		조합원의 탈퇴(20점)
11회	제3자를 위한 계약(20점)	해제의 효과(20점)		이행기 전의 이행의 착수(20점)		임차인의 지상물 매수청구권(20점)	제작물공급계약과 완성물의 소유권 귀속(20점)	
12회	계약체결상의 과실책임(20점)			전부 타인 권리의 매매와 매도인의 담보책임(20점)		상임법상 계약갱신 요구권과 권리금 회수기회 보호제도(40점)		조합채무에 대한 책임(20점)
13회	제3자를 위한 계약(40점)		서면에 의하지 않은 증여(20점)					•조합의 출자의무, 성립요건, 이익분배(20점) •화해계약의 취소(20점)

차 례

01 계약자유의 원칙과 그 제한

01 의의

계약자유의 원칙은 계약에 의한 법률관계의 형성이 법의 제한에 위배되지 않는 한 계약당사자의 자유에 맡겨진다는 원칙을 말한다.

02 계약자유의 원칙의 내용

1. 계약체결의 자유

계약당사자는 계약의 체결 여부를 자유롭게 결정할 수 있다.

2. 계약상대방 선택의 자유

계약당사자는 원하는 상대방과 계약을 체결할 수 있다.

3. 계약내용 결정의 자유

계약당사자가 계약의 내용을 어떻게 정할지도 자유이다.

4. 계약방식의 자유

계약체결에 원칙적으로 특정한 방식을 요구하지 않음을 말한다.

03 계약자유의 원칙의 제한

1. 계약체결의 자유에 대한 제한

우편·통신 등 공익적 독점기업이나 의사 등 공공적·공익적 직무담당자는 정당한 이유 없이 급부의 제공을 거절하지 못한다. 법률에 의해 부과된 체약의무를 위반하여 계약체결을 거절하는 경우, 공법적 제재를 받을 뿐 아니라, 사법상으로 불법행위에 의한 손해배상의무를 진다.

2. 계약상대방 선택의 자유에 대한 제한

국가유공자 등 예우 및 지원에 관한 법률 등 관계 법률에 의해서 사용자의 상대방 선택의 자유가 제한되기도 한다.

3. 계약내용 결정의 자유에 대한 제한

강행법규를 위반하거나 사회질서에 반하는 계약내용은 무효이다. 또한 약관에 의한 계약체결이나 규제된 계약에 의해서 계약내용 결정의 자유는 제한을 받는다.

4. 계약방식의 자유에 대한 제한

계약의 성립에 서면, 신고 등 일정한 방식을 요구하는 경우도 있다.

02 ▷ 약관

01 약관의 의의

약관이란 명칭이나 형태 또는 범위에 상관없이 <u>계약의 한쪽 당사자가</u> 여러 명의 상대방과 계약을 체결하기 위하여 <u>일정한 형식으로 미리 마련한 계약</u>의 내용이다.

02 약관의 계약에의 편입

1. 약관의 구속력의 근거

약관 자체가 법규범적 성질을 가진 것이기 때문이 아니라, 계약당사자 사이에서 <u>약관을 계약 내용에 포함시키기로 합의하였기 때문</u>이라는 계약설이 통설·판례이다.

2. 약관의 계약에의 편입요건

(1) 약관의 명시·설명의무

① 명시 및 사본교부의무: 사업자는 약관의 내용을 계약의 종류에 따라 <u>일반적으로 예상되는 방법으로 분명하게 밝히고</u>, 고객이 요구할 경우 사본을 고객에게 내주어야 한다.

② 설명의무: 사업자는 약관에 정하여져 있는 중요한 내용을 <u>고객이 이해할 수 있도록 설명</u>하여야 한다. 다만, 계약의 성질상 설명하는 것이 현저하게 곤란한 경우에는 그러하지 아니하다.

③ 약관에 정하여진 사항이라고 하더라도 <u>거래상 일반적이고 공통된 것이어서 계약자가 별도의 설명 없이도 충분히 예상할 수 있었던 사항이거나, 이미 법령에 의하여 정하여진 것을 되풀이하거나 부연하는 정도에 불과한 사항이라면, 그러한 사항까지 명시·설명의무가 있다고는 할 수 없다.</u>

(2) 명시·설명의무 위반의 효과

① 사업자가 명시·설명의무를 위반한 경우에는 <u>사업자는 해당 약관을 계약의 내용으로 주장할 수 없다.</u>

② 그러나 고객은 해당 약관을 계약의 내용으로 주장할 수 있다.

03 약관의 해석

1. 신의칙에 따른 공정해석의 원칙

약관은 신의성실의 원칙에 따라 공정하게 해석되어야 한다.

2. 통일적 해석의 원칙

약관은 고객에 따라 다르게 해석되어서는 안 된다.

3. 불명확조항의 해석(작성자 불리의 원칙, 고객유리의 원칙)

약관의 뜻이 명백하지 아니한 경우에는 고객에게 유리하게 해석되어야 한다.

4. 개별약정 우선의 원칙

약관에서 정하고 있는 사항에 관하여 사업자와 고객이 약관의 내용과 다르게 합의한 사항이 있을 때에는 그 합의 사항은 약관보다 우선한다.

04 약관의 불공정성 통제

1. 불공정약관조항의 무효

(1) 신의성실의 원칙을 위반하여 공정성을 잃은 약관조항은 무효이다.

(2) ① 고객에게 부당하게 불리한 조항, ② 고객이 계약의 거래형태 등 관련된 모든 사정에 비추어 예상하기 어려운 조항, ③ 계약의 목적을 달성할 수 없을 정도로 계약에 따르는 본질적 권리를 제한하는 조항은 공정성을 잃은 것으로 추정된다.

(3) 약관규제법은 제6조의 일반원칙을 토대로 제7조에서 제14조까지 개별적 무효사유를 규정하고 있다.

2. 일부 무효의 특칙

(1) 약관의 일부 조항이 무효인 경우 계약은 나머지 부분만으로 유효하게 존속한다.

(2) 다만, 유효한 부분만으로는 계약의 목적 달성이 불가능하거나 그 유효한 부분이 한쪽 당사자에게 부당하게 불리한 경우에는 그 계약은 무효로 한다.

03 계약의 성립

01 계약의 성립요건으로서의 합의(약술형, B)

1. 합의

(1) 합의의 의의

계약이 성립하려면 당사자의 <u>서로 대립하는 수 개의 의사표시의 합치</u>, 즉 합의가 있어야 한다. 합의는 의사표시의 객관적 합치와 주관적 합치가 요구된다.

(2) 객관적 합치

수 개의 의사표시가 <u>내용적으로 일치</u>하는 것이다.

(3) 주관적 합치

의사표시의 <u>상대방이 누구냐에 관하여 잘못이 없는 것</u>이다.

2. 불합의와 착오

(1) 불합의의 의의

불합의란 <u>의사표시의 불합치</u>를 말한다. 여기에는 의식적 불합의와 무의식적 불합의가 있다. 의식적 불합의는 예컨대 어떤 청약에 대해 조건을 붙이거나 변경을 가하여 승낙을 하는 것처럼 당사자가 의식적으로 불합치를 초래하는 경우이다. <u>무의식적 불합의</u>는 의사표시 사이에 <u>불합치가 있는데 당사자가 그 불합치를 모르는 경우</u>이다. 어느 것이든 합의가 없는 점에서 계약은 성립하지 않는다.

(2) 무의식적 불합의와 착오

① <u>무의식적인 불합의</u>는 대립하는 두 개의 의사표시 사이에 불합치가 있는데 당사자가 그 불합치를 모르는 경우이며, <u>착오</u>는 하나의 의사표시의 성립과정에 있어서 의사와 표시 사이에 불합치가 있는 경우라는 점에서 서로 구별된다.
② <u>착오</u>는 일단 계약이 성립하고 중요 부분에 관한 착오라면 <u>취소</u>할 수 있는 반면에, <u>무의식적 불합의</u>는 <u>계약 자체가 처음부터 성립하지 않는다.</u>

02 청약과 승낙에 의한 계약성립

1. 청약(약술형, A)

(1) 청약의 의의

청약은 상대방의 승낙과 결합하여 일정한 계약을 성립시킬 것을 목적으로 하는 일방적·확정적 의사표시이다.

(2) 청약의 요건

1) **청약자와 청약의 상대방** : 불특정 다수인에 대한 청약도 유효하다.

2) **확정적 의사표시** : 청약은 그에 응하는 승낙만 있으면 계약이 성립하는 구체적·확정적 의사표시이다.

3) **청약의 유인(약술형, A)**

① 청약의 유인이란 타인으로 하여금 자기에게 청약을 하게 하려는 행위이다. 청약과 청약의 유인은 확정적 구속의사가 있는지의 여부에 따라 구별된다.
② 청약의 유인은 피유인자가 그에 대응하여 의사표시를 하더라도 계약은 성립하지 않고, 다시 유인한 자가 승낙의 의사표시를 함으로써 비로소 계약이 성립한다.

(3) 청약의 효력

1) **청약의 효력발생시기** : 청약은 상대방에게 도달한 때로부터 그 효력이 생긴다.

2) **청약의 구속력(형식적 효력)** : 청약이 효력을 발생한 때에는 청약자가 임의로 이를 철회하지 못한다.

3) **청약의 승낙적격(실질적 효력)**

① 의의 : 청약은 승낙을 받을 수 있는 효력을 가지는데, 이러한 승낙적격은 결국 청약의 존속기간을 의미한다.
② 승낙기간을 정한 청약(제528조)
　㉠ 원칙 : 청약자가 그 기간 내에 승낙의 통지를 받지 못한 때에는 효력을 잃는다.
　㉡ 예외 : 승낙의 통지가 연착한 경우에 보통 그 기간 내에 도달할 수 있는 발송인 때에는 청약자는 지체 없이 상대방에게 연착의 통지를 하여야 한다. 그러나 그 도달 전에 지연의 통지를 발송한 때에는 그러하지 아니하다. 연착의 통지를 하지 아니한 때에는 연착되지 아니한 것으로 본다.
③ 승낙기간을 정하지 않은 청약(제529조) : 청약자가 상당한 기간 내에 승낙의 통지를 받지 못한 때에는 효력을 잃는다.

2. 승낙(약술형, A)

(1) 승낙의 의의

승낙은 <u>청약의 상대방이</u> 청약에 응하여 <u>계약을 성립시킬 목적으로</u> <u>청약자에 대하여 행하는</u> <u>의사표시</u>이다.

(2) 승낙의 요건

1) 승낙의 상대방: 승낙은 특정 청약자에 대하여 행하여야 한다. 불특정 다수인에 대한 승낙은 있을 수 없다.

2) 변경을 가한 승낙: 승낙자가 조건을 붙이거나 변경을 가하여 승낙한 때에는 그 청약의 거절과 동시에 새로 청약한 것으로 본다(제534조).

3) 연착된 승낙: 연착된 승낙은 청약자가 이를 새 청약으로 볼 수 있다(제530조).

4) 청약의 존속기간 중 승낙일 것

① 승낙기간을 정한 청약(제528조)
　㉠ 원칙: 청약자가 그 기간 내에 승낙의 통지를 받지 못한 때에는 효력을 잃는다.
　㉡ 예외: 승낙의 통지가 연착한 경우에 보통 그 기간 내에 도달할 수 있는 발송인 때에는 청약자는 지체 없이 상대방에게 연착의 통지를 하여야 한다. 그러나 그 도달 전에 지연의 통지를 발송한 때에는 그러하지 아니하다. 연착의 통지를 하지 아니한 때에는 연착되지 아니한 것으로 본다.

② 승낙기간을 정하지 않은 청약(제529조)
　청약자가 상당한 기간 내에 승낙의 통지를 받지 못한 때에는 효력을 잃는다.

5) 청약의 상대방(＝청약수령자)의 회답의무

① 청약의 상대방은 청약을 받았다는 사실로부터 어떠한 법적 의무를 부담하지 않는다. 따라서 승낙 여부에 대하여 회답할 의무를 지지 않는다.

② 청약자가 미리 정한 기간 내에 이의를 하지 아니하면 승낙한 것으로 간주한다는 뜻을 청약시 표시하였다고 하더라도 이는 청약의 상대방을 구속하지 아니하고 그 기간은 경우에 따라 단지 승낙기간을 정하는 의미를 가질 수 있을 뿐이다(98다48903).

(3) 승낙의 효력발생시기(＝계약의 성립시기)

1) 승낙은 청약과 결합하여 계약을 성립시키는 효력이 있다. 따라서 승낙의 효력발생시기는 결국 계약의 성립시기이다.

2) 격지자간의 계약성립시기

① 격지자간의 계약은 <u>승낙의 통지를 발송한 때</u>에 성립한다(제531조).

② 승낙의 통지가 일정기간 내에 도달하는 것을 정지조건으로 하여 승낙의 통지를 발송한 때에 소급하여 계약이 성립한다는 <u>정지조건설</u>과 승낙의 통지를 발송한 때에 계약은 성립하지만, 승낙의 통지가 기간 내에 도달하지 않은 경우에 계약은 소급하여 성립하지 않게 된다는 <u>해제조건설</u>이 대립한다.

3) 대화자간의 계약성립시기

도달주의의 원칙에 따라 <u>승낙의 통지가 청약자에게 도달한 때</u>에 계약이 성립한다.

제527조【계약의 청약의 구속력】 계약의 청약은 이를 철회하지 못한다.

제528조【승낙기간을 정한 계약의 청약】 ① 승낙의 기간을 정한 계약의 청약은 청약자가 그 기간 내에 승낙의 통지를 받지 못한 때에는 그 효력을 잃는다.
② 승낙의 통지가 전항의 기간후에 도달한 경우에 보통 그 기간내에 도달할 수 있는 발송인 때에는 청약자는 지체없이 상대방에게 그 연착의 통지를 하여야 한다. 그러나 그 도달전에 지연의 통지를 발송한 때에는 그러하지 아니하다.
③ 청약자가 전항의 통지를 하지 아니한 때에는 승낙의 통지는 연착되지 아니한 것으로 본다.

제529조【승낙기간을 정하지 아니한 계약의 청약】 승낙의 기간을 정하지 아니한 계약의 청약은 청약자가 상당한 기간내에 승낙의 통지를 받지 못한 때에는 그 효력을 잃는다.

제530조【연착된 승낙의 효력】 전2조의 경우에 연착된 승낙은 청약자가 이를 새 청약으로 볼 수 있다.

제531조【격지자간의 계약성립시기】 격지자간의 계약은 승낙의 통지를 발송한 때에 성립한다.

제532조【의사실현에 의한 계약성립】 청약자의 의사표시나 관습에 의하여 승낙의 통지가 필요하지 아니한 경우에는 계약은 승낙의 의사표시로 인정되는 사실이 있는 때에 성립한다.

제533조【교차청약】 당사자간에 동일한 내용의 청약이 상호교차된 경우에는 양청약이 상대방에게 도달한 때에 계약이 성립한다.

제534조【변경을 가한 승낙】 승낙자가 청약에 대하여 조건을 붙이거나 변경을 가하여 승낙한 때에는 그 청약의 거절과 동시에 새로 청약한 것으로 본다.

03-1 [기출 4회 4문]
청약과 승낙의 결합에 의하지 아니하고 계약이 성립될 수 있는 경우를 약술하시오. (20점)

01 의의

계약은 원칙적으로 청약과 승낙의 합치에 의하여 성립한다. 그런데 우리 민법은 그 외에도 의사실현과 교차청약에 의하여 계약이 성립할 수 있음을 인정한다.

02 의사실현에 의한 계약의 성립

1. 의의

청약자의 의사표시 또는 관습에 의하여 승낙의 통지를 필요로 하지 않는 경우에는 승낙의 의사표시로 인정되는 사실이 있는 때에 계약이 성립한다. 판례에 따르면 예금계약은 예금자가 예금의 의사를 표시하면서 금융기관에 돈을 제공하고 금융기관이 그 의사에 따라 그 돈을 받아 확인을 하면 성립한다(2003다30159).

2. 계약의 성립시기

의사실현에 의하여 계약이 성립하는 시기는 승낙의 의사표시로 인정되는 사실이 있는 때이며, 청약자가 그 사실을 안 때가 아니다.

03 교차청약에 의한 계약의 성립

1. 의의

교차청약이란 당사자 간에 동일한 내용의 청약을 서로 행한 경우, 즉 각 당사자가 우연히 서로 교차해서 청약을 하였는데 그 청약의 내용이 일치하고 있는 경우이다.

2. 계약의 성립시기

양 청약이 상대방에게 도달한 때에 계약이 성립한다. 따라서 동시에 도달하지 않을 때에는, 후에 상대방에게 도달한 청약이 도달하는 때에 계약은 성립한다.

03-2 [기출 10회 4문]

화가 甲은 미술품 수집상 乙에게 자신의 'A그림을 100만 원에 사 달라'는 청약의 편지를 2022. 9. 1. 발송하여 그 편지가 동년 9. 5. 乙에게 도달하였다. 한편 그러한 사실을 모르는 乙은 甲에게 'A그림을 100만 원에 팔라'는 청약의 편지를 2022. 9. 3. 발송하여 그 편지가 동년 9. 7. 甲에게 도달하였다. 이러한 경우에 甲과 乙 사이에서 A그림에 대한 매매계약의 성립 여부에 관하여 설명하시오.

(20점)

01 교차청약의 의의

사안처럼 계약당사자 甲과 乙이 같은 내용을 가진 계약의 청약을 서로 행한 경우, 즉 각 당사자가 우연히 서로 교차해서 청약을 하였는데 그 청약의 내용이 완전히 일치하고 있는 경우를 교차청약이라 한다.

02 A그림에 대한 매매계약의 성립 여부

당사자 간에 동일한 내용의 청약이 상호 교차된 경우에는 양 청약이 상대방에게 도달한 때에 계약이 성립한다(제533조). 따라서 A그림 매매계약은 2022. 9. 7.에 성립한다.

03-3 격지자간의 계약성립시기(약술형, A)

01 문제의 소재

제531조에 의하면 격지자간의 계약은 승낙의 통지를 발송한 때에 성립하나 제528조 제1항과 제529조에 의하면 승낙이 승낙기간 또는 상당한 기간 내에 도달하지 않은 경우에는 계약은 성립하지 않는다. 따라서 양자의 관계에 대한 해석상 문제가 제기된다.

02 학설의 대립

1. 정지조건설

승낙의 통지가 일정기간 내에 도달하는 것을 정지조건으로 하여 승낙의 통지를 발송한 때에 소급하여 계약이 성립한다는 견해이다.

2. 해제조건설

승낙의 통지를 발송한 때에 계약은 성립하지만, 승낙의 통지가 기간 내에 도달하지 않은 경우에 계약은 소급하여 성립하지 않게 된다는 견해이다.

03 학설의 비교

1. 증명책임

계약의 성립을 주장하려면 정지조건설은 승낙자가 승낙이 청약자에게 도달하였음을 증명하여야 하나, 해제조건설은 승낙자는 승낙의 통지를 발송한 사실만을 증명하면 족하고 오히려 계약의 불성립을 주장하는 청약자가 기간 내의 부도달을 증명하여야 한다.

2. 승낙의 철회

정지조건설에 의하면 승낙의 통지를 발송한 후라도 도달 전에는 승낙을 철회할 수 있으나, 해제조건설에 의하면 승낙의 통지를 발송한 때에 계약이 성립하므로 승낙의 통지를 발송한 이후에는 승낙을 철회할 수 없다.

03-4 계약의 성립(사례형, 10분)

甲은 평소에 사업상 잘 알고 있는 乙이 중고의 자동차를 구하고 있다는 말을 9월 15일경에 다른 친구 丙으로부터 전해 듣고, 乙에게 서신을 보내어 자신의 자동차를 500만 원에 팔겠다고 하면서, 10월 2일까지 연락을 해 달라고 하였다. 乙은 甲의 자동차를 몇 번 보았을 뿐만 아니라, 한 번 타 본 적도 있어 몇 번 생각을 해보다가 다른 차를 사는 것보다는 나을 것 같은 생각이 들어 9월 25일 저녁에 서신으로 그 차를 구입하겠다는 내용의 편지를 보냈다. 그러나 그 서신이 우체국의 업무착오로 10월 5일에야 甲에게 도착하였고, 甲은 乙의 의사가 늦게 도착하였으므로 이를 무시하였다. 이러한 경우에 甲·乙 간의 계약성립 여부와 성립시기에 대해서 약술하시오.

01 계약의 성립 여부

1. 승낙기간을 정한 청약

(1) 원칙

승낙의 기간을 정한 청약은 청약자가 그 기간 내에 승낙의 통지를 받지 못한 때에는 그 효력을 잃는다(제528조 제1항).

(2) 예외

승낙의 통지가 기간 후에 도달한 경우에 보통 그 기간 내에 도달할 수 있는 발송인 때에는 청약자는 지체 없이 상대방에게 그 연착의 통지를 하여야 한다(제528조 제2항). 청약자가 연착의 통지를 하지 아니한 때에는 연착되지 아니한 것으로 본다(제528조 제3항).

2. 사안의 해결

청약을 받은 乙은 9월 25일에 승낙을 발신하였고, 이것은 통상 10월 2일의 승낙기간 내에 도달할 수 있는 발송인데도 청약자 甲은 乙에게 연착의 통지를 하지 않았으므로 승낙의 통지는 연착되지 않은 것으로 보고, 따라서 승낙기간 내에 도달한 승낙이 되어 계약은 성립한다.

02 계약의 성립시기

1. 격지자간의 계약성립시기

(1) 문제점

격지자간의 계약은 승낙의 통지를 발송한 때에 성립한다(제531조). 그런데 제528조 제1항과 제529조는 승낙이 승낙기간 내에 도달하지 않은 경우 계약이 성립되지 않는다고 규정하고 있어 양 조항의 관계가 문제된다.

(2) 학설의 대립

① 승낙의 통지가 청약자에게 도달하는 것을 정지조건으로 하여 승낙의 통지를 발송한 때에 소급하여 계약이 성립한다고 보는 정지조건설과 승낙의 통지를 발송한 때에 계약은 성립하지만, 그 통지가 청약의 존속기간 내에 도달하지 않은 경우에는 계약은 소급하여 성립하지 않게 된다는 해제조건설(다수설)이 대립한다.

② 제531조가 거래의 신속을 위해 둔 것임을 고려할 때, 그 입법 취지를 살리는 해제조건설이 타당하다고 본다.

2. 사안의 해결

어느 학설에 의하든지 승낙의 통지가 승낙기간 내에 도달하였으면 승낙의 통지를 발송한 때에 계약이 성립한다는 점은 동일하므로, 승낙의 통지를 발송한 9월 25일에 계약은 성립한다.

03-5 연착된 승낙의 효력(약술형, B)

01 의의

연착된 승낙이란 승낙기간을 정한 청약의 경우에는 그 <u>승낙기간 후에 도달한 승낙</u>이며, 승낙기간을 정하지 아니한 청약의 경우에는 <u>상당한 기간 후에 도달한 승낙</u>을 말한다.

02 승낙기간을 정한 경우

1. 원칙

청약자가 그 기간 내에 승낙의 통지를 받지 못한 때에는 청약은 그 효력을 잃고 계약은 성립되지 못한다(제528조 제1항). 다만, 이때 연착된 승낙은 청약자가 이를 새 청약으로 볼 수 있다(제530조).

2. 예외

승낙이 연착한 경우에 <u>보통 그 기간 내에 도달할 수 있는 발송인 때</u>에는 청약자는 지체 없이 상대방에게 <u>연착의 통지를 하여야 한다. 연착의 통지를 하지 아니한 때에는 연착되지 아니한 것으로 본다</u>(제528조 제2항, 제3항).

03 승낙기간을 정하지 아니한 경우

청약자가 상당한 기간 내에 승낙의 통지를 받지 못한 때에는 청약은 그 효력을 잃고 계약은 성립되지 못한다(제529조). 다만 이때 연착된 승낙은 청약자가 이를 새 청약으로 볼 수 있다(제530조).

03-6 청약과 청약의 유인(사례형, 10분)

> 甲은 여행 중개 플랫폼을 통하여 리조트의 숙박과 렌터카 서비스가 포함된 여행 패키지 계약을 A와 체결하고 대금을 완납하였다. A는 甲에게 여행패키지 계약을 광고하는 이메일을 송부하였는데, 광고 이메일에는 '승마체험 무료제공' 이벤트가 여행패키지 계약에 포함된 것으로 설명되어 있었다. 甲은 승마체험 무료제공 이벤트가 포함된 점에 매료되어 승마를 꼭 체험하리라 다짐하면서 광고와 연결된 여행 중개 플랫폼에서 여행패키지 계약 신청서를 작성한 후 제출하여 A와 계약을 체결하였다. 그런데 甲이 리조트 숙박 중 승마체험을 신청하였더니 광고와는 달리 1시간당 5만 원의 요금을 추가로 납부하여야 체험할 수 있다는 것이었다. 甲이 다시 인터넷을 통해 계약체결 화면에 있는 내용과 계약체결 후 받은 확인서를 자세히 살펴보았는데, 승마체험 무료제공 이벤트가 여행패키지 계약에 포함된다는 내용은 기재되어 있지 않았다. 甲이 A와 체결한 여행패키지 계약에 광고의 내용인 승마체험 무료제공 이벤트가 포함된 것으로 볼 수 있는지에 관하여 甲과 A가 주장할 수 있는 논거를 제시하시오.

01 청약과 청약의 유인의 구별

청약은 이에 대응하는 상대방의 승낙과 결합하여 일정한 내용의 계약을 성립시킬 것을 목적으로 하는 확정적인 의사표시인 반면, 청약의 유인은 이와 달리 합의를 구성하는 의사표시가 되지 못하므로 피유인자가 그에 대응하여 의사표시를 하더라도 계약은 성립하지 않고, 다시 유인한 자가 승낙의 의사표시를 함으로써 비로소 계약이 성립하는 것으로서 서로 구분되는 것이다.

02 甲주장의 논거

광고는 일반적으로 청약의 유인에 불과하지만 내용이 명확하고 확정적이며 광고주가 광고의 내용대로 계약에 구속되려는 의사가 명백한 경우에는 청약으로 볼 수 있다. 나아가 광고가 청약의 유인에 불과하더라도 이후의 거래과정에서 상대방이 광고의 내용을 전제로 청약을 하고 광고주가 이를 승낙하여 계약이 체결된 경우에는 광고의 내용이 계약의 내용으로 된다. 따라서 승마체험 무료제공 이벤트도 여행패키지 계약에 포함된 것으로 볼 수 있다(2017다275447).

03 A주장의 논거

광고는 청약의 유인에 불과할 뿐 여행패키지 계약의 내용으로 되었다고 볼 수 없다(99다55601·55618).

04 계약체결상의 과실책임(약술형, A)

01 의의

계약체결상의 과실책임이란 계약체결을 위한 준비단계 또는 계약의 성립과정에서 당사자 일방이 책임 있는 사유로 상대방에게 손해를 끼친 경우에 이를 배상해야 할 책임을 말한다.

02 법적 성질

불법행위책임설은 계약관계가 없는 자들 사이의 관계이므로 불법행위책임이라고 보는 반면에, 계약책임설은 계약상 의무로서 보호의무, 설명의무 등 신의칙상의 부수적 의무를 인정하고 이러한 부수적 의무위반으로 인한 계약책임이라고 본다. 또한 불법행위책임도 계약책임도 아닌 독자적인 책임으로 보는 법정책임설도 있다.

03 적용범위

1. 계약체결 준비단계

계약체결을 위한 접촉이 계속되는 동안에 당사자 일방의 과실로 상대방에게 손해를 준 경우에는 접촉의 결렬로 계약이 불성립으로 끝났다 하더라도 책임 있는 당사자는 계약체결상의 과실책임을 져야 한다는 것이다.

2. 계약이 유효하게 성립한 경우

계약은 유효하게 성립하였으나, 당사자 일방의 고지의무 또는 설명의무의 위반으로 상대방에게 손해가 생긴 경우에 계약체결상의 과실책임을 인정하자는 것이다.

3. 계약이 무효이거나 취소된 경우

(1) 원시적 불능으로 무효인 경우(제535조의 계약체결상의 과실책임)

1) 의의

법률행위가 유효하게 성립하기 위해서는 법률행위의 목적의 확정·가능·적법·사회적 타당성이 요구된다. 원시적·객관적·전부 불능인 계약은 무효이고, 상대방은 이미 이행한 급부를 부당이득의 법리에 따라 반환청구할 수 있다. 또한 제535조의 요건을 갖춘 경우라면 불능인 급부를 이행하여야 할 당사자는 상대방에 대하여 계약체결상의 과실책임을 부담한다.

2) 요건

① 목적이 원시적·객관적·전부 불능이어야 한다.
② 불능인 급부를 이행하여야 할 당사자는 불능을 알았거나 알 수 있었어야 한다.
③ 상대방은 선의·무과실이어야 한다.

3) 효과

제535조의 요건을 모두 충족한 경우라면, 불능인 급부를 이행하여야 할 당사자는 상대방이 그 <u>계약의 유효를 믿었음으로 인하여 받은 손해</u>(신뢰이익)를 배상하여야 한다. 다만 이는 <u>계약이 유효함으로 인하여 생길 이익</u>(이행이익)을 넘지 못한다.

(2) 착오로 취소된 경우

<u>경과실의 착오자가 의사표시를 취소한 경우에 제535조를 유추적용하여 계약체결상의 과실책임을 인정하자는 학설이 있다.</u> 다만 <u>판례는</u> 전문건설공제조합이 계약보증서를 발급하면서 수급공사의 실제 도급금액을 확인하지 않은 과실이 있다고 하더라도, <u>제109조가 중과실이 없는 착오자의 취소를 허용하고 있는 이상 위법하다고 볼 수 없다는 이유로 불법행위책임을 부정하였다</u>(97다13023).

> **제535조【계약체결상의 과실】** ① 목적이 불능한 계약을 체결할 때에 그 불능을 알았거나 알 수 있었을 자는 상대방이 그 계약의 유효를 믿었음으로 인하여 받은 손해를 배상하여야 한다. 그러나 그 배상액은 계약이 유효함으로 인하여 생길 이익액을 넘지 못한다.
> ② 전항의 규정은 상대방이 그 불능을 알았거나 알 수 있었을 경우에는 적용하지 아니한다.

04-1 계약교섭의 부당한 중도파기(약술형, B)

01 계약교섭의 부당한 중도파기의 법적 취급

1. 학설

계약체결을 위한 접촉이 계속되는 동안에 당사자 일방의 과실로 상대방에게 손해를 준 경우에는 접촉의 결렬로 계약이 불성립으로 끝났다 하더라도 책임 있는 당사자는 계약체결상의 과실책임을 져야 한다고 보는 학설이 있다.

2. 판례

판례는 계약체결상 과실책임을 제535조의 원시적 불능의 경우 외에는 인정하지 않고 있으며, 계약교섭의 부당한 중도파기가 계약자유원칙의 한계를 넘는 위법한 행위로서 불법행위를 구성한다고 본다.

02 계약교섭의 부당한 중도파기로 인한 손해배상책임의 범위

계약교섭의 부당한 중도파기가 불법행위를 구성하는 경우 그러한 불법행위로 인한 손해는 일방이 신의에 반하여 상당한 이유 없이 계약교섭을 파기함으로써 계약체결을 신뢰한 상대방이 입게 된 상당인과관계 있는 손해로서 계약이 유효하게 체결된다고 믿었던 것에 의하여 입었던 손해 즉 신뢰손해에 한정된다고 할 것이고, 이러한 신뢰손해란 예컨대, 그 계약의 성립을 기대하고 지출한 계약준비비용과 같이 그러한 신뢰가 없었더라면 통상 지출하지 아니하였을 비용상당의 손해라고 할 것이며, 아직 계약체결에 관한 확고한 신뢰가 부여되기 이전 상태에서 계약교섭의 당사자가 계약체결이 좌절되더라도 어쩔 수 없다고 생각하고 지출한 비용, 예컨대 경쟁입찰에 참가하기 위하여 지출한 제안서, 견적서 작성비용 등은 여기에 포함되지 아니한다. 또한 계약교섭의 파기로 인한 불법행위가 인격적 법익을 침해함으로써 상대방에게 정신적 고통을 초래하였다고 인정되는 경우라면 그러한 정신적 고통에 대한 손해에 대하여는 별도로 배상을 구할 수 있다(2001다53059).

04-2 [기출 7회 1문]

乙은 교육관을 건립하기로 하고 그 건립방법에 관하여 5인 가량의 설계사를 선정하여 건물에 대한 설계시안 작성을 의뢰한 후 그중에서 최종적으로 1개의 시안을 선정한 다음 그 선정된 설계사와 교육관에 대한 설계계약을 체결하기로 하였다. 甲설계사는 이 제안에 응모하기 위하여 제안서와 견적서 작성비용 300만원을 지출하였다. 乙은 甲의 시안을 당선작으로 선정하였으나, 그 후 乙은 여러 가지 사정으로 甲과 설계기간, 설계대금 및 그에 따른 제반사항을 정한 구체적인 계약을 체결하지 않고 있다가 당선사실 통지 시로부터 약 2년이 경과한 시점에 甲에게 교육관 건립을 취소하기로 하였다고 통보하였다. 甲은 당선사실 통지 후 설계계약이 체결될 것이라고 기대하고 교육관 설계를 위한 준비비용 500만원을 지출하였다. 다음 물음에 답하시오. (40점)

(1) 甲은 乙에게 계약체결상의 과실책임을 물을 수 있는지를 논하시오. (30점)

(2) 甲이 乙에게 청구할 수 있는 손해배상책임의 범위에 관하여 설명하시오.
(10점)

01 문제 1-(1)

1. 문제의 소재

본 사안에서 乙은 甲의 시안을 당선작으로 선정하였으나, 그 후 여러 가지 사정으로 甲과 계약을 체결하지 않고 있다가 약 2년이 경과한 시점에 교육관 건립을 취소하기로 하였다고 통보한 것이므로, 이는 계약교섭의 부당한 중도파기에 해당한다. 이 문제를 계약체결상의 과실로 다룰지 아니면 단순히 불법행위로 볼 것인지에 대해 견해가 대립한다.

2. 계약교섭의 부당한 중도파기의 법적 취급

(1) 학설

계약체결을 위한 접촉이 계속되는 동안에 당사자 일방의 과실로 상대방에게 손해를 준 경우에는 접촉의 결렬로 계약이 불성립으로 끝났다 하더라도 책임 있는 당사자는 계약체결상의 과실책임을 져야 한다고 보는 학설이 있다.

(2) 판례

판례는 계약체결상 과실책임을 제535조의 원시적 불능의 경우 외에는 인정하지 않고 있으며, 계약교섭의 부당한 중도파기가 계약자유원칙의 한계를 넘는 위법한 행위로서 불법행위를 구성한다고 본다.

3. 문제의 해결

판례에 따르면 乙의 행위는 계약교섭을 부당하게 중도 파기한 불법행위에 해당하므로, 피해자 甲은 가해자 乙에게 제750조에 따라 손해배상책임을 추궁할 수 있다.

02 문제 1-(2)

1. 문제의 소재

판례에 따라 계약교섭의 부당한 중도파기를 불법행위로 구성하는 경우에 甲이 乙에게 청구할 수 있는 구체적 손해배상책임의 범위가 문제된다.

2. 판례에 따른 손해배상책임의 범위

(1) 계약교섭의 부당한 중도파기가 불법행위를 구성하는 경우, 그러한 불법행위로 인한 손해는 일방이 신의에 반하여 상당한 이유 없이 계약교섭을 파기함으로써 계약체결을 신뢰한 상대방이 입게 된 상당인과관계 있는 손해로서 계약이 유효하게 체결된다고 믿었던 것에 의하여 입었던 손해, 즉 신뢰손해에 한정된다.

(2) 이때 아직 계약체결에 관한 확고한 신뢰가 부여되기 이전 상태에서 계약교섭의 당사자가 계약체결이 좌절되더라도 어쩔 수 없다고 생각하고 지출한 비용, 예컨대 경쟁입찰에 참가하기 위하여 지출한 제안서, 견적서·작성비용 등은 여기에 포함되지 아니한다.

(3) 또한 계약교섭의 파기로 인한 불법행위가 인격적 법익을 침해함으로써 상대방에게 정신적 고통을 초래하였다고 인정되는 경우라면, 그러한 정신적 고통에 대한 손해에 대하여는 별도로 배상을 구할 수 있다.

3. 문제의 해결

(1) 제안서와 견적서 작성비용 300만 원은 신뢰이익의 손해에 포함되지 않으므로 청구할 수 없다.

(2) 당선사실 통지 후 설계계약이 체결될 것이라고 기대하고 교육관 설계를 위해 지출한 준비비용 500만 원은 계약의 성립을 기대하고 지출한 계약준비비용이므로 신뢰이익의 손해로서 청구할 수 있다.

(3) 사안에 구체적인 언급은 없지만, 계약교섭의 파기로 인한 불법행위가 상대방에게 정신적 고통을 초래하였다고 인정되는 경우라면 그러한 정신적 고통에 대한 손해에 대하여는 별도로 배상을 구할 수 있다.

04-3 [기출 4회 1-(2)문]

2016. 9. 1. 甲(매도인)은 별장으로 사용하는 X건물에 대하여 乙(매수인)과 매매계약을 체결하였다. 이 계약에 따라 乙은 계약체결 당일에 계약금을 지급하였고, 2016. 9. 30. 乙의 잔금지급과 동시에 甲은 乙에게 소유권이전에 필요한 서류를 교부해주기로 하였다. 다음 각 독립된 물음에 답하시오.

(2) 만약 甲의 소유인 X건물이 계약체결 전날인 2016. 8. 31. 인접한 야산에서 발생한 원인 불명의 화재로 인하여 전부 멸실되었을 경우에, 위 매매계약의 효력 및 甲과 乙 사이의 법률관계에 관하여 논하시오. (20점)

01 문제의 소재

사안에서 X건물은 계약성립 전에 전부 멸실된 경우이다.

02 원시적 불능과 매매계약의 효력

법률행위가 유효하게 성립하기 위해서는 법률행위의 목적의 확정·가능·적법·사회적 타당성이 요구된다. 원시적·객관적·전부 불능인 甲·乙 간의 계약은 무효이고, 乙은 이미 이행한 계약금을 부당이득의 법리에 따라 반환청구할 수 있다. 또한 제535조의 요건을 갖춘 경우에 甲은 상대방 乙에게 계약체결상의 과실책임을 부담한다.

03 제535조의 계약체결상의 과실책임의 성립요건

1. 목적이 원시적·객관적·전부 불능이어야 한다.

2. 불능인 급부를 이행하여야 할 甲은 불능을 알았거나 알 수 있었어야 한다.

3. 상대방 乙은 선의·무과실이어야 한다.

04 문제의 해결

제535조의 요건을 모두 충족한 경우라면, 甲은 상대방 乙이 그 계약의 유효를 믿었음으로 인하여 받은 손해(신뢰이익)를 배상하여야 한다. 다만, 이는 계약이 유효함으로 인하여 생길 이익액(이행이익)을 넘지 못한다.

04-4 [기출 12회 2문]
계약체결상의 과실책임(민법 제535조)의 요건 및 효과에 관하여 설명하시오.
(20점)

01 의의

법률행위가 유효하게 성립하기 위해서는 법률행위의 목적의 확정·가능·적법·사회적 타당성이 요구된다. 원시적·객관적·전부 불능인 계약은 무효이고, 상대방은 이미 이행한 급부를 부당이득의 법리에 따라 반환청구할 수 있다. 또한 제535조의 요건을 갖춘 경우라면 불능인 급부를 이행하여야 할 당사자는 상대방에 대하여 계약체결상의 과실책임을 부담한다.

02 요건

1. 목적이 원시적·객관적·전부 불능이어야 한다.

2. 불능인 급부를 이행하여야 할 당사자는 불능을 알았거나 알 수 있었어야 한다.

3. 상대방은 선의·무과실이어야 한다.

03 효과

제535조의 요건을 모두 충족한 경우라면, 불능인 급부를 이행하여야 할 당사자는 상대방이 그 계약의 유효를 믿었음으로 인하여 받은 손해(신뢰이익)를 배상하여야 한다. 다만 이는 계약이 유효함으로 인하여 생길 이익(이행이익)을 넘지 못한다.

05 동시이행의 항변권

01 의의

동시이행의 항변권이란 쌍무계약에 있어서 <u>상대방의 채무이행의 제공이 있을 때까지</u> 당사자 일방이 <u>자기채무의 이행을 거절할 수 있는 권리</u>를 말한다. 이는 공평의 원칙에 입각하여 쌍무계약상 채무 사이에 이행상의 견련성을 인정하는 제도이다.

02 성립요건(<u>약술형, A</u>)

1. 동일한 쌍무계약에 기하여 발생한 대가적 채무의 존재

(1) 동일한 쌍무계약

쌍방의 채무가 서로 대가적 의미를 가지지 않거나 서로 다른 법률상의 원인에 의해 발생한 경우에는 동시이행의 항변권이 인정되지 않음이 원칙이다.

(2) 부수적 의무의 경우

부수적 의무에서는 당사자가 특별히 그 이행을 반대급부의 조건으로 삼았다는 사정이 없는 한 동시이행의 항변권은 인정되지 아니한다.

(3) 당사자 및 내용의 변경이 있는 경우

① 채권양도·채무인수·상속 등에 의해 당사자가 변경되더라도 채무의 동일성이 유지되는 점에서 동시이행의 항변권은 존속한다.
② 일방의 채무가 채무자의 귀책사유로 인해 이행불능이 된 때에는 그 채무는 손해배상채무로 바뀌지만, 여전히 동시이행의 항변권은 존속한다.

2. 상대방의 채무가 변제기에 있을 것

(1) 원칙

하나의 쌍무계약에서 발생하는 각 채무가 그 성질상 이행상의 견련성이 인정되더라도, 당사자 사이의 특약에 의하여 선이행의무를 지는 경우에는 동시이행의 항변권이 인정되지 않는다.

(2) **예외**

① 선이행의무의 불이행 중 상대방 채무의 변제기가 도래한 경우 : 이 경우에는 선이행의무
자도 동시이행의 항변권을 행사할 수 있다.

② 불안의 항변권 : 상대방의 이행이 곤란할 현저한 사유가 있는 때에는 선이행의무자라도
상대방이 채무이행을 제공할 때까지 자기의 채무이행을 거절할 수 있다.

3. 상대방이 자기 채무의 이행 또는 이행의 제공을 하지 않고서 청구하였을 것

(1) **상대방이 일부이행을 한 경우**

상대방이 일부이행한 상태에서 청구를 한 경우, 그 청구된 채무가 가분적 급부인 경우에 한
해, 채무자는 아직 <u>이행하지 않은 부분에 상응하는 채무의 이행만을 거절</u>할 수 있다.

(2) **상대방이 채무의 내용에 좇은 이행의 제공을 한 경우**

이 경우는 원칙적으로 <u>동시이행의 항변권은 소멸</u>한다. 그러나 상대방이 이행의 제공을 하였
음에도 불구하고 <u>수령하지 않음으로써 수령지체에 빠진 당사자라도</u>, 그 후 상대방이 자기 채
무의 이행의 제공을 다시 하지 않고서 이행을 청구한 경우에는 <u>여전히 동시이행의 항변권을
행사할 수 있다.</u>

03 효과(약술형, A)

1. 항변권 행사의 효과

(1) **이행거절의 항변권**

동시이행의 항변권은 항변권이므로, 이를 행사하는 때에 한해서 이행거절의 효력이 생긴다.

(2) **재판상 행사의 효과**

동시이행의 항변권을 재판상 행사한 경우에 법원은 피고에 대하여 원고의 이행과 상환으로
이행할 것을 명하는 상환급부판결을 하여야 한다.

2. 항변권 존재의 효과

(1) **이행지체의 불성립**

동시이행관계에서 채무의 이행기가 도래하더라도 일방 채무자는 상대방 채무의 이행제공이
있을 때까지 자기 채무를 이행하지 않아도 항변권 존재만으로 이행지체책임을 지지 않는다.

⑵ **채권자의 상계의 금지**

동시이행의 항변권이 있는 채권은 이를 자동채권으로 하여 상계하지 못한다. 이를 허용하면
상대방은 이유 없이 동시이행의 항변권을 잃기 때문이다.

04 동시이행의 항변권의 확장

원래 쌍무계약에서 인정되는 동시이행의 항변권을 비쌍무계약에 확장함에 있어서는 양 채무
가 동일한 법률요건으로부터 생겨서 공평의 관점에서 보아 견련적으로 이행시킴이 마땅한
경우라야 한다.

> **제536조【동시이행의 항변권】**① 쌍무계약의 당사자 일방은 상대방이 그 채무이행을 제공할 때까지
> 자기의 채무이행을 거절할 수 있다. 그러나 상대방의 채무가 변제기에 있지 아니하는 때에는 그러하
> 지 아니하다.
> ② 당사자 일방이 상대방에게 먼저 이행하여야 할 경우에 상대방의 이행이 곤란할 현저한 사유가
> 있는 때에는 전항 본문과 같다.

05-1 [기출 3회 1-(1)문]

甲은 자기 소유의 X토지에 대하여 乙과 매매계약을 체결하였다. 그 계약에 의하면 乙은 甲에게 계약 당일 계약금을 지급하고, 계약일부터 1개월 후에 중도금을 지급하며, 잔금은 계약일부터 2개월 후에 등기에 필요한 서류와 목적물을 인도받음과 동시에 지급하기로 되어 있었다. 甲은 계약 당일 乙로부터 계약금을 지급받았다. 다음 각각 독립된 물음에 답하시오.

(1) 잔금지급기일이 지났으나 乙은 잔금은 물론 중도금도 지급하지 않았고, 甲도 그때까지 등기에 필요한 서류와 목적물의 인도의무를 이행하지 않았다. 甲이 乙에게 중도금과 잔금의 지급을 청구하자 乙은 등기에 필요한 서류와 목적물을 인도받을 때까지 중도금과 잔금을 둘 다 지급하지 않겠다고 주장하였다. 甲과 乙 사이의 동시이행관계에 관하여 설명하고, 乙의 주장이 타당한지에 관하여 논하시오. (20점)

01 문제의 소재

사안의 경우 잔금지급기일이 지났으나 매수인 乙은 잔금은 물론 중도금도 지급하지 않았고, 매도인 甲도 그때까지 등기에 필요한 서류와 목적물의 인도의무를 이행하지 않고 있는 상태이다. 이 경우에도 양자 간에 여전히 동시이행관계가 유지되는지에 대해 검토한다.

02 동시이행의 항변권의 성립요건

1. 동일한 쌍무계약에 기하여 발생한 대가적 채무의 존재

2. 상대방의 채무가 변제기에 있을 것

(1) 원칙

하나의 쌍무계약에서 발생하는 각 채무가 그 성질상 이행상의 견련성이 인정되더라도, 당사자 사이의 특약에 의하여 선이행의무를 지는 경우에는 동시이행의 항변권이 인정되지 않는다.

(2) 예외

① 선이행의무의 불이행 중 상대방 채무의 변제기가 도래한 경우 : 선이행의무자가 이행하지 않고 있는 동안에 상대방의 채무의 변제기가 도래하면, 상대방의 청구에 대하여 이제부터는 선이행의무자도 동시이행의 항변권을 행사할 수 있다.

② 불안의 항변권 : 상대방의 이행이 곤란할 현저한 사유가 있는 때에는 선이행의무자라도 상대방이 채무이행을 제공할 때까지 자기의 채무이행을 거절할 수 있다.

3. 상대방이 자기 채무의 이행 또는 이행의 제공을 하지 않고서 청구하였을 것

03 문제의 해결

매수인 乙이 선이행하여야 할 중도금지급을 하지 아니한 채 잔대금지급일을 경과한 경우에는, 매수인 乙의 중도금 및 이에 대한 지급일 다음 날부터 잔대금지급일까지의 지연손해금과 잔대금의 지급채무는 매도인 甲의 등기에 필요한 서류와 목적물의 인도의무와 특별한 사정이 없는 한 동시이행관계에 있다. 따라서 동시이행을 요구하는 乙의 주장은 타당하다.

05-2 [기출 8회 3문]

甲은 그 소유의 X토지를 乙에게 매도하면서 약정기일에 중도금과 잔금이 모두 지급되면 그와 동시에 X토지의 소유권이전등기에 필요한 서류 일체를 乙에게 교부하기로 하였으나 乙이 중도금지급기일에 중도금을 지급하지 않은 상태에서 잔금지급기일이 도래하였다. 이 경우, 甲이 소유권이전등기에 필요한 서류의 제공 없이 乙에게 중도금지급을 청구하였다면 乙은 동시이행의 항변권을 행사할 수 있는지에 관하여 설명하시오. (20점)

01 문제의 소재

동시이행의 항변권이란 쌍무계약에 있어서 상대방의 채무이행의 제공이 있을 때까지 일방이 자기 채무의 이행을 거절할 수 있는 권리를 말한다. 매수인 乙이 자신의 선이행의무인 중도금 지급을 지체하다가 잔금지급기일이 도래한 경우에 매도인 甲의 중도금지급청구에 대해 매수인 乙이 동시이행 항변권을 행사할 수 있는지가 문제된다.

02 동시이행 항변권의 성립요건

1. 동일한 쌍무계약에 기하여 발생한 대가적 채무의 존재

2. 상대방의 채무가 변제기에 있을 것

(1) **원칙**

하나의 쌍무계약에서 발생하는 각 채무가 그 성질상 이행상의 견련성이 인정되더라도, 당사자 사이의 특약에 의하여 선이행의무를 지는 경우에는 동시이행의 항변권이 인정되지 않는다.

(2) **예외**

① 선이행의무의 불이행 중 상대방 채무의 변제기가 도래한 경우 : 이 경우에는 선이행의무 자도 동시이행의 항변권을 행사할 수 있다.

② 불안의 항변권 : 상대방의 이행이 곤란할 현저한 사유가 있는 때에는 선이행의무자라도 상대방이 채무이행을 제공할 때까지 자기의 채무이행을 거절할 수 있다.

3. 상대방이 자기 채무의 이행 또는 이행의 제공을 하지 않고서 청구하였을 것

03 문제의 해결

1. 문제된 사안은 '선이행의무의 불이행 중 상대방 채무의 변제기가 도래한 경우'이다.

2. 판례에 따르면 매수인 乙이 선이행하여야 할 중도금지급을 하지 아니한 채 잔대금지급일을 경과한 경우에는 매수인 乙의 중도금 및 이에 대한 지급일 다음 날부터 잔대금지급일까지의 지연손해금과 잔대금의 지급채무는 매도인 甲의 소유권이전등기의무와 특별한 사정이 없는 한 동시이행관계에 있다(90다19930).

3. 따라서 매도인 甲이 소유권이전등기에 필요한 서류의 제공 없이 매수인 乙에게 중도금 지급을 청구하였다면 매수인 乙은 동시이행의 항변권을 행사할 수 있다.

06 위험부담(약술형, A)

01 위험부담의 의의

위험부담이란 쌍무계약의 일방의 채무가 채무자에게 책임 없는 사유로 불능이 되어 소멸하는 경우에 대응하는 상대방의 채무의 운명은 어떻게 되는가의 문제이다.

02 원칙 : 채무자 위험부담주의(제537조)

1. 요건

쌍무계약의 당사자 일방의 채무가 당사자 쌍방의 책임 없는 사유로 이행할 수 없게 된 때에는 채무자는 상대방의 이행을 청구하지 못한다.

2. 효과

(1) 채무자의 반대급부청구권의 소멸

채무자는 급부의무를 면함과 더불어 반대급부도 청구하지 못하므로, 쌍방 급부가 없었던 경우 계약관계는 소멸하고, 이미 이행한 급부는 법률상 원인 없는 급부가 되어 부당이득의 법리에 따라 반환청구할 수 있다.

(2) 대상청구권의 인정 여부

대상청구권이란 급부의 후발적 불능으로 인하여 채무자가 목적물에 갈음하는 이익을 취득한 경우에 채권자가 채무자에게 그 이익을 청구할 수 있는 권리이다. 채권자는 채무자 위험부담을 주장하는 대신에 자기 채무를 이행하고 대상청구권을 행사할 수 있다.

03 예외 : 채권자 위험부담(제538조)

1. 요건

(1) 채권자의 책임 있는 사유로 이행할 수 없게 된 때

채권자의 책임 있는 사유란 채권자의 어떤 작위나 부작위가 급부의 실현을 방해하고 그 작위나 부작위는 채권자가 이를 피할 수 있었다는 점에서 신의칙상 비난받을 수 있는 경우를 의미한다.

(2) 채권자의 수령지체 중에 당사자 쌍방의 책임 없는 사유로 이행할 수 없게 된 때

채권자의 수령지체 중에는 채무자는 고의 또는 중과실이 없으면 그 책임을 부담하지 않으므로(제401조), 채무자의 경과실로 급부가 불능하게 된 경우에도 여기에 해당한다.

2. 효과

(1) 채무자의 반대급부청구권의 존속

채무자는 자신의 급부의무를 면하면서도 상대방의 이행을 청구할 수 있다.

(2) 채무자의 이익상환의무

이 경우에 채무자는 자기의 채무를 면함으로써 이익을 얻은 때에는 이를 채권자에게 상환하여야 한다.

제537조 【채무자위험부담주의】 쌍무계약의 당사자 일방의 채무가 당사자쌍방의 책임없는 사유로 이행할 수 없게 된 때에는 채무자는 상대방의 이행을 청구하지 못한다.

제538조 【채권자귀책사유로 인한 이행불능】 ① 쌍무계약의 당사자 일방의 채무가 채권자의 책임있는 사유로 이행할 수 없게 된 때에는 채무자는 상대방의 이행을 청구할 수 있다. 채권자의 수령지체 중에 당사자쌍방의 책임없는 사유로 이행할 수 없게 된 때에도 같다.
② 전항의 경우에 채무자는 자기의 채무를 면함으로써 이익을 얻은 때에는 이를 채권자에게 상환하여야 한다.

06-1 [기출 2회 1-(1)문]

甲은 자신의 토지 위에 5층짜리 상가건물을 신축하기 위하여 乙과 공사기간 1년, 공사대금 30억 원으로 하는 도급계약을 체결하였다. 각각의 독립된 질문에 대하여 답하시오.

(1) 건축에 필요한 재료의 전부를 제공한 乙이 완공기한 내에 약정한 내용대로 상가건물을 완공하였으나 그 인도기일 전에 강진(强震)으로 인하여 상가건물이 붕괴된 경우, 甲과 乙의 법률관계를 논하시오. (20점)

01 문제의 소재

본 문제는 도급인 甲과 수급인 乙의 건물도급계약에 있어서 수급인 乙이 건물을 완공하였으나 인도기일 전에 강진으로 건물이 붕괴된 경우이므로 위험부담이 문제된다.

02 도급에서의 위험부담

1. 의의

도급계약은 쌍무계약이므로 제537조 및 제538조에서 정하는 위험부담의 법리가 원칙적으로 적용된다.

2. 일의 완성 전에 목적물이 멸실·훼손된 경우

(1) 당사자 쌍방의 귀책사유 없이 목적물이 멸실·훼손된 경우에는 일을 완성할 수급인의 의무는 소멸하며, 수급인은 지출한 비용과 보수도 청구하지 못한다(제537조).

(2) 그러나 도급인의 귀책사유로 급부불능이 된 경우에는, 수급인은 보수를 청구할 수 있고, 다만 수급인이 면하게 된 노력이나 비용은 도급인에게 상환하여야 한다(제538조).

3. 일의 완성 후에 목적물이 멸실 · 훼손된 경우

일의 완성 후라도 검수 전에는 여전히 위험부담 규정이 적용되므로 검수 전에 목적물이 쌍방의 귀책사유 없이 멸실 · 훼손된 경우에는 수급인이 위험을 부담한다(제537조). 그러나 검수 전에 도급인의 귀책사유로 급부불능이 되거나 도급인의 수령지체 중에 쌍방의 귀책사유 없이 급부불능이 된 경우에는 도급인이 위험을 부담하므로, 수급인은 보수를 청구할 수 있다(제538조).

03 사안의 해결

사안의 경우는 일이 완성된 후 인도기일 전에 쌍방의 귀책사유 없이 목적물이 멸실 · 훼손된 경우이다. 따라서 수급인이 여전히 위험을 부담하므로 수급인 乙은 도급인 甲에게 공사대금을 청구할 수 없다.

06-2 [기출 6회 4문]
甲은 2018. 7. 25. 자신의 X도자기를 乙에게 50만 원에 매각하였다. 매매계약에서 X도자기의 인도일은 2018. 8. 5.로 하면서, X도자기의 인도 시에 甲이 50만 원의 매매대금을 받기로 하였다. 2018. 8. 4. 甲의 친구 丙이 X도자기를 구경하던 중 丙의 과실로 X도자기가 완전히 파손되었다. 이러한 경우 甲은 乙에게 X도자기 매매대금 50만 원의 지급을 청구할 수 있는지 여부를 설명하시오.

(20점)

01 문제의 소재

사안은 쌍무계약의 일방의 채무가 쌍방의 책임 없는 사유로 후발적 불능이 되어 소멸하는 경우에 그에 대응하는 상대방의 채무는 어떻게 되는지에 관한 위험부담의 문제이다.

02 채무자 위험부담주의(제537조)

1. 요건

쌍무계약의 당사자 일방의 채무가 당사자 쌍방의 책임 없는 사유로 이행할 수 없게 된 때에는 채무자는 상대방의 이행을 청구하지 못한다.

2. 효과

채무자는 급부의무를 면함과 더불어 반대급부도 청구하지 못하므로, 쌍방 급부가 없었던 경우에는 계약관계는 소멸하고 이미 이행한 급부는 법률상 원인 없는 급부가 되어 부당이득의 법리에 따라 반환청구할 수 있다.

03 문제의 해결

甲과 乙 사이에 매매계약을 체결한 후 매도인 甲의 X도자기 인도의무가 쌍방의 책임 없는 사유인 제3자 丙의 과실로 이행할 수 없게 되었으므로 제537조의 채무자 위험부담주의가 적용된다. 따라서 甲은 상대방 乙에게 X도자기 매매대금 50만 원의 지급을 청구할 수 없다.

06-3 [기출 9회 3문]
2021. 5. 11. 甲은 비어 있는 자신의 X주택을 乙에게 매도하기로 하는 계약을 체결하였는데, 이행기 전에 甲의 승낙을 받고 X주택 내부를 수리하던 乙의 과실로 인해 X주택이 전소되었다. 甲은 乙에게 매매대금의 지급을 청구할 수 있는지에 관하여 검토하시오. (20점)

01 문제의 소재

사안은 매도인 甲이 매수인 乙에 대하여 부담하는 X주택에 대한 소유권이전의무가 매수인 乙의 과실로 후발적 불능이 된 경우이다. 이때는 제538조의 채권자 위험부담이 문제된다.

02 채권자 위험부담(제538조)

쌍무계약의 당사자 일방의 채무가 채권자의 책임 있는 사유로 이행할 수 없게 된 때에는 채무자는 상대방의 이행을 청구할 수 있다. 채권자의 수령지체 중에 당사자 쌍방의 책임 없는 사유로 이행할 수 없게 된 때에도 같다.

03 문제의 해결

매수인 乙의 책임 있는 사유로 매도인 甲의 X주택 소유권이전의무가 불능이 되었으므로, 제538조 제1항 1문에 따라 매수인 乙이 위험을 부담한다. 따라서 甲은 乙에게 매매대금의 지급을 청구할 수 있다.

06-4 위험부담(사례형, 10분)

건강기능식품 판매점을 운영하는 甲은 친환경 농법으로 재배된 수삼을 원료로 하여 만든 홍삼 진액을 구입하려고 한다. 그런데 甲의 경쟁업자인 乙은 자신이 홍삼 도매상 丙을 통하여 친환경 인증을 받은 홍삼 진액을 구입하였는데 아주 좋은 제품이라고 甲에게 소개하면서 丙으로부터 홍삼 진액을 구입하라고 적극적으로 권유하였다. 그러나 乙은 丙으로부터 홍삼 제품을 구입한 사실도 없을 뿐만 아니라 丙이 판매하는 홍삼 진액이 친환경 인증을 받은 바도 없었음에도 불구하고, 乙이 거짓말을 한 것이다.

하지만 甲은 위와 같은 乙의 말을 그대로 믿고 2014. 12. 1. <u>丙과 G-200 홍삼 진액 30상자를 상자당 50만 원씩 구입하되 같은 해 12. 10. 오전 10시에 甲의 점포에 배달하는 것을 내용으로 하는 매매계약을 체결</u>하였다.

이에 따라 丙은 2014. 12. 10. 오전 10시 자신의 배달차량에 홍삼 진액 30상자를 싣고 <u>甲의 점포에 도착하였으나, 문이 잠겨 있어서 위 제품을 인도하지 못하였다.</u> 당시 甲은 丙과의 약속을 깜박 잊고서 점포 문을 닫고 외출한 상태였다.

한편, 丙은 甲의 점포 앞에서 1시간여 동안 甲을 기다리다가 甲이 끝내 나타나지 않고 전화도 받지 않자 홍삼 진액 30상자를 <u>배달차량에 그대로 싣고 되돌아와</u> 자기가 관리하는 창고 앞에 위 차량을 주차해 놓았다. 그런데 2014. 12. 11. 아침에 <u>丙의 경미한 실수로</u> 창고에 화재가 발생하였고, 그 불이 창고 앞에 주차되어 있던 배달차량에 옮겨 붙어 차량이 전소함으로써 그 <u>홍삼 진액 30상자는 모두 소실</u>되었다.

<u>丙은</u> 甲과의 계약내용에 따라 2014. 12. 10. 오전 10시에 홍삼 진액 30상자를 甲의 점포로 가지고 가서 계약내용에 따른 이행의 제공을 하였는데 甲이 외출하는 바람에 인도하지 못한 것일 뿐이라고 주장하면서 <u>甲을 상대로 홍삼 진액 30상자에 대한 1,500만 원의 지급을 구하는 물품대금지급 청구소송을 제기</u>하였다.

<u>甲은</u> 丙의 홍삼 진액 30상자에 대한 인도의무는 이행이 불가능하게 되었으므로 물품대금을 지급할 의무가 없다고 주장한다. 이러한 甲의 주장은 타당한가?

01 문제의 소재

종류채권은 특정이 되면 특정물채권이 된다. 따라서 특정 후에 급부가 불능이 되면 채무자 丙은 원래 계약했던 종류의 물품을 다시 인도할 의무를 면하고, 채권자 甲은 목적물의 인도를 청구할 수 없게 된다. 이때 채무자 丙이 채권자 甲에게 물품대금을 청구할 수 있는지가 문제된다. 이는 丙의 홍삼 진액 30상자 인도의무의 급부불능이 丙의 경과실에 의한 것이므로 제538조 제1항 후문의 채권자의 수령지체 중에 당사자 쌍방의 책임 없는 사유로 이행할 수 없게 된 때에 해당하는지 여부에 달려 있다.

02 위험부담의 문제

1. 원칙 : 채무자 위험부담주의(제537조)

쌍무계약의 당사자 일방의 채무가 당사자 쌍방의 책임 없는 사유로 이행할 수 없게 된 때에는 채무자는 상대방의 이행을 청구하지 못한다.

2. 예외 : 채권자 위험부담(제538조)

(1) 쌍무계약의 당사자 일방의 채무가 채권자의 책임 있는 사유로 이행할 수 없게 된 때나 채권자의 수령지체 중에 당사자 쌍방의 책임 없는 사유로 이행할 수 없게 된 때에는 채무자는 상대방의 이행을 청구할 수 있다.

(2) 채권자의 수령지체 중에는 채무자는 고의 또는 중과실이 없으면 그 책임을 부담하지 않으므로(제401조), 채무자의 경과실로 급부가 불능하게 된 경우에도 제538조 제1항 후문의 '채권자의 수령지체 중 당사자 쌍방의 책임 없는 사유'에 의한 급부불능에 해당한다.

03 문제의 해결

채권자 甲의 수령지체 중에 채무자 丙의 경과실에 의한 급부불능이므로, 이는 제538조 제1항 후문의 채권자의 수령지체 중에 당사자 쌍방의 책임 없는 사유로 이행할 수 없게 된 때에 해당하므로, 丙은 甲에게 물품대금 지급청구권이 있고, 따라서 물품대금을 지급할 의무가 없다는 甲의 주장은 타당하지 않다.

07 제3자를 위한 계약

01 의의

제3자를 위한 계약은 계약당사자가 아닌 제3자로 하여금 직접 계약당사자의 일방에 대하여 권리를 취득케 하는 것을 목적으로 하는 계약을 말한다.

02 제3자를 위한 계약의 법률관계

1. 보상관계(기본관계)

요약자와 낙약자 간의 관계이다. 이는 계약의 내용을 이루므로 그 하자는 계약의 효력에 영향을 미친다.

2. 대가관계

요약자와 제3자의 관계를 말한다. 대가관계는 제3자를 위한 계약의 내용이 아니므로 대가관계의 흠결은 제3자를 위한 계약의 성립에 영향을 미치지 않는다.

3. 급부관계

낙약자와 제3자의 관계이다. 제3자는 낙약자에 대하여 직접 급부청구권을 가진다.

03 성립요건

1. 요약자와 낙약자 간에 유효한 계약의 성립

보상관계가 무효이거나 취소·해제된 경우에는 제3자는 채권을 취득하지 못하고, 낙약자는 보상관계에 기한 항변으로 제3자에게 대항할 수 있다.

2. 제3자 약관의 존재

제3자를 위한 계약의 내용 중에 제3자에게 권리를 직접 취득하게 하는 제3자 약관이 포함되어 있어야 한다.

3. 제3자의 특정 여부

제3자는 계약 당시에는 현존하지 않아도 되지만, 수익의 의사표시를 할 때에는 현존·특정되어 있어야 한다.

04 효과

1. 제3자(수익자)에 대한 효력(약술형, A)

(1) 제3자의 수익의 의사표시

① 제3자의 권리는 제3자가 채무자(낙약자)에 대하여 계약의 이익을 받을 의사를 표시한 때에 생긴다.

② 제3자의 수익의 의사표시는 제3자를 위한 계약의 성립요건이 아니라 제3자의 권리의 발생요건이다.

(2) 수익의 의사표시 전의 제3자의 지위

① 형성권 : 이는 일방적 의사표시에 의하여 권리취득의 효과를 발생케 하는 일종의 형성권이다.

② 일신비전속권 : 따라서 상속·양도는 물론이고, 채권자대위권의 목적이 된다.

③ 행사기간 : 계약에서 특별히 정한 바가 없으면 10년의 제척기간에 걸린다. 그러나 낙약자는 상당한 기간을 정하여 이익의 향수 여부의 확답을 제3자에게 최고할 수 있고, 낙약자가 그 기간 내에 확답을 받지 못한 때에는 제3자가 수익을 거절한 것으로 본다.

(3) 수익의 의사표시 후의 제3자의 지위

① 제3자의 지위 확정 : 제3자가 수익의 의사표시를 함으로써 제3자에게 권리가 확정적으로 귀속된 경우에는, 요약자와 낙약자의 합의에 의하여 제3자의 권리를 변경·소멸시킬 수 있음을 미리 유보하였거나, 제3자의 동의가 있는 경우가 아니면 요약자와 낙약자는 제3자의 권리를 변경·소멸시키지 못한다(2001다30285). 따라서 제3자의 권리가 발생한 후에는 합의해제를 할 수 없고, 합의해제를 하더라도 이미 제3자가 취득한 권리에는 아무런 영향을 미치지 못한다(97다28698).

② 제3자는 계약당사자가 아니므로 취소권이나 해제권, 해제를 원인으로 한 원상회복청구권을 행사할 수는 없고, 다만 요약자가 계약을 해제한 경우에 낙약자에게 자기가 입은 손해의 배상을 청구할 수는 있다.

2. 요약자(채권자)에 대한 효력(약술형, B)

(1) 요약자의 권리

요약자는 낙약자에 대하여 제3자에게 채무를 이행할 것을 청구할 수 있다.

(2) 계약당사자로서의 지위

요약자는 계약당사자로서 취소권, 해제권 등을 갖는다. 제3자가 수익의 의사표시를 행한 후라 하더라도, 요약자는 낙약자의 채무불이행을 이유로 제3자의 동의 없이도 단독으로 계약을 해제할 수 있다.

3. 낙약자(채무자)에 대한 효력(약술형, B)

(1) 낙약자의 급부의무

제3자가 수익의 의사를 표시하면 낙약자는 제3자에게 급부할 의무를 진다. 따라서 낙약자의 채무불이행이 있으면 제3자에 대하여 손해배상책임을 부담한다.

(2) 낙약자의 항변권

낙약자는 보상관계에 기한 항변으로 제3자에게 대항할 수 있다. 예컨대 그 계약이 쌍무계약이면 요약자가 반대급부를 제공할 때까지는 동시이행의 항변권을 주장하여 제3자에 대한 이행을 거절할 수 있다.

(3) 해제와 원상회복의무

① 제3자가 수익의 의사표시를 행한 후라 하더라도, 낙약자는 요약자의 채무불이행을 이유로 제3자의 동의 없이도 단독으로 계약을 해제할 수 있다.
② 계약이 해제된 경우 그 계약관계의 청산은 계약의 당사자 사이에 이루어져야 하므로, 낙약자가 이미 제3자에게 급부한 것이 있더라도 낙약자는 계약해제에 기한 원상회복을 원인으로 제3자를 상대로 그 반환을 구할 수 없다.

07-1 [기출 5회 4문]
甲과 乙은 甲 소유의 건물을 乙에게 매도하면서 甲의 요청으로 乙은 丙에 대하여 직접 대금지급채무를 부담하는 내용의 제3자를 위한 계약을 체결하였다. 이 경우 丙의 법적 지위를 수익의 의사표시 이전과 이후로 구분하여 설명하시오.

(20점)

01 문제의 소재

본 사안은 건물매매계약의 매도인 甲과 매수인 乙이 제3자 丙을 위해서 乙이 丙에게 직접 대금지급채무를 부담하는 내용의 제3자를 위한 계약이다. 이때 甲을 요약자, 乙을 낙약자, 丙을 제3자라고 한다. 제3자 丙의 지위를 수익의 의사표시 이전과 이후로 나누어 검토한다.

02 제3자 丙의 지위

1. 제3자의 수익의 의사표시

(1) 제3자의 권리는 그 제3자가 낙약자에 대하여 계약의 이익을 받을 의사를 표시한 때에 생긴다 (제539조 제2항).

(2) 제3자의 수익의 의사표시는 제3자를 위한 계약의 성립요건이 아니라 제3자를 위한 계약에 있어서 제3자의 권리의 발생요건이다.

2. 수익의 의사표시 전의 제3자 丙의 지위

(1) **형성권**

제3자는 일방적 의사표시에 의하여 권리취득의 효과를 발생케 하는 일종의 형성권을 가지고 있다.

(2) **일신비전속권**

이러한 형성권은 재산적 색채가 강하므로 일신전속권이라 할 수 없다. 따라서 상속·양도는 물론이고, 채권자대위권의 목적이 된다.

⑶ 행사기간

제3자가 수익의 의사표시를 할 수 있는 기간은 계약에서 특별히 정한 바가 없으면 10년의 제척기간에 걸린다. 그러나 낙약자는 상당한 기간을 정하여 이익의 향수 여부의 확답을 제3자에게 최고할 수 있고, 낙약자가 그 기간 내에 확답을 받지 못한 때에는 제3자가 수익을 거절한 것으로 본다(제540조).

3. 수익의 의사표시 후의 제3자 丙의 지위

⑴ 제3자의 지위 확정

제3자가 수익의 의사표시를 함으로써 제3자에게 권리가 확정적으로 귀속된 경우에는, 요약자와 낙약자의 합의에 의하여 제3자의 권리를 변경·소멸시킬 수 있음을 미리 유보하였거나, 제3자의 동의가 있는 경우가 아니면 요약자와 낙약자는 제3자의 권리를 변경·소멸시키지 못한다(2001다30285). 따라서 제3자의 권리가 발생한 후에는 합의해제를 할 수 없고, 합의해제를 하더라도 이미 제3자가 취득한 권리에는 아무런 영향을 미치지 못한다(97다28698).

⑵ 제3자는 계약당사자가 아니므로 취소권이나 해제권이나 해제를 원인으로 한 원상회복청구권을 행사할 수는 없고, 다만 요약자가 계약을 해제한 경우에 낙약자에게 자기가 입은 손해의 배상을 청구할 수는 있다.

⑶ 제3자가 취득하는 권리는 계약으로부터 직접 생기는 것이므로, 민법상 제3자 보호규정의 적용에 있어서는 원칙적으로 제3자가 아니다. 그런데 최근 판례는 기본관계를 기초로 대가관계를 맺음으로써 해제 전에 새로운 이해관계를 갖고 등기, 인도 등을 마쳐 권리를 취득하였다면, 수익자는 제548조 제1항 단서의 제3자에 해당한다고 판시하였다(2018다244976).

> **07-2** [기출 11회 3문]
> 甲에게 3억 원의 금전채무를 부담하고 있는 乙은 그 채무의 변제를 위하여 2023. 3. 3. 자신이 소유하는 X부동산을 丙에게 5억 원에 매도하면서, 계약금 1억 원 및 중도금 2억 원은 甲에게 직접 지급하도록 하는 제3자를 위한 계약을 체결하였다. 甲의 법적 지위를 丙에 대한 수익의 의사표시가 있기 이전과 이후로 나누어 설명하시오. (20점)

01 제3자를 위한 계약과 수익의 의사표시

제3자를 위한 계약은 계약당사자가 아닌 제3자로 하여금 직접 계약당사자의 일방에 대하여 권리를 취득케 하는 것을 목적으로 하는 계약을 말한다. 수익의 의사표시는 제3자를 위한 계약의 성립요건이 아니라 제3자의 권리의 발생요건이다.

02 수익의 의사표시 전의 제3자 甲의 지위

1. 형성권

이는 일방적 의사표시에 의하여 권리취득의 효과를 발생케 하는 일종의 형성권이다.

2. 일신비전속권

따라서 상속·양도는 물론이고, 채권자대위권의 목적이 된다.

3. 행사기간

계약에서 특별히 정한 바가 없으면 10년의 제척기간에 걸린다. 그러나 낙약자는 상당한 기간을 정하여 이익의 향수 여부의 확답을 제3자 甲에게 최고할 수 있고, 낙약자가 그 기간 내에 확답을 받지 못한 때에는 제3자가 수익을 거절한 것으로 본다.

03 수익의 의사표시 후의 제3자 甲의 지위

1. 제3자의 권리를 변경·소멸시킬 수 있음을 미리 유보하였거나 제3자의 동의가 있는 경우가 아니면, 계약의 당사자는 제3자의 권리를 변경 또는 소멸시키지 못한다.

2. 제3자 甲은 계약당사자가 아니므로 취소권이나 해제권, 해제를 원인으로 한 원상회복청구권을 행사할 수 없고, 다만 요약자가 계약을 해제한 경우에 낙약자에게 자기가 입은 손해의 배상을 청구할 수는 있다.

07-3 [기출 13회 1-(1), (2)문]

甲은 丙에게 금전소비대차계약에 기한 3억 원의 금전지급채무를 부담하고 있다. 甲은 丙에 대한 금전지급채무를 이행하기 위해서, 자신의 부동산 X를 乙에게 3억 원에 매도하기로 하고 매매대금 3억 원은 乙이 직접 丙에게 지급하여 주기로 乙과 약정하였다. 이에 丙은 乙에게 그 매매대금 3억 원을 지급받겠다는 의사를 표시하였다. 다음의 독립된 물음에 답하시오. (단, X부동산에 관하여 다른 이해관계인은 없고, 소비대차계약상 이자 등은 별도로 고려하지 않음) (40점)

(1) 乙은 甲과의 약정에 따라 丙에게 매매대금 3억 원을 지급하였다. 그 후 甲과 乙은 매매계약을 합의해제하였고, 乙은 이를 이유로 丙에게 지급한 3억 원의 반환을 丙에게 청구하고 있다. 이 경우 乙과 丙의 법률관계에 관하여 설명하시오. (20점)

(2) 乙이 귀책사유로 丙에 대한 매매대금 지급채무를 불이행하였고, 이에 甲은 乙의 채무불이행을 이유로 丙의 동의 없이 乙과의 매매계약을 해제하였다. 乙의 채무불이행으로 인해 손해를 입은 丙은 乙에게 그로 인한 손해배상을 청구하는 한편, 丙이 계약해제의 소급효가 제한되는 제3자(민법 제548조 제1항 단서)임을 주장하고 있다. 甲의 매매계약 해제의 적법성을 검토하고, 丙의 손해배상청구 및 주장의 타당성에 관하여 설명하시오. (20점)

01 문제 1-(1)

1. 제3자를 위한 계약

(1) 제3자를 위한 계약은 계약당사자가 아닌 제3자로 하여금 직접 계약당사자의 일방에 대하여 권리를 취득케 하는 것을 목적으로 하는 계약이다.

(2) 사안은 X부동산 매매계약의 매도인 甲과 매수인 乙이 제3자 丙을 위해서 乙이 丙에게 직접 대금지급채무를 부담하는 제3자를 위한 계약이다. 이 경우 甲을 요약자, 乙을 낙약자, 丙을 제3자라고 한다.

2. 수익의 의사표시 후의 제3자 丙의 지위

(1) 제3자의 권리는 제3자가 낙약자에 대하여 수익의 의사를 표시한 때에 생긴다.

(2) 제3자가 수익의 의사표시를 함으로써 제3자에게 권리가 확정적으로 귀속된 경우에는, 요약자와 낙약자의 합의에 의하여 제3자의 권리를 변경·소멸시킬 수 있음을 미리 유보하였거나, 제3자의 동의가 있는 경우가 아니면 요약자와 낙약자는 제3자의 권리를 변경·소멸시키지 못한다(2001다30285). 따라서 제3자의 권리가 발생한 후에는 합의해제를 할 수 없고, 합의해제를 하더라도 이미 제3자가 취득한 권리에는 아무런 영향을 미치지 못한다(97다28698).

3. 문제의 해결

甲과 乙의 합의해제는 이미 제3자 丙이 취득한 권리에는 아무런 영향을 미치지 못한다. 따라서 乙은 丙에게 3억 원의 반환을 청구할 수 없다.

02 문제 1-(2)

1. 甲의 매매계약 해제의 적법성

제3자가 수익의 의사표시를 한 후라 하더라도 요약자 甲은 계약당사자로서 낙약자 乙의 채무불이행을 이유로 제3자 丙의 동의 없이 낙약자 乙에 대하여 계약을 해제할 수 있다(69다1410·1411). 따라서 甲의 매매계약 해제는 적법하다.

2. 丙의 손해배상청구의 타당성

제3자를 위한 계약에 있어서 수익의 의사표시를 한 제3자 丙은 낙약자 乙에게 직접 그 이행을 청구할 수 있을 뿐만 아니라, 요약자 甲이 계약을 해제한 경우에는 낙약자 乙에게 자기가 입은 손해의 배상을 청구할 수 있다(92다41559). 따라서 丙의 손해배상청구는 타당하다.

3. 丙이 해제의 소급효가 제한되는 제3자인지 여부

(1) 계약의 해제는 제3자의 권리를 해하지 못한다(제548조 제1항 단서). 여기서 제3자는 원칙적으로 해제의 의사표시가 있기 이전에 그 해제된 계약으로부터 생긴 법률적 효과를 기초로 하여 새로운 이해관계를 가졌을 뿐 아니라 등기·인도 등으로 완전한 권리를 취득한 자를 말한다.

(2) 제3자를 위한 계약에서도 낙약자와 요약자 사이의 법률관계(기본관계)에 기초하여 수익자가 요약자와 원인관계(대가관계)를 맺음으로써 해제 전에 새로운 이해관계를 갖고 그에 따라 등기·인도 등을 마쳐 권리를 취득하였다면, 수익자는 민법 제548조 제1항 단서에서 말하는 계약해제의 소급효가 제한되는 제3자에 해당한다(2018다244976).

(3) 사안은 기본관계에 기초하여 제3자가 요약자와 대가관계를 맺은 경우가 아니므로, 제3자 丙은 계약해제의 소급효가 제한되는 제3자에 해당하지 않는다. 따라서 丙의 주장은 타당하지 않다.

07-4 제3자를 위한 계약(사례형, 10분)

甲은 2015. 3. 25. 乙로부터 乙 소유의 X토지와 그 지상 Y건물을 10억 원에 매수하면서, 乙에게 계약 당일에 계약금 1억 원, 2015. 4. 25. 중도금 4억 원, 2015. 5. 25. 잔금 5억 원을 지급하기로 약정하였다. <u>위 매매계약에서 중도금과 잔금은 乙에 대한 대여금채권을 가지고 있는 戊에게 甲이 직접 지급하기로 약정하였다.</u> 甲은 戊의 청구에 따라 중도금을 지급하였으나, 乙은 위와 같은 매매계약 사실을 알지 못하는 근와 또 다른 매매계약을 체결하고 근에게 소유권이전등기까지 경료하여 주었다. 이에 <u>甲은 乙의 소유권이전등기의무가 이행불능되었음을 이유로 위 계약을 해제하고, 원상회복 또는 부당이득반환으로서 乙에 대하여는 계약금 1억 원의 반환을, 戊에 대하여는 중도금 4억 원의 반환을 요구한다.</u> 甲의 계약해제가 민법 제541조에도 불구하고 적법한지 여부와 甲의 乙 및 戊에 대한 금원청구의 당부를 논하시오.

01 문제의 소재

<u>부동산을 매매하면서 매도인과 매수인 사이에 중도금 및 잔금은 매도인의 채권자에게 직접 지급하기로 약정한 경우</u>, 그 약정은 매도인의 채권자로 하여금 매수인에 대하여 그 중도금 및 잔금에 대한 직접청구권을 행사할 권리를 취득케 하는 <u>제3자를 위한 계약에 해당한다</u> (97다28698).

02 甲의 계약해제가 적법한지 여부

<u>제541조는 제3자가 채무자에 대하여 계약의 이익을 받을 의사를 표시하여 제3자의 권리가 생긴 후에는 당사자는 이를 변경 또는 소멸시키지 못한다</u>고 규정하고 있다. 그러나 합의해제가 아닌 채무불이행을 이유로 한 해제의 경우는 기본관계에 기한 항변에 해당하므로 채무자는 제3자에게 대항할 수 있다(제542조).

사안에서 제2매수인 근가 소유권이전등기가 경료하여 유효하게 소유권을 취득하였으므로 甲과 乙의 제1매매계약은 이행불능이 되었고, 이는 매도인 乙의 귀책사유로 인한 것이므로 제541조에도 불구하고 甲은 乙과의 매매계약을 이행불능을 이유로 해제할 수 있다(제546조).

03 甲의 乙에 대한 청구

甲은 해제로 인한 원상회복을 이유로 乙에게 지급한 계약금 1억 원을 청구할 수 있다.

04 甲의 戊에 대한 중도금 반환청구

판례는 제3자를 위한 계약에서 기본관계를 이루는 계약이 해제된 경우, 그 계약관계의 청산은 당사자인 낙약자와 요약자 사이에 이루어져야 하므로, 낙약자가 이미 제3자에게 급부한 것이 있더라도 원상회복 또는 부당이득을 이유로 제3자를 상대로 그 반환을 구할 수 없다고 한다.

사안에서 낙약자 甲은 요약자인 乙에 대하여 중도금에 대한 원상회복을 청구하여야 하고, 수익자인 戊에게 청구할 수 없다.

> **제539조【제삼자를 위한 계약】**① 계약에 의하여 당사자 일방이 제삼자에게 이행할 것을 약정한 때에는 그 제삼자는 채무자에게 직접 그 이행을 청구할 수 있다.
> ② 전항의 경우에 제삼자의 권리는 그 제삼자가 채무자에 대하여 계약의 이익을 받을 의사를 표시한 때에 생긴다.
>
> **제540조【채무자의 제삼자에 대한 최고권】**전조의 경우에 채무자는 상당한 기간을 정하여 계약의 이익의 향수여부의 확답을 제삼자에게 최고할 수 있다. 채무자가 그 기간 내에 확답을 받지 못한 때에는 제삼자가 계약의 이익을 받을 것을 거절한 것으로 본다.
>
> **제541조【제삼자의 권리의 확정】**제539조의 규정에 의하여 제삼자의 권리가 생긴 후에는 당사자는 이를 변경 또는 소멸시키지 못한다.
>
> **제542조【채무자의 항변권】**채무자는 제539조의 계약에 기한 항변으로 그 계약의 이익을 받을 제삼자에게 대항할 수 있다.

08 법정해제권의 발생원인

01 이행지체에 의한 해제권의 발생(약술형, A)

1. 보통의 이행지체

(1) 채무자의 이행지체가 있을 것

① 이행지체의 요건인 이행기의 도래, 이행의 가능, 채무자의 귀책사유, 지체의 위법성이 필요하다.

② 부수적 채무의 지체의 경우에 해제권이 발생하는지 여부 : 계약을 해제하려면 당해 채무가 주된 채무이어야 하고, 그렇지 아니한 부수적 채무를 불이행한 때에는 계약을 해제할 수 없다.

(2) 채권자가 상당한 기간을 정하여 이행을 최고할 것

① 상당한 기간 : 상당기간을 정하지 않은 최고도 유효하고, 최고 후 객관적으로 상당한 기간이 지나면 해제권이 발생한다.

② 과다최고의 경우 : 본래 급부하여야 할 수량과의 차이가 비교적 적거나 과다하게 최고한 진의가 본래의 급부를 청구하는 취지라면, 그 최고는 본래 급부하여야 할 수량의 범위 내에서 유효하다.

③ 최고를 요하지 않는 경우 : 채무자가 미리 이행하지 아니할 의사를 표시한 경우에는 최고를 요하지 아니한다(제544조 단서).

(3) 채무자가 최고기간 내에 이행 또는 이행의 제공이 없을 것

2. 정기행위의 이행지체

(1) 정기행위의 의의

정기행위란 계약의 성질 또는 당사자의 의사표시에 의하여 일정한 시일 또는 일정한 기간 내에 이행하지 않으면 계약을 체결한 목적을 달성할 수 없는 것을 말한다.

(2) 정기행위의 이행지체로 인한 해제권의 발생요건

① 정기행위인 계약에 대하여 채무자의 귀책사유로 인한 위법한 이행지체가 있어야 한다.

② 정기행위인 계약의 불이행이 있으면 최고 없이 즉시 해제권이 발생한다.

02 이행불능에 의한 해제권의 발생

채무자의 책임 있는 사유로 이행이 불능하게 된 때에는 채권자는 계약을 해제할 수 있다 (제546조). 이 경우는 계약의 목적 달성이 불가능하므로 최고할 필요도 없다.

03 법정해제권의 발생원인으로 논의되는 그 밖의 사항

1. 불완전이행에 의한 해제권의 발생

민법에 명문규정은 없으나, 불완전이행에 의한 해제권의 발생도 인정한다(통설). 따라서 완전 이행이 가능한 경우는 상당한 기간을 정하여 완전이행을 최고하였으나 채무자가 완전이행을 하지 않고 최고기간을 도과한 때에 해제권이 발생하고, 완전이행이 불가능한 경우는 채권자 는 최고를 할 필요 없이 곧 해제할 수 있다.

2. 채권자지체에 의한 해제권의 발생

법정책임설에 의하면 해제권이 부정되나, 다수설인 채무불이행설에 따르면 해제권이 인정된다.

3. 사정변경에 의한 해제권의 발생

통설은 사정변경의 원칙에 기한 해제권을 인정한다. 한편 판례는 사정변경으로 인한 계약해 제는, 계약성립 당시 당사자가 예견할 수 없었던 현저한 사정의 변경이 발생하였고 그러한 사정의 변경이 해제권을 취득하는 당사자에게 책임 없는 사유로 생긴 것으로서, 계약내용대 로의 구속력을 인정한다면 신의칙에 현저히 반하는 결과가 생기는 경우에 계약준수원칙의 예외로서 인정되는 것이라고 한다.

> **제544조【이행지체와 해제】** 당사자 일방이 그 채무를 이행하지 아니하는 때에는 상대방은 상당한 기 간을 정하여 그 이행을 최고하고 그 기간내에 이행하지 아니한 때에는 계약을 해제할 수 있다. 그러 나 채무자가 미리 이행하지 아니할 의사를 표시한 경우에는 최고를 요하지 아니한다.
>
> **제545조【정기행위와 해제】** 계약의 성질 또는 당사자의 의사표시에 의하여 일정한 시일 또는 일정한 기간내에 이행하지 아니하면 계약의 목적을 달성할 수 없을 경우에 당사자 일방이 그 시기에 이행하 지 아니한 때에는 상대방은 전조의 최고를 하지 아니하고 계약을 해제할 수 있다.
>
> **제546조【이행불능과 해제】** 채무자의 책임있는 사유로 이행이 불능하게 된 때에는 채권자는 계약을 해제할 수 있다.

09 법정해제의 효과

01 해제의 의의

계약의 해제란 유효하게 성립하고 있는 계약의 효력을 당사자 일방의 의사표시에 의하여, 그 계약이 처음부터 있지 않았던 것과 같은 상태에 복귀시키는 것이다.

02 해제의 효과에 대한 학설

해제에 의한 계약의 소급적 소멸을 부정하는 청산관계설도 있으나, 해제로 인해 채권관계가 소급적으로 소멸한다는 직접효과설이 다수설·판례이다.

03 해제의 구체적 효과

1. 계약의 구속으로부터 해방

(1) 계약의 소급적 소멸

계약을 해제하면 계약은 소급하여 소멸한다. 따라서 당사자는 계약의 구속으로부터 해방되며, 아직 이행하지 않은 채무는 이행할 필요가 없고, 이미 이행된 급부는 서로 원상회복을 하여야 한다.

(2) 해제와 물권의 복귀(약술형, A)

① 문제는 계약의 이행으로써 등기 또는 인도를 갖추어 물권이 이전되었을 때, 그 물권이 등기 또는 인도 없이도 당연히 복귀하는가이다.
② 채권적 효과설은 계약이 해제되더라도 채권행위가 해소될 뿐이며 물권변동의 효과는 그대로 유지되고, 따라서 이전된 권리를 회복하기 위해서는 다시 이행행위와 등기 또는 인도가 필요하다는 견해이다.
③ 물권적 효과설은 채권계약이 해제되면 이전하였던 물권은 등기 또는 인도 없이도 당연히 복귀한다는 견해로서 판례의 입장이다.

(3) 해제와 제3자의 보호(약술형, A)

① 의의 : 계약의 해제는 제3자의 권리를 해하지 못한다(제548조 제1항 단서). 여기서 제3자는 원칙적으로 <u>해제의 의사표시가 있기 이전</u>에 해제된 계약에서 생긴 법률적 효과를 기초로 하여 새로운 이해관계를 가졌을 뿐 아니라 등기·인도 등으로 <u>완전한 권리를 취득한 자</u>를 말한다.

② 제3자 범위의 확대 : 통설·판례는 거래의 안전을 위해 제3자의 범위에 <u>해제의 의사표시가 있은 후 그 해제에 기한 말소등기가 있기 이전</u>에 이해관계를 갖게 된 <u>선의의 제3자도 포함</u>시킨다.

2. 원상회복의무(약술형, A)

(1) 의의

당사자 일방이 계약을 해제한 때에는 각 당사자는 그 상대방에 대하여 원상회복의 의무가 있다.

(2) 원상회복의 범위

① 이익의 현존 여부나 상대방의 선의·악의를 불문하고 <u>받은 급부 전부를 반환</u>하여야 한다. 이때 반환할 금전에는 그 <u>받은 날부터 이자를 가산</u>하여야 하고, 이와 균형상 반환할 물건에는 그 <u>받은 날부터 사용이익을 가산</u>하여 반환하여야 한다.

② 원물이 존재하면 그 물건을 상대방에게 반환하여야 한다.

③ 원물이 반환의무자의 귀책사유로 멸실·훼손되거나 그 밖의 사유로 그 반환이 어려운 때에는 그 가액을 반환하여야 한다.

④ 원물반환이 처음부터 불가능한 급부, 예컨대 노무 그 밖의 무형의 것을 급부한 경우에는 그 가액을 반환하여야 한다.

3. 손해배상의무(약술형, A)

(1) 손해배상의 성질

계약의 해제는 손해배상의 청구에 영향을 미치지 아니한다. 이는 채무불이행을 원인으로 한 손해배상책임으로 본다.

(2) 손해배상의 범위

① 이때의 손해배상은 채무불이행에 기초하는 것이므로, 이행이익의 배상을 원칙으로 한다.
② 판례는 이행이익의 배상에 갈음하여 신뢰이익의 배상을 구할 수도 있다고 하며, 다만 그 신뢰이익은 이행이익의 범위를 초과할 수 없다고 한다.

4. 해제의 효과와 동시이행

계약이 해제되면 계약당사자는 서로 원상회복의무와 손해배상의무를 부담하는데, 이러한 의무는 동시이행의 관계에 있다.

> **제543조【해지, 해제권】** ① 계약 또는 법률의 규정에 의하여 당사자의 일방이나 쌍방이 해지 또는 해제의 권리가 있는 때에는 그 해지 또는 해제는 상대방에 대한 의사표시로 한다.
> ② 전항의 의사표시는 철회하지 못한다.
>
> **제547조【해지, 해제권의 불가분성】** ① 당사자의 일방 또는 쌍방이 수인인 경우에는 계약의 해지나 해제는 그 전원으로부터 또는 전원에 대하여 하여야 한다.
> ② 전항의 경우에 해지나 해제의 권리가 당사자 1인에 대하여 소멸한 때에는 다른 당사자에 대하여도 소멸한다.
>
> **제548조【해제의 효과, 원상회복의무】** ① 당사자 일방이 계약을 해제한 때에는 각 당사자는 그 상대방에 대하여 원상회복의 의무가 있다. 그러나 제삼자의 권리를 해하지 못한다.
> ② 전항의 경우에 반환할 금전에는 그 받은 날로부터 이자를 가하여야 한다.
>
> **제549조【원상회복의무와 동시이행】** 제536조의 규정은 전조의 경우에 준용한다.
>
> **제551조【해지, 해제와 손해배상】** 계약의 해지 또는 해제는 손해배상의 청구에 영향을 미치지 아니한다.
>
> **제552조【해제권행사여부의 최고권】** ① 해제권의 행사의 기간을 정하지 아니한 때에는 상대방은 상당한 기간을 정하여 해제권행사여부의 확답을 해제권자에게 최고할 수 있다.
> ② 전항의 기간내에 해제의 통지를 받지 못한 때에는 해제권은 소멸한다.
>
> **제553조【훼손 등으로 인한 해제권의 소멸】** 해제권자의 고의나 과실로 인하여 계약의 목적물이 현저히 훼손되거나 이를 반환할 수 없게 된 때 또는 가공이나 개조로 인하여 다른 종류의 물건으로 변경된 때에는 해제권은 소멸한다.

09-1 [기출 1회 1문]

甲은 자신이 소유하는 X부동산을 乙에게 팔면서, 乙의 편의를 위하여 매매 대금을 지급받지도 않은 상태에서 X부동산의 소유권등기를 乙에게 이전하였다. 그럼에도 불구하고 乙이 약속한 날짜에 매매대금을 지급하지 않자 甲은 수차례에 걸쳐 상당한 기간을 정하여 乙에게 대금지급을 촉구하였으나 여전히 乙은 甲에게 대금을 지급하지 않고 있다. 이에 甲이 乙과의 매매계약을 해제한다는 통지를 한 경우, 그 '효과'에 관하여 논술하시오. (40점)

01 문제의 소재

본 문제는 매도인 甲이 매수인 乙의 매매대금채무의 이행지체를 이유로 매매계약을 해제한 경우이다. 이행지체를 원인으로 계약이 해제되기 위해서는 ① 채무자의 이행지체가 있을 것, ② 채권자가 상당한 기간을 정하여 이행을 최고할 것, ③ 채무자가 최고기간 내에 이행 또는 이행의 제공이 없을 것, ④ 채권자의 해제의 의사표시가 필요하다(제544조). 채권자 甲의 해제는 이러한 요건을 모두 충족하였으므로 적법하고, 이하에서는 甲의 해제의 효과에 대해서 살펴본다.

02 법정해제의 효과

1. 계약의 구속으로부터 해방

(1) 계약의 소급적 실효

계약을 해제하면 계약은 소급하여 소멸한다. 따라서 당사자는 계약의 구속으로부터 해방되며, 아직 이행하지 않은 채무는 이행할 필요가 없고, 이미 이행된 급부는 서로 원상회복을 하여야 한다.

(2) 해제와 물권의 복귀

① 문제는 계약의 이행으로써 등기 또는 인도를 갖추어 물권이 이전되었을 때, 그 물권이 등기 또는 인도 없이도 당연히 복귀하는가이다.

② 채권적 효과설은 계약이 해제되더라도 채권행위가 해소될 뿐이며 물권변동의 효과는 그대로 유지되고, 따라서 이전된 권리를 회복하기 위해서는 다시 이행행위와 등기 또는 인도가 필요하다는 견해이다.

③ 물권적 효과설은 채권계약이 해제되면 이전하였던 물권은 등기 또는 인도 없이도 당연히 복귀한다는 견해로서 판례의 입장이다.

(3) 해제와 제3자의 보호

① 의의 : 계약의 해제는 제3자의 권리를 해하지 못한다(제548조 제1항 단서). 여기서 제3자 는 원칙적으로 해제의 의사표시가 있기 이전에 그 해제된 계약으로부터 생긴 법률적 효과 를 기초로 하여 새로운 이해관계를 가졌을 뿐 아니라 등기・인도 등으로 완전한 권리를 취득한 자를 말한다.

② 제3자 범위의 확대 : 판례는 거래의 안전을 위하여 보호되는 제3자에 해제의 의사표시가 있은 후 그 해제에 기한 말소등기가 이루어지기 이전에 새로운 이해관계를 갖게 된 선의 의 제3자도 포함시킨다.

2. 원상회복의무

(1) 의의

당사자 일방이 계약을 해제한 때에는 각 당사자는 그 상대방에 대하여 원상회복의 의무가 있다(제548조 제1항 본문).

(2) 원상회복의 범위

이익의 현존 여부나 선의・악의를 불문하고 받은 급부 전부를 반환하여야 한다. 이때 반환할 금전에는 그 받은 날부터 이자를 가산하여야 하고(제548조 제2항), 이와 균형상 반환할 물건 에는 그 받은 날부터 사용이익을 가산하여 반환하여야 한다.

3. 손해배상의무

(1) 손해배상의 성질

계약의 해제는 손해배상의 청구에 영향을 미치지 아니한다(제551조). 이는 채무불이행을 원 인으로 한 손해배상책임으로 본다.

(2) 손해배상의 범위

① 제551조의 손해배상은 채무불이행에 기초하는 것이므로, 그 범위는 채무가 이행되었더라 면 채권자가 얻었을 이익, 즉 이행이익의 배상을 원칙으로 한다.

② 판례는 이행이익의 배상에 갈음하여 신뢰이익의 배상을 구할 수도 있다고 하며, 다만 그 신뢰이익은 이행이익의 범위를 초과할 수 없다고 한다.

4. 해제의 효과와 동시이행

계약이 해제되면 계약당사자는 서로 원상회복의무와 손해배상의무를 부담하는데, 이러한 의무는 동시이행의 관계에 있다고 본다.

03 문제의 해결

1. 甲의 해제로 인해 甲·乙 간의 계약은 소급하여 소멸한다. 따라서 아직 이행하지 않은 채무는 이행할 필요가 없고, 이미 이행된 급부는 서로 원상회복을 하여야 한다.

2. 매매목적물인 X부동산의 소유권등기가 乙에게 이전된 상태에서 계약이 해제되면, 이전되었던 X부동산의 소유권은 말소등기 없이도 甲에게 당연히 복귀한다(물권적 효과설).

3. 계약이 해제되면 각 당사자는 상대방에 대하여 원상회복의 의무가 있으므로, 만약 乙이 X부동산을 점유하고 있다면 받은 날부터 사용이익을 가산하여 반환하여야 한다.

4. 계약의 해제는 손해배상의 청구에 영향을 미치지 아니하므로, 甲은 乙의 이행지체를 이유로 손해배상을 청구할 수 있다.

09-2 [기출 10회 1-(2)문]

X주택의 소유자 甲과 Y토지의 소유자 乙은 서로 X주택과 Y토지를 교환하기로 하는 계약을 체결하였다. 이에 따라 甲은 乙에게 X주택의 소유권을 이전해 주었다. 乙은 X주택에 관하여 丙과 임대차계약을 체결하여, 丙은 乙에게 보증금을 지급함과 동시에 X주택을 인도받고 전입신고를 마쳤다. 다음의 독립된 질문에 답하시오(단, X주택에 관하여 다른 이해관계인은 없음을 전제로 함).

(2) 甲은 교환계약에 따라 X주택의 소유권을 乙에게 이전하였음에도 불구하고 乙이 계약을 위반하여 Y토지의 소유권을 이전해주지 않자, 甲은 위 교환계약을 적법하게 해제하였다. 이러한 경우에 丙은 乙과 맺은 임대차계약상의 임차권을 甲에게 주장할 수 있는지에 관하여 설명하시오. (20점)

01 해제와 제3자 보호

1. 계약의 해제는 제3자의 권리를 해하지 못한다(제548조 제1항 단서).

2. 여기서 제3자는 원칙적으로 해제의 의사표시가 있기 이전에 해제된 계약에서 생긴 법률적 효과를 기초로 하여 새로운 이해관계를 가졌을 뿐 아니라 등기·인도 등으로 완전한 권리를 취득한 자를 말한다.

3. 또한 판례는 해제의 의사표시가 있은 후 그 해제에 기한 말소등기가 있기 이전에 이해관계를 갖게 된 선의의 제3자도 포함한다.

02 대항력 있는 임차권을 취득한 丙이 제3자에 해당하는지 여부

소유권을 취득하였다가 계약해제로 인하여 소유권을 상실하게 된 임대인 乙로부터 그 계약이 해제되기 전에 주택을 임차받아 주택의 인도와 주민등록을 마침으로써 주택임대차보호법 제3조 제1항에 의한 대항요건을 갖춘 임차인 丙은 민법 제548조 제1항 단서의 규정에 따라 계약해제로 인하여 권리를 침해받지 않는 제3자에 해당하므로 임대인의 임대권원의 바탕이 되는 계약의 해제에도 불구하고 자신의 임차권을 새로운 소유자 甲에게 대항할 수 있다. 이 경우 계약해제로 소유권을 회복한 甲은 주택임대차보호법 제3조 제2항에 따라 임대인의 지위를 승계한다(2003다12717).

09-3 [기출 11회 1–(2)문]

甲과 乙은 A시에 건설될 아파트에 대한 분양계약을 체결하였는데, 그 계약서에는 다음과 같은 내용이 포함되어 있었다. 다음 독립된 물음에 답하시오.

> 제2조 [···] ② 계약금은 공급대금의 5%로 하며, 계약체결과 동시에 지불한다. 중도금은 공급대금의 45%로 하며, 계약체결일로부터 1년이 되는 날에 지불한다.
> ③ 수분양자 乙은 분양자 甲의 귀책사유로 인해 입주예정일로부터 3월 이내에 입주할 수 없게 되는 경우 이 계약을 해제할 수 있다. [···]
> 제3조 [···] ② 제2조 제3항에 해당하는 사유로 이 계약이 해제된 때에는 甲은 수분양자 乙에게 공급대금 총액의 10%를 위약금으로 지급한다.
> ③ 제1항과 제2항의 경우 甲은 수분양자 乙에게 이미 납부한 대금에 대하여는 각각 그 받은 날로부터 반환일까지 연리 3%에 해당하는 이자를 가산하여 수분양자 乙에게 환급한다. [···]

(2) 乙은 甲의 자금난 등으로 인한 공사 지연으로 그 분양계약상 입주예정일로부터 3월 이내에 입주할 수 없게 되었다. 이에 수분양자 乙은 분양계약의 규정에 따라 甲의 귀책사유로 인한 입주지연을 이유로 그 분양계약을 해제하였으나, 甲은 乙이 납부한 대금을 반환하고 있지 않다. 乙의 해제권 행사가 적법함을 전제로 하여, 그 법률효과에 관하여 설명하시오. (20점)

01 계약의 소급적 소멸

계약을 해제하면 계약은 소급하여 소멸한다. 따라서 당사자는 계약의 구속으로부터 해방되며, 아직 이행하지 않은 채무는 이행할 필요가 없고, 이미 이행된 급부는 서로 원상회복을 하여야 한다.

02 원상회복의무

1. 원상회복의무와 관련하여 반환할 금전에는 그 받은 날부터 이자를 가산하여야 한다. 이때 이자에 관하여 특별한 약정이 있으면 그 약정이율이 우선 적용되고, 약정이율이 없으면 법정이율이 적용된다. 사안은 3% 약정이율이 우선 적용된다.

2. 반환채무의 이행지체로 인한 지연손해금

(1) 수분양자 乙은 분양자 甲의 귀책사유로 인한 입주지연을 이유로 분양계약을 해제하였으나, 분양자 甲이 乙이 납부한 대금을 반환하고 있지 않은 상황이다.

(2) 원상회복의무는 그 반환청구를 받은 다음 날부터 이행지체가 성립한다. 원상회복의무가 이행지체에 빠진 이후의 기간에 대해서는 지연손해금이 발생하게 되므로 거기에는 지연손해금률이 적용되어야 한다.

(3) 판례에 따르면 지연손해금률에 관하여 별도의 약정이 있으면 그에 따른다. 만약 약정지연손해금률이 없는 경우라면 지연손해금도 약정이율에 의하여 계산한다. 다만 그 약정이율이 법정이율보다 낮은 경우에는 약정이율에 의하지 아니하고 법정이율에 의한다. 사안은 3% 약정이율이 5% 민사 법정이율보다 낮은 경우이므로 5% 법정이율에 따라 지연손해금을 산정한다.

03 손해배상의무

위약금 특약은 손해배상액의 예정으로 추정되므로, 이에 의하여 손해배상액이 정해진다. 따라서 수분양자 乙은 그 특약에 의하여 공급대금 총액의 10%를 손해배상으로 청구할 수 있다.

09-4 해제 종합(사례형, 20분)

甲은 2010. 5. 12. 乙에게 자기 소유의 X토지를 10억 원에 매도하면서 계약 당일 계약금으로 1억 원, 2010. 6. 12. 중도금 4억 원, 2010. 7. 12. 잔금 5억 원을 지급받고, 잔금 수령과 동시에 소유권이전등기에 필요한 서류를 교부하여 주기로 하였다. 아울러 乙이 각 기일에 대금을 지급하지 못하는 경우에는 甲이 계약금을 몰취하기로 약정하였다. 甲은 위 계약 당일 계약금 1억 원을 수령하였으나 2010. 5. 말경 주변 지역의 개발호재로 X토지의 가격이 상승하자 乙에게 대금의 인상을 요청하였다. 그러나 乙은 이를 거절하고 바로 2010. 6. 2. 중도금 4억 원을 甲의 계좌로 송금하였다. 이러한 사실관계를 바탕으로 다음 각각의 독립된 질문에 대하여 답하시오.

(1) 甲은 2010. 6. 10. 乙에게 계약금의 배액인 2억 원을 지급하면서 위 계약의 해제를 통보하였다. 위와 같은 계약해제는 적법한가? (20점)

(2) 甲은 2010. 6. 20. 乙에게 X토지의 대금을 15억 원으로 인상해 주지 않으면 X토지를 매도할 의사가 없음을 분명히 하였다. 이에 乙은 2010. 6. 30. 甲에게 위 매매계약의 해제를 통보하였다. 위와 같은 계약해제는 적법한가?

(20점)

01 문제 1-(1)

1. 문제의 소재

매도인 甲과 매수인 乙 사이에 계약금이 일단 교부되었는바, 계약금은 해약금으로 추정되므로 甲의 해제가 해약금해제로서의 요건을 갖추었는지가 문제된다. 이와 관련하여 乙이 2010. 6. 2. 중도금 4억 원을 甲의 계좌로 송금한 행위를 이행의 착수로 볼 수 있는지가 쟁점이다.

2. 해약금에 의한 해제의 요건

매매의 당사자 일방이 계약금을 상대방에게 교부한 때에는 다른 약정이 없는 한 일방이 이행에 착수할 때까지 교부자는 이를 포기하고 수령자는 그 배액을 상환하여 매매계약을 해제할 수 있다.

3. 이행기 전의 이행의 착수

<u>이행기 전에는 착수하지 아니하기로 하는 특약을 하는 등 특별한 사정이 없는 한 이행기 전
에 이행에 착수할 수 있다.</u>

4. 문제의 해결

해약금에 의한 해제는 당사자 일방이 이행에 착수할 때까지만 할 수 있는데, 乙이 이행기 이
전인 6. 2. 중도금 4억 원을 송금한 것도 이행의 착수에 해당하므로 그 이후에는 甲과 乙 모두
해약금해제를 할 수 없다. 따라서 甲의 6. 10. 해제는 부적법하다.

02 문제 1-(2)

1. 문제의 소재

사안의 경우 乙은 중도금을 지급한 상태이므로 해약금해제는 할 수 없고, 甲의 채무이행기
(2010. 7. 12.)는 도래하지 않은 상태이므로 甲의 이행지체를 이유로 해제할 수도 없다. 甲이
2010. 6. 20. 乙에게 X토지의 대금을 15억 원으로 인상해 주지 않으면 X토지를 매도할 의사가
없음을 분명히 한 것은 이행기 전의 이행거절이다. 이행거절을 이유로 한 해제의 인정 여부를
검토한다.

2. 채무자의 이행거절과 해제

채무자가 채무를 이행하지 아니할 의사를 명백히 표시한 경우에 채권자는 신의성실의 원칙
상 <u>이행기 전이라도</u> 이행의 <u>최고 없이</u> 채무자의 <u>이행거절을 이유로</u> 계약을 <u>해제</u>하거나 채무
자를 상대로 손해배상을 청구할 수 있다(2005다63337).

3. 문제의 해결

사안에서 乙이 이행기 전인 2010. 6. 30. 甲에게 위 매매계약의 해제를 통보한 것은 적법하다.

> **09-5** 해제 종합(사례형, 20분)
>
> 甲은 2012. 3. 15. 乙에게 X토지를 대금 2억 원에 매도하되, 계약금 3천만 원은 계약 당일, 중도금 7천만 원은 2012. 8. 15.에 甲의 예금통장으로 송금받고, 잔금 1억 원은 2013. 3. 15.에 A공인중개사 사무소에서 만나 부동산 소유권 이전에 필요한 등기서류를 교부함과 동시에 지급받기로 약정하였다. 이와 같은 사실관계에서 아래 각 문항에 답하시오.
>
> (1) 甲이 乙로부터 계약 당일 계약금 3천만 원만을 수령한 상태에서 아직 중도금을 지급받지 못한 채 잔금지급기일이 도래하였다. 이 경우 잔금지급기일 도래 후의 甲과 乙의 법적 지위와 甲이 X토지에 관한 매매계약을 해제하기 위하여 취해야 할 조치에 관하여 설명하시오. (20점)
>
> (2) X토지에 관한 매매계약이 乙의 채무불이행으로 적법하게 해제되었다면, 甲은 乙로부터 받은 계약금을 위약금으로 몰취할 수 있는지 여부와 그 이유를 설명하시오. (20점)

01 문제 1-(1)

1. 문제의 소재

사안의 경우 乙의 중도금미지급과 잔금지급기일 도래와 관련하여 乙의 이행지체로 인한 甲의 법정해제 가능여부가 문제된다.

2. 잔금지급기일 도래 후의 甲과 乙의 법적 지위

(1) 선이행의무의 불이행 중 상대방 채무의 변제기가 도래하면 이제는 상대방의 청구에 대하여 선이행의무자도 동시이행의 항변권을 행사할 수 있다.

(2) 사안처럼 매수인이 선이행하여야 할 중도금지급을 하지 아니한 채 잔대금지급일을 경과한 경우에는 매수인 乙의 중도금 7천만 원 및 이에 대한 지급일 다음 날부터 잔대금지급일까지의 지연손해금과 잔금 1억 원의 지급채무는 매도인 甲의 소유권이전등기의무와 특별한 사정이 없는 한 동시이행관계에 있다(90다19930).

3. 甲이 X토지 매매계약을 해제하기 위하여 취해야 할 조치

(1) 이행지체를 이유로 계약을 해제하기 위해서는 ① 채무자의 이행지체가 있을 것, ② 채권자가 상당한 기간을 정하여 이행을 최고할 것, ③ 채무자가 최고기간 내에 이행 또는 이행의 제공이 없을 것의 요건이 필요하다.

(2) 따라서 甲이 소유권 이전 등기의무의 이행제공을 하여 乙을 일단 이행지체에 빠뜨린 후 乙에게 상당한 기간을 정하여 이행을 최고하고, 그럼에도 그 기간 내에 乙의 이행제공이 없으면 甲은 해제권을 취득한다. 그 후 해제의 의사표시를 하면 계약은 해제된다.

02 문제 1-(2)

1. 결론

甲은 乙로부터 받은 계약금을 위약금으로 몰취할 수 없다.

2. 이유

(1) 계약금은 특약이 없는 경우에도 위약금의 성질을 갖는지 여부

계약금은 원칙적으로 해약금의 성질을 가지고 있어서, 이를 위약금으로 하기로 하는 특약이 없는 이상 계약이 당사자 일방의 귀책사유로 인하여 해제되었다 하더라도 상대방은 계약불이행으로 입은 실제 손해만을 배상받을 수 있을 뿐 계약금이 위약금으로서 상대방에게 당연히 귀속되는 것은 아니다(2007다24930).

(2) 사안의 경우 별도의 위약금 특약은 없으므로 甲은 乙의 계약금을 몰취할 수는 없고, 실제 손해를 입증하여 손해배상을 청구할 수 있을 뿐이다.

10 약정해제(약술형, A)

01 의의

약정해제권은 당사자가 미리 계약에서 해제권을 보류한 경우이다. 약정해제권은 당사자의 계약에 의해서 해제권이 발생한다는 점에서 법률의 규정에 의하여 발생하는 법정해제권과 다르다.

02 발생원인

1. 해제권의 발생 자체를 당사자의 계약으로 정하는 것이다.

2. 계약금이 교부된 경우에는 약정해제권을 유보한 것으로 추정한다.

03 약정해제권의 내용(효과)

1. 당사자는 계약에서 그 행사방법이나 효과에 관해 정할 수 있고, 이때에는 그에 따르면 된다.

2. 계약에서 달리 정함이 없는 때에는 법정해제권의 행사방법, 효과, 소멸 등에 관한 민법 규정은 약정해제권에도 적용된다는 것이 통설이다. 다만 손해배상청구는 채무불이행을 전제로 하는 것이므로, 약정해제에는 원칙적으로 적용되지 않는다.

04 해약금에 의한 (약정)해제

1. 해약금에 의한 해제의 의의

해약금은 <u>해제권을 유보하는 계약금</u>을 말한다. 계약금이 교부된 때에는 일방이 이행에 착수할 때까지, 교부자는 이를 포기하고 수령자는 그 배액을 상환하여 매매계약을 해제할 수 있는 약정해제권을 보류한 것으로 추정한다.

2. 해약금에 의한 해제의 요건

(1) 당사자 <u>일방이 이행에 착수할 때까지만 가능</u>하다.

(2) <u>교부자는 포기하고 수령자는 배액을 상환</u>하여야 한다.

3. 해약금에 의한 해제의 효과

(1) 계약을 소급적으로 소멸시키지만, 이행의 착수 전에만 가능하므로 <u>원상회복의무는 발생하지 않는다</u>.

(2) 채무불이행을 이유로 한 해제가 아니므로 <u>손해배상청구권도 인정되지 않는다</u>.

> **제565조【해약금】** ① 매매의 당사자 일방이 계약당시에 금전 기타 물건을 계약금, 보증금등의 명목으로 상대방에게 교부한 때에는 당사자간에 다른 약정이 없는 한 당사자의 일방이 이행에 착수할 때까지 교부자는 이를 포기하고 수령자는 그 배액을 상환하여 매매계약을 해제할 수 있다.
> ② 제551조의 규정은 전항의 경우에 이를 적용하지 아니한다.

합의해제(약술형, A)

01 의의

합의해제란 계약당사자 쌍방이 합의에 의하여 기존의 계약의 효력을 소멸시켜 처음부터 계약이 체결되지 않았던 것과 같은 상태로 복귀시킬 것을 내용으로 하는 새로운 계약을 말한다.

02 성립요건

1. 청약과 승낙에 의한 성립

기존 계약의 효력을 소멸시키기로 하는 내용의 합의해제의 청약과 승낙의 의사표시가 서로 합치되어야 한다.

2. 묵시적 합의해제

묵시적 합의해제는 계약 후 당사자 쌍방의 계약실현의사의 결여 또는 포기로 인하여 계약을 실현하지 아니할 쌍방의 의사가 합치되어야만 한다.

03 효력

1. 당사자 간의 효력

(1) 원칙

합의해제의 효력은 그 합의의 내용에 의하여 결정되고 이에는 해제에 관한 제543조 이하의 규정은 원칙적으로 적용되지 아니한다.

(2) 물권변동의 문제

판례는 매매계약이 합의해제된 경우에 매수인에게 이전되었던 소유권은 당연히 매도인에게 복귀하는 것이므로, 합의해제에 따른 매도인의 원상회복청구권은 소유권에 기한 물권적 청구권이며, 따라서 소멸시효의 대상이 되지 않는다고 한다.

⑶ 이자지급의무 유무

해제에 관한 제548조 제2항의 규정은 적용되지 아니하므로, 당사자 사이에 약정이 없는 이상 합의해제로 인하여 반환할 금전에 그 받은 날로부터의 이자를 지급하여야 할 의무는 없다.

⑷ 손해배상의무 유무

합의해제 시에 손해배상에 관한 특약이 없는 한 채무불이행으로 인한 손해배상을 청구할 수 없다.

2. 제3자에 대한 효력

합의해제도 제3자의 권리를 해하지 못한다.

11-1 [기출 2회 2문]
법정해제와 합의해제의 의의 및 효과상의 차이점에 대해서 약술하시오. (20점)

01 의의

1. 계약의 해제란 유효하게 성립하고 있는 계약의 효력을 당사자 일방의 의사표시에 의하여, 그 계약이 처음부터 있지 않았던 것과 같은 상태에 복귀시키는 단독행위이다. 이때 해제권은 당사자 간의 약정이나 법률의 규정에 의해 발생한다. 즉, 법정해제란 법정해제권에 의한 해제를 말하는데, 주로 채무불이행을 그 원인으로 한다.

2. 합의해제란 계약당사자 쌍방이 합의에 의하여 기존의 계약의 효력을 소멸시켜 당초부터 계약이 체결되지 않았던 것과 같은 상태로 복귀시킬 것을 내용으로 하는 새로운 계약을 말한다.

02 효과상의 차이점

1. 원칙

(1) 일시적 계약 모두에 공통되는 법정해제권의 발생원인과 그 효과에 대해서는 제543조 이하에서 규정하고 있다.

(2) 그러나 합의해제의 효과는 그 합의의 내용에 의하여 결정되므로 해제에 관한 민법 규정은 원칙적으로 적용되지 아니한다.

2. 이자지급의무 유무

(1) 당사자 일방이 계약을 해제한 때에는 각 당사자는 그 상대방에 대하여 원상회복의 의무가 있다. 이때 반환할 금전에는 그 받은 날로부터 이자를 가산하여야 한다(제548조 제2항).

(2) 그러나 제548조 제2항의 규정은 합의해제에는 적용되지 아니하므로, 당사자 사이에 특약이 없는 이상 합의해제로 인하여 반환할 금전에 그 받은 날로부터의 이자를 지급하여야 할 의무는 없다.

3. 손해배상의무 유무

(1) 계약의 해제는 손해배상의 청구에 영향을 미치지 아니한다(제551조). 즉, 법정해제와 손해배상의 청구는 양립가능하다.

(2) 그러나 합의해제의 경우에는 합의해제 시에 손해배상에 관한 특약이 없는 한 채무불이행으로 인한 손해배상을 청구할 수 없다.

03 효과상의 공통점

1. 물권변동의 문제

판례에 의하면, 채권계약이 해제되면 이전하였던 물권은 등기 또는 인도 없이도 당연히 복귀한다. 또한 합의해제된 경우에도 매수인에게 이전되었던 물권은 당연히 매도인에게 복귀하는 것으로 본다.

2. 제3자의 보호

해제는 제3자의 권리를 해하지 못한다는 제548조 제1항 단서 규정은 합의해제의 경우에도 유추적용된다.

11-2 [기출 9회 1-(3)문]

甲은 2000. 3.경 늦은 나이에 홀로 탈북하여 현재까지 대한민국에서 거주하고 있다. 甲은 탈북 이후 10여 년간 다양한 일을 하며 모은 돈으로 2010. 5.경 북한 음식점을 개업하여 운영하고 있다. 甲은 탈북 이후 어려운 생활 등을 이유로 일에만 전념하다 보니 어느덧 80세를 바라보는 고령이 되었음에도 가족이 없이 홀로 생활하고 있다. 최근 들어서는 더 나이가 든 후에는 어떻게 살아가야 할지에 대한 고민이 많아졌고, 이제는 누군가에게 의지를 하며 여생을 보내고 싶어졌다. 이에 甲은 음식점 개업 초기부터 자신을 도와 성실히 일하던 종업원인 乙에게 자신이 가지고 있는 X토지(시가 10억 원 상당)를 줄 테니 앞으로 자신을 부양해 줄 수 있겠냐고 제안을 하였고 乙은 여러 고민 끝에 甲의 제안을 받아들였다. 甲은 2019. 5. 10. 乙에게 토지의 소유권이전등기를 마쳐 주었다. 다음 물음에 답하시오.

(3) 甲이 乙에게 지속적으로 부양의무의 이행을 요구하자, 2021. 6. 7. 乙은 견디다 못해 甲에게 甲과 乙 사이의 기존의 합의를 없던 것으로 하자고 제안하였다. 이에 2021. 6. 10. 甲도 乙의 제안을 받아들여 乙 명의로 되어 있는 X토지의 소유권을 다시 甲에게 원상회복하기로 합의하였다. 한편 乙은 X토지의 소유권을 甲에게 원상회복해 주지 않고 2021. 7. 10. X토지를 丙에게 매도하기로 하고 2021. 8. 10. 丙 앞으로 X토지의 소유권이전등기를 마쳐 주었다. 뒤늦게 이러한 사실을 알게 된 甲은 丙에게 X토지 소유권의 원상회복을 청구하였다. 甲의 이러한 청구는 받아들여질 수 있는지 검토하시오. (10점)

01 문제의 소재

해제와 제3자 보호에 관한 제548조 제1항 단서가 甲과 乙의 합의해제에도 유추적용되는지 여부와 丙이 X토지에 대해 보호되는 제3자인지 여부가 문제된다.

02 합의해제와 제3자 보호

1. 계약의 해제는 제3자의 권리를 해하지 못한다(제548조 제1항 단서). 이 규정은 합의해제에도 유추적용된다. 즉, 합의해제도 제3자의 권리를 해하지 못한다.

2. 제548조 제1항 단서의 '제3자'의 의미

(1) 원칙적으로 해제의 의사표시가 있기 이전에 해제된 계약에서 생긴 법률적 효과를 기초로 하여 새로운 이해관계를 가졌을 뿐 아니라 등기·인도 등으로 완전한 권리를 취득한 자를 말한다.

(2) 통설·판례는 제3자의 범위에 해제의 의사표시가 있은 후 그 해제에 기한 말소등기가 있기 이전에 이해관계를 갖게 된 선의의 제3자도 포함시킨다.

03 문제의 해결

丙은 합의해제 후 말소등기 전에 이해관계를 갖게 된 제3자이므로 선의인 경우에 한하여 제 548조 제1항 단서의 제3자에 해당하게 된다. 따라서 만약 丙이 선의라면 甲은 丙을 상대로 X토지 소유권의 원상회복을 청구할 수 없다.

11-3 합의해제(사례형, 10분)

> 甲은 2015. 3. 25. 乙로부터 乙 소유의 X토지와 그 지상 Y건물을 10억 원에 매수하면서, 乙에게 계약 당일에 계약금 1억 원, 2015. 4. 25. 중도금 4억 원, 2015. 5. 25. 잔금 5억 원을 지급하기로 약정하였다.
>
> 甲은 乙에게 대금을 완납하고 위 각 부동산을 인도받은 후, 丙에게 위 각 부동산을 매도하고 X토지에 관하여는 丙명의로 소유권이전등기를 경료해 주었다. 한편 Y건물은 무허가 미등기건물이어서 甲은 무허가건물관리대장상의 소유자 명의를 丙으로 변경해 주었다.
>
> 그런데 甲과 乙사이의 매매와 관련하여 乙에게 부과된 양도소득세 부담에 관하여 분쟁이 생기자, 乙은 甲과의 매매계약을 해제하기로 합의하였다. 乙은 丙을 상대로 Y건물에 대한 계약해제를 주장할 수 있는가?

01 문제의 소재

해제와 제3자 보호에 관한 제548조 제1항 단서가 합의해제에도 유추적용되는지 여부와 丙이 Y건물에 대해 보호되는 제3자인지 여부가 문제된다.

02 합의해제의 제3자에 대한 효력

1. 제548조 제1항 단서는 합의해제에도 유추적용된다. 즉, 합의해제도 제3자의 권리를 해하지 못한다.

2. 제548조 제1항 단서에서 규정하는 제3자라 함은 해제된 계약으로부터 생긴 법률적 효과를 기초로 하여 새로운 이해관계를 가졌을 뿐 아니라 등기·인도 등으로 완전한 권리를 취득한 자를 말한다.

3. 사안의 경우처럼 미등기 무허가건물에 관한 매매계약이 해제되기 전에 매수인으로부터 해당 무허가건물을 다시 매수하고 무허가건물관리대장에 소유자로 등재되었다고 하더라도 건물에 관하여 완전한 권리를 취득한 것으로 볼 수 없으므로 민법 제548조 제1항 단서에서 규정하는 제3자에 해당한다고 할 수 없다(2011다64782).

03 문제의 해결

Y건물에 관하여 丙은 보호받는 제3자가 아니므로 乙은 丙을 상대로 Y건물에 대한 계약해제를 주장할 수 있다.

12 〉 계약의 해지(약술형, B)

01 의의

계약의 해지란 계속적 계약에서 당사자의 일방적 의사표시만으로 그 효력을 장래에 대해 소멸시키는 것을 말한다.

02 발생원인

1. 법정해지권의 발생원인

(1) 개별규정에 의한 발생

민법은 사용대차, 임대차, 위임 등 각각의 계속적 계약에 관해 개별적으로 해지권을 규정하고 있다.

(2) 채무불이행에 의한 발생

① 공통되는 해제권 발생원인으로 이행지체와 이행불능을 정하고 있는데, 이 규정을 계약해지에 유추적용할 수 있는가에 대해서 견해가 대립한다.

② 판례는 사정변경을 이유로 한 계속적 계약의 해지를 인정한다.

③ 계속적 계약의 해지사유 : 판례에 따르면 계속적 계약은 당사자 상호 간의 신뢰관계를 그 기초로 하는 것이므로, 당해 계약의 존속 중에 당사자의 일방이 그 계약상의 의무를 위반함으로써 그로 인하여 계약의 기초가 되는 신뢰관계가 파괴되어 계약관계를 그대로 유지하기 어려운 정도에 이르게 된 경우에는 상대방은 그 계약관계를 막바로 해지함으로써 그 효력을 장래에 향하여 소멸시킬 수 있다(2002두5948).

2. 약정해지권의 발생원인

당사자는 계속적 계약에서 당사자의 일방 또는 쌍방이 해지권을 갖기로 약정할 수 있다.

03 해지권의 행사방법

1. 상대방에 대한 일방적 의사표시

해지권은 형성권이므로, 행사는 상대방에 대한 일방적 의사표시로 한다.

2. 해지권의 불가분성

해지권의 행사는 전원으로부터 전원에 대하여 하여야 한다. 해지권이 당사자 1인에 대하여 소멸한 때에는 다른 당사자에 대하여도 소멸한다.

04 해지의 효과

1. 장래효

당사자 일방이 계약을 해지한 때에는 계약은 장래에 대하여 그 효력을 잃는다. 따라서 미이행 채무는 해지에 관계없이 그대로 이행되어야 하며, 기이행급부는 수령자가 적법하게 보유할 수 있다.

2. 청산의무

계약을 해지하면 그때부터 계약은 그 효력을 잃는다. 예컨대 임대차의 경우에 임차인은 더 이상 목적물을 사용·수익할 권리를 잃게 되므로 목적물을 임대인에게 반환할 의무를 지게 되는데, 이를 청산의무라고 한다.

3. 손해배상의 청구

계약의 해지는 손해배상의 청구에 영향을 미치지 아니한다.

> **제550조【해지의 효과】** 당사자 일방이 계약을 해지한 때에는 계약은 장래에 대하여 그 효력을 잃는다.

12-1 해제와 해지의 비교(약술형, B)

01 의의

1. 계약의 해제란 유효하게 성립하고 있는 계약의 효력을 당사자 일방의 의사표시에 의하여, 그 계약이 처음부터 있지 않았던 것과 같은 상태에 복귀시키는 것이다.

2. 반면에 계약의 해지란 계속적 계약에서 당사자의 일방적 의사표시만으로 그 효력을 장래에 대해 소멸시키는 것이다.

02 공통점

1. 형성권

해제권·해지권은 모두 권리자의 상대방에 대한 일방적 의사표시에 의해 법률관계의 변동을 일으키는 형성권이라는 점에서 같다.

2. 해제권·해지권의 불가분성

해제권·해지권의 행사는 전원으로부터 전원에 대하여 하여야 한다. 해제권·해지권이 당사자 1인에 대하여 소멸한 때에는 다른 당사자에 대하여도 소멸한다.

3. 손해배상청구

계약의 해제·해지는 어느 것이든 손해배상의 청구에 영향을 미치지 아니한다.

03 차이점

1. 발생원인

법정해제권의 발생원인을 정하는 제544조~제546조를 계속적 계약의 해지에도 유추적용할 것인가에 대해 견해가 대립한다.

2. 소급효

계약을 해제한 때에는 소급하여 그 효력을 잃게 되나, 계약을 해지한 때에는 계약은 장래에 대하여 그 효력을 잃는다.

3. 원상회복의무

계약을 해제한 때에는 각 당사자는 그 상대방에 대하여 원상회복의 의무가 있다. 반면에 해지는 소급효가 없으므로 원상회복의무가 발생하지 않고 청산의무를 진다.

13 증여

01 증여의 의의

증여는 당사자 일방이 무상으로 재산을 상대방에게 수여하는 의사를 표시하고 상대방이 승낙함으로써 성립하는 계약이다. 증여는 낙성·무상·편무·불요식의 계약이다.

02 증여의 효력

1. 증여자의 급부의무

증여자는 증여계약의 내용에 따라 재산권을 이전해 줄 의무를 부담한다.

2. 증여자의 담보책임(약술형, A)

(1) 원칙

증여자는 그가 급부한 물건 또는 권리에 하자나 흠결이 있더라도 그에 대한 담보책임을 부담하지 않는 것이 원칙이다.

(2) 예외

① 증여자가 그 하자나 흠결을 알고 수증자에게 고지하지 아니한 때에는 담보책임을 진다.
② 부담부증여에서 증여자는 그 부담의 한도에서 매도인과 같은 담보책임을 진다.

3. 증여에 특유한 해제원인(약술형, A)

(1) 서면에 의하지 않은 증여의 해제

① 증여의 의사가 서면으로 표시되지 아니한 경우에는 각 당사자는 이를 해제할 수 있다 (제555조).
② 이러한 제555조의 해제는 일종의 특수한 철회일 뿐 본래 의미의 해제와는 다르므로 형성권의 제척기간의 적용을 받지 않는다.

(2) 수증자의 망은행위로 인한 해제

수증자가 증여자 또는 그 배우자나 직계혈족에 대하여 범죄행위를 한 때나 수증자가 증여자에 대하여 부양의무 있는 경우에 이를 이행하지 아니하는 때에는 증여자는 그 증여를 해제할 수 있다(제556조).

(3) 증여자의 재산상태변경으로 인한 해제

증여계약 후에 증여자의 재산상태가 현저히 변경되고 그 이행으로 인하여 생계에 중대한 영향을 미칠 경우에는 증여자는 증여를 해제할 수 있다(제557조).

(4) 해제와 이행완료부분에 대한 효력

위 세 가지 경우의 증여의 해제는 이미 이행한 부분에 대하여는 영향을 미치지 아니한다(제558조).

03 부담부증여(약술형, A)

1. 의의

(1) 부담부증여란 수증자도 일정한 급부를 하여야 할 채무를 부담하는 증여이다.

(2) 부담부증여에서 부담은 증여에 대하여 대가관계에 서는 것이 아니므로, 부담부증여도 편무·무상계약이다.

2. 부담부증여에 관한 특칙

(1) 매도인과 같은 담보책임

상대부담 있는 증여에 대하여는 증여자는 그 부담의 한도에서 매도인과 같은 담보의 책임이 있다(제559조 제2항).

(2) 쌍무계약에 관한 규정의 적용

① 부담부증여에 대하여는 증여의 규정이 적용되는 외에, 쌍무계약에 관한 규정을 적용한다(제561조). 따라서 동시이행의 항변권·위험부담의 규정이 준용된다.

② 부담의무 있는 상대방이 자신의 의무를 이행하지 아니할 때에는 비록 증여계약이 이미 이행되어 있다 하더라도 증여자는 계약을 해제할 수 있다(97다2177).

③ 부담부 증여에서 증여자의 증여 이행이 완료되지 않았더라도 수증자가 부담의 이행을 완료한 경우에는 특별한 사정이 없는 한 각 당사자가 서면에 의하지 않은 증여임을 이유로 증여계약의 전부 또는 일부를 해제할 수는 없다(2021다299976·299983).

04 정기증여

정기의 급여를 목적으로 한 증여는 증여자 또는 수증자의 사망으로 인하여 그 효력을 잃는다 (제560조).

05 사인증여

증여자의 사망으로 인하여 효력이 생길 증여에는 유증에 관한 규정을 준용한다(제562조).

제554조【증여의 의의】 증여는 당사자 일방이 무상으로 재산을 상대방에 수여하는 의사를 표시하고 상대방이 이를 승낙함으로써 그 효력이 생긴다.

제555조【서면에 의하지 아니한 증여와 해제】 증여의 의사가 서면으로 표시되지 아니한 경우에는 각 당사자는 이를 해제할 수 있다.

제556조【수증자의 행위와 증여의 해제】 ① 수증자가 증여자에 대하여 다음 각호의 사유가 있는 때에는 증여자는 그 증여를 해제할 수 있다.
1. 증여자 또는 그 배우자나 직계혈족에 대한 범죄행위가 있는 때
2. 증여자에 대하여 부양의무있는 경우에 이를 이행하지 아니하는 때
② 전항의 해제권은 해제원인있음을 안 날로부터 6월을 경과하거나 증여자가 수증자에 대하여 용서의 의사를 표시한 때에는 소멸한다.

제557조【증여자의 재산상태변경과 증여의 해제】 증여계약후에 증여자의 재산상태가 현저히 변경되고 그 이행으로 인하여 생계에 중대한 영향을 미칠 경우에는 증여자는 증여를 해제할 수 있다.

제558조【해제와 이행완료부분】 전3조의 규정에 의한 계약의 해제는 이미 이행한 부분에 대하여는 영향을 미치지 아니한다.

제559조【증여자의 담보책임】 ① 증여자는 증여의 목적인 물건 또는 권리의 하자나 흠결에 대하여 책임을 지지 아니한다. 그러나 증여자가 그 하자나 흠결을 알고 수증자에게 고지하지 아니한 때에는 그러하지 아니하다.
② 상대부담있는 증여에 대하여는 증여자는 그 부담의 한도에서 매도인과 같은 담보의 책임이 있다.

제560조【정기증여와 사망으로 인한 실효】 정기의 급여를 목적으로 한 증여는 증여자 또는 수증자의 사망으로 인하여 그 효력을 잃는다.

제561조【부담부증여】 상대부담있는 증여에 대하여는 본절의 규정외에 쌍무계약에 관한 규정을 적용한다.

제562조【사인증여】 증여자의 사망으로 인하여 효력이 생길 증여에는 유증에 관한 규정을 준용한다.

13-1 서면에 의하지 않은 증여의 해제(약술형, B)

01 의의

증여의 의사가 서면으로 표시되지 아니한 경우에는 각 당사자는 이를 해제할 수 있다. 증여자가 경솔하게 계약을 맺는 것을 방지하고, 증여의사를 명확히 하여 분쟁을 피하고자 하는 취지이다.

02 해제의 요건

1. 증여의사가 서면으로 표시되지 않을 것을 요한다.

2. 서면에 의한 증여란 증여자의 증여의사가 문서를 통하여 확실히 알 수 있는 정도로 서면에 나타난 증여를 말한다.

3. 증여계약이 성립한 당시에는 서면이 작성되지 않았더라도 그 후 계약이 존속하는 동안 서면을 작성하면 그때부터는 서면에 의한 증여가 된다.

03 해제권의 행사

1. 해제의 의사표시는 각 당사자가 상대방에 대하여 하여야 한다.

2. 서면에 의하지 않은 증여의 해제는 일종의 특수한 철회일 뿐 제543조 이하의 본래 의미의 해제와는 다르다. 따라서 형성권의 제척기간의 적용을 받지 않는다.

04 해제의 효과

1. 서면에 의하지 아니한 증여의 해제는 이미 이행한 부분에 대하여는 영향을 미치지 아니한다(제558조).

2. 동산의 경우에는 인도 시에 이행이 있게 되나, 부동산의 경우에는 그 소유권을 수증자에게 이전하는 등기를 한 때에 이행을 한 것이 되며 증여부동산의 인도까지 하여야 하는 것은 아니다.

13-2 [기출 5회 2문]
민법상 증여계약의 특유한 해제원인 3가지를 설명하고, 이행완료 부분에 대한
효력에 관하여 약술하시오. (20점)

01 증여의 의의

증여는 당사자 일방이 무상으로 재산을 상대방에게 수여하는 의사를 표시하고 상대방이 승
낙함으로써 성립하는 계약이다. 증여는 낙성·무상·편무·불요식의 계약이다.

02 증여계약의 특유한 해제원인

1. 서면에 의하지 않은 증여의 해제

(1) 증여의 의사가 서면으로 표시되지 아니한 경우에는 각 당사자는 이를 해제할 수 있다(제555조).

(2) 이러한 제555조의 해제는 일종의 특수한 철회일 뿐 본래 의미의 해제와는 다르므로 형성권
제척기간의 적용을 받지 않는다.

2. 수증자의 망은행위로 인한 해제

수증자가 증여자 또는 그 배우자나 직계혈족에 대하여 범죄행위를 한 때나 수증자가 증여자
에 대하여 부양의무가 있는 경우에 이를 이행하지 아니하는 때에는 증여자는 그 증여를 해제
할 수 있다(제556조).

3. 증여자의 재산상태변경으로 인한 해제

증여계약 후에 증여자의 재산상태가 현저히 변경되고 그 이행으로 인하여 생계에 중대한 영
향을 미칠 경우에는 증여자는 증여를 해제할 수 있다(제557조).

4. 해제와 이행완료부분에 대한 효력

위 세 가지 경우의 증여의 해제는 이미 이행한 부분에 대하여는 영향을 미치지 아니한다
(제558조).

13-3 [기출 9회 1-(1), (2)문]

甲은 2000. 3.경 늦은 나이에 홀로 탈북하여 현재까지 대한민국에서 거주하고 있다. 甲은 탈북 이후 10여 년간 다양한 일을 하며 모은 돈으로 2010. 5.경 북한 음식점을 개업하여 운영하고 있다. 甲은 탈북 이후 어려운 생활 등을 이유로 일에만 전념하다 보니 어느덧 80세를 바라보는 고령이 되었음에도 가족이 없이 홀로 생활하고 있다. 최근 들어서는 더 나이가 든 후에는 어떻게 살아가야 할지에 대한 고민이 많아졌고, 이제는 누군가에게 의지를 하며 여생을 보내고 싶어졌다. 이에 甲은 음식점 개업 초기부터 자신을 도와 성실히 일하던 종업원인 乙에게 자신이 가지고 있는 X토지(시가 10억 원 상당)를 줄 테니 앞으로 자신을 부양해 줄 수 있겠냐고 제안을 하였고 乙은 여러 고민 끝에 甲의 제안을 받아들였다. 甲은 2019. 5. 10. 乙에게 토지의 소유권이전등기를 마쳐 주었다. 다음 물음에 답하시오.

(1) X토지의 소유권을 이전하기 위하여 甲과 乙 사이에 이루어진 합의의 법적 성질은 무엇인지 설명하시오. (10점)

(2) X토지의 소유권을 이전받은 乙은 2019. 12.경 甲이 운영하는 식당을 그만 두고 2021. 5.경 현재까지 甲과 약속한 부양도 하지 않고 있다. 이에 억울해 하던 甲은 X토지를 다시 되찾아오고 싶어 한다. 甲이 X토지를 되찾아 오기 위해 검토해 볼 수 있는 방법들을 제시하고 그 방법들의 당부를 검토하시오. (20점)

01 문제 1-(1)

1. 甲과 乙 사이 합의의 법적 성질

사안처럼 수증자도 일정한 급부를 하여야 할 채무를 부담하는 증여를 부담부증여라고 한다. 부담부증여의 부담은 증여에 대하여 대가관계에 서는 것이 아니므로, 부담부증여도 여전히 편무·무상계약이다.

2. 부담부증여에 관한 특칙

(1) 매도인과 같은 담보책임

상대부담 있는 증여에 대하여는 증여자는 그 부담의 한도에서 매도인과 같은 담보의 책임이 있다(제559조 제2항).

(2) 쌍무계약에 관한 규정의 적용

부담부증여에 대하여는 증여의 규정 외에, 쌍무계약에 관한 규정을 적용한다(제561조).

02 문제 1-(2)

1. 문제의 소재

이 경우 甲이 제556조에 근거하여 수증자 乙의 망은행위를 이유로 증여를 해제할 수 있는지 여부와 부담부증여에 있어 부담을 불이행한 때에 해당하여 채무불이행을 이유로 해제할 수 있는지를 검토한다.

2. 수증자의 망은행위로 인한 증여의 해제 여부

(1) 의의

수증자가 증여자 또는 그 배우자나 직계혈족에 대하여 범죄행위를 한 때(제1호)나 수증자가 증여자에 대하여 부양의무 있는 경우에 이를 이행하지 아니하는 때(제2호)에는 증여자는 그 증여를 해제할 수 있다(제556조 제1항).

(2) 부양의무

제556조 제1항 제2호의 '부양의무'는 제974조의 직계혈족 및 그 배우자 또는 생계를 같이하는 친족 간의 부양의무를 말한다.

(3) 사안의 경우

본 사안처럼 당사자 사이의 약정에 의한 부양의무는 이에 해당하지 아니하므로, 甲은 제556조에 근거하여 乙의 망은행위를 이유로 증여를 해제할 수는 없다.

3. 부담부증여에 있어 부담의 불이행

(1) 의의

본 사안은 수증자도 일정한 의무를 부담하는 부담부증여로서, 수증자가 부담을 불이행하고 있는 경우이다.

(2) 부담의 불이행과 해제

부담의무 있는 상대방이 자신의 의무를 이행하지 아니할 때에는 비록 증여계약이 이미 이행되어 있다 하더라도 증여자는 계약을 해제할 수 있다(97다2177).

(3) 사안의 해결

甲은 乙에게 상당기간을 정하여 약속한 부양의 이행을 최고하고, 그 기간 내에 乙이 이를 이행하지 않으면 부담의무의 이행지체를 이유로 증여를 해제하고 이미 이행한 X토지의 반환 및 소유권이전등기의 말소를 청구할 수 있다.

13-4 [기출 13회 2문]

甲은 그 소유 X토지와 Y건물을 자신의 친구 乙에게 증여하는 계약을 구두로 체결한 후, 우선 X토지의 소유권이전등기에 필요한 서면을 乙에게 스스로 교부하여 그 등기는 甲의 사망 후에 완료되었다. 甲의 상속인들이 乙에 대한 증여계약을 해제하고자 하는 경우, 그 근거와 요건 및 해제의 범위에 관하여 설명하시오.

(20점)

01 해제의 근거

甲은 X토지와 Y건물을 乙에게 증여하는 계약을 구두로 체결하였다. 증여의 의사가 서면으로 표시되지 아니한 경우에는 각 당사자는 이를 해제할 수 있다(제555조).

02 해제의 요건

1. 서면에 의한 증여란 증여자의 증여의사가 문서를 통하여 확실히 알 수 있는 정도로 서면에 나타난 증여를 말한다.

2. 당사자가 해제하지 않고 사망하면 해제권은 상속인에게 승계된다.

3. 서면에 의하지 않은 증여의 해제는 일종의 특수한 철회일 뿐 본래 의미의 해제와는 다르다. 따라서 형성권의 제척기간의 적용을 받지 않는다(2003다1755).

03 해제의 범위

1. 서면에 의하지 아니한 증여의 해제는 이미 이행한 부분에 대하여는 영향을 미치지 아니한다(제558조).

2. 동산의 경우에는 인도 시에 이행이 있게 되나, 부동산의 경우에는 그 소유권을 수증자에게 이전하는 등기를 한 때에 이행을 한 것이 되며 증여부동산의 인도까지 하여야 하는 것은 아니다(81다649).

3. 증여의 의사가 서면으로 표시되지 아니한 경우라도 증여자가 생전에 부동산을 증여하고 그의 뜻에 따라 소유권이전등기에 필요한 서류를 제공하였다면 증여자가 사망한 후에 등기가 경료되었다고 하더라도 증여자의 의사에 따른 증여의 이행으로서의 소유권이전등기가 경료되었다 할 것이므로 증여는 이미 이행되었다고 본다(2001다29643).

4. X토지는 수증자 乙에게 소유권이전등기가 완료되어 증여가 이미 이행되었으므로, 증여자 甲의 상속인들이 서면에 의하지 아니한 증여라는 이유로 해제하더라도 아무런 영향이 없다. 반면에 Y건물은 아직 이행되지 않았으므로, 甲의 상속인들은 증여를 해제하고 재산권이전의무를 면할 수 있다.

14 매매의 예약(약술형, B)

01 의의

매매의 예약이란 당사자 간에 장차 매매계약을 체결할 것을 약정하는 계약을 말한다. 매매의 예약은 원칙적으로 일방예약으로 추정된다(제564조 제1항).

02 예약완결권

1. 예약완결권의 의의

예약완결권이란 일방예약·쌍방예약에 의하여 일방 또는 쌍방의 당사자(즉, 예약권리자)가 상대방에 대하여 갖는 매매완결의 의사표시를 할 수 있는 권리를 말한다. 예약완결권은 형성권이고 양도성이 있다.

2. 예약완결권의 가등기

부동산물권의 소유권이전의무를 발생케 하는 예약완결권은 이를 가등기할 수 있다. 예약완결권을 가등기하였는데 제3자가 그 목적물을 양수한 때에는 가등기권리자(예약권리자)가 가등기의무자(당초의 예약의무자)를 상대로 가등기에 기한 본등기를 청구하면 제3자의 소유권이전등기는 직권말소된다.

3. 예약완결권의 존속기간

행사기간을 약정한 경우에는 그 기간 내에, 약정하지 않은 경우에는 예약이 성립한 때로부터 10년의 제척기간에 걸린다. 이 경우 예약자는 상당한 기간을 정하여 매매완결 여부의 확답을 상대방에게 최고할 수 있고, 만일에 예약자가 그 기간 내에 확답을 받지 못한 때에는 예약은 그 효력을 잃는다(제564조 제2항·제3항).

4. 예약완결권의 제척기간의 기산점

기산점은 원칙적으로 권리가 발생한 때이고, 매매예약완결권을 행사할 수 있는 시기를 특별히 약정한 경우에도 그 제척기간은 당초 권리의 발생일로부터 10년간의 기간이 경과되면 만료되는 것이지 그 기간을 넘어서 그 약정에 따라 권리를 행사할 수 있는 때로부터 10년이 되는 날까지로 연장된다고 볼 수 없다(94다22682·22699).

14-1 [기출 3회 2문]
매매예약완결권에 관하여 설명하고, 그 가등기에 관하여 약술하시오. (20점)

01 의의

매매의 예약이란 당사자 간에 장차 매매계약을 체결할 것을 약정하는 계약을 말한다. 이때 예약완결권이란 일방예약·쌍방예약에 의하여 일방 또는 쌍방의 당사자(즉, 예약권리자)가 상대방에 대하여 갖는 매매완결의 의사표시를 할 수 있는 권리를 말한다. 이러한 예약완결권은 형성권이고 양도성이 있다.

02 매매예약완결권의 존속기간

행사기간을 약정한 경우에는 그 기간 내에, 약정하지 않은 경우에는 예약이 성립한 때로부터 10년의 제척기간에 걸린다. 이 경우 예약자는 상당한 기간을 정하여 매매완결 여부의 확답을 상대방에게 최고할 수 있고, 만일에 예약자가 그 기간 내에 확답을 받지 못한 때에는 예약은 그 효력을 잃는다(제564조 제2항·제3항).

03 매매예약완결권의 제척기간의 기산점

기산점은 원칙적으로 권리가 발생한 때이고, 매매예약완결권을 행사할 수 있는 시기를 특별히 약정한 경우에도 그 제척기간은 당초 권리의 발생일로부터 10년간의 기간이 경과되면 만료되는 것이지 그 기간을 넘어서 그 약정에 따라 권리를 행사할 수 있는 때로부터 10년이 되는 날까지로 연장된다고 볼 수 없다(94다22682).

04 매매예약완결권의 가등기

부동산물권의 소유권이전의무를 발생케 하는 예약완결권은 이를 가등기할 수 있다. 예약완결권을 가등기하였는데 제3자가 그 목적물을 양수한 때에는 가등기권리자(예약권리자)가 가등기의무자(당초의 예약의무자)를 상대로 가등기에 기한 본등기를 청구하면 제3자의 소유권이전등기는 직권말소된다.

15 ⟩ 계약금(약술형, A)

01 계약금의 의의

계약금은 계약을 체결함에 있어서 그 계약에 부수하여 일방이 상대방에게 교부하는 금전 기타 유가물을 말한다.

02 계약금계약

계약금계약은 매매 기타의 계약에 부수하여 행하여지는 종된 계약이며, 금전 기타 유가물의 교부를 요건으로 하므로 요물계약이다.

03 계약금의 종류(약술형, B)

1. 증약금

계약체결의 증거로서의 의미를 갖는 계약금이다.

2. 위약금

위약금이란 계약위반, 즉 채무불이행이 있을 때에 의미를 갖는 계약금이다. 계약금이 위약금의 성질을 갖기 위해서는 반드시 위약금 특약이 있어야 한다.

3. 해약금

해제권을 보류하는 작용을 하는 계약금이다. 민법은 계약금이 교부된 때에는 약정해제권을 보류한 것으로 추정한다.

04 해약금에 의한 해제(약술형, A)

1. 해약금에 의한 해제의 의의

해약계약금은 계약의 해제권을 보류하는 계약금을 말한다. 즉, 매매의 당사자 일방이 계약 당시에 계약금을 상대방에게 교부한 때에는 다른 약정이 없는 한 일방이 이행에 착수할 때까지 교부자는 이를 포기하고 수령자는 그 배액을 상환하여 매매계약을 해제할 수 있다(제565조 제1항).

2. 해약금에 의한 해제의 요건

(1) 당사자 일방이 이행에 착수할 때까지

① '당사자의 일방'은, 매매 쌍방 중 어느 일방을 지칭하는 것이고 상대방으로 국한하여 해석할 것이 아니므로, 비록 상대방인 매도인이 매매계약의 이행에 착수한 바가 없더라도 매수인이 중도금을 지급하여 이미 이행에 착수한 이상, 매도인이나 매수인이나 이제는 계약을 해제할 수 없다.

② '이행에 착수'한다는 것은 이행행위의 일부를 하거나 또는 이행을 하는 데 필요한 전제행위를 하는 것을 말하는 것으로서, 단순히 이행의 준비만으로는 부족하나, 반드시 계약 내용에 들어맞는 이행 제공의 정도까지 이르러야 하는 것은 아니다.

③ 이행기 전의 이행의 착수 : 이행기 전에는 착수하지 아니하기로 하는 특약을 하는 등 특별한 사정이 없는 한 이행기 전에 이행에 착수할 수도 있다.

(2) 교부자는 포기하고 수령자는 배액을 상환할 것

① 계약금의 교부자는 이를 포기하고 해제할 수 있다.

② 계약금의 수령자는 해제의 의사표시와 함께 그 배액을 제공하여야만 해제의 효과가 발생한다. 이 경우 배액의 이행의 제공으로 족하고, 공탁까지 할 필요는 없다.

3. 해약금에 의한 해제의 효과

(1) 계약을 소급적으로 소멸시키지만, 이행의 착수 전에만 가능하므로 원상회복의무는 발생하지 않는다.

(2) 채무불이행을 이유로 한 해제가 아니므로 손해배상청구권도 인정되지 않는다.

15-1 [기출 5회 3문]
매매계약 체결 시 교부되는 계약금의 종류를 약술하고, 해약금의 효력에 관하여 설명하시오. (20점)

01 계약금의 의의

계약금은 계약을 체결함에 있어서 그 계약에 부수하여 일방이 상대방에게 교부하는 금전 기타 유가물을 말한다.

02 계약금의 종류

1. 증약금

계약체결의 증거로서의 의미를 갖는 계약금이다.

2. 위약금

위약금이란 계약위반, 즉 채무불이행이 있을 때에 의미를 갖는 계약금이다. 계약금이 위약금의 성질을 갖기 위해서는 반드시 위약금 특약이 있어야 한다.

3. 해약금

해제권을 보류하는 작용을 하는 계약금이다. 민법은 계약금이 교부된 때에는 약정해제권을 보류한 것으로 추정한다.

03 해약금의 효력

1. 해약금에 의한 해제의 의의

계약금이 교부된 때에는 일방이 이행에 착수할 때까지, 교부자는 이를 포기하고 수령자는 그 배액을 상환하여 매매계약을 해제할 수 있다.

2. 해약금에 의한 해제의 요건

(1) 당사자 일방이 이행에 착수할 때까지만 가능하다.

(2) 교부자는 포기하고 수령자는 배액을 상환하여야 한다.

3. 해약금에 의한 해제의 효과

(1) 계약을 소급적으로 소멸시키지만, 이행의 착수 전에만 가능하므로 원상회복의무는 발생하지 않는다.

(2) 채무불이행을 이유로 한 해제가 아니므로 손해배상청구권도 인정되지 않는다.

> **제563조【매매의 의의】** 매매는 당사자 일방이 재산권을 상대방에게 이전할 것을 약정하고 상대방이 그 대금을 지급할 것을 약정함으로써 그 효력이 생긴다.
>
> **제564조【매매의 일방예약】** ① 매매의 일방예약은 상대방이 매매를 완결할 의사를 표시하는 때에 매매의 효력이 생긴다.
> ② 전항의 의사표시의 기간을 정하지 아니한 때에는 예약자는 상당한 기간을 정하여 매매완결여부의 확답을 상대방에게 최고할 수 있다.
> ③ 예약자가 전항의 기간내에 확답을 받지 못한 때에는 예약은 그 효력을 잃는다.
>
> **제565조【해약금】** ① 매매의 당사자 일방이 계약당시에 금전 기타 물건을 계약금, 보증금등의 명목으로 상대방에게 교부한 때에는 당사자간에 다른 약정이 없는 한 당사자의 일방이 이행에 착수할 때까지 교부자는 이를 포기하고 수령자는 그 배액을 상환하여 매매계약을 해제할 수 있다.
> ② 제551조의 규정은 전항의 경우에 이를 적용하지 아니한다.
>
> **제566조【매매계약의 비용의 부담】** 매매계약에 관한 비용은 당사자 쌍방이 균분하여 부담한다.
>
> **제567조【유상계약에의 준용】** 본절의 규정은 매매 이외의 유상계약에 준용한다. 그러나 그 계약의 성질이 이를 허용하지 아니하는 때에는 그러하지 아니하다.

15-2 [기출 6회 1문]

甲은 2018. 2. 1. 자신의 소유인 X주택을 매매대금 10억 원에 乙에게 매각하는 매매계약을 체결하면서, 계약금은 1억 원으로 약정하였다. 乙은 甲에게 계약금 1억 원 중 3,000만 원은 계약 당일에 지급하였고, 나머지 7,000만 원은 2018. 2. 15. 지급하기로 약정하였다. 다음 각 독립된 물음에 답하시오. (40점)

(1) 甲이 2018. 2. 10. 계약금에 기하여 매매계약을 해제하고자 할 때, 계약금의 법적 의미와 甲은 얼마의 금액을 乙에게 지급하고 매매계약을 해제할 수 있는지에 관하여 설명하시오. (20점)

(2) 乙은 甲에게 2018. 2. 15. 지급하기로 한 나머지 계약금 7,000만 원을 지급하였다. 한편, 위 매매계약에서 중도금 3억 원은 2018. 6. 1. 지급하기로 약정하였다. 乙은 X주택의 시가 상승을 예상하면서 2018. 5. 1. 甲을 만나 중도금 3억 원의 지급을 위하여 자기앞수표를 교부하였으나, 甲은 이의 수령을 거절하였다. 그 후, 甲은 2018. 5. 5. 수령한 계약금의 2배인 2억 원의 자기앞수표를 乙에게 교부하면서 매매계약 해제의 의사표시를 하였다. 乙은 이의 수령을 거절하였으며, 甲은 2억 원을 공탁하였다. 이러한 경우, 매매계약이 해제되었는지 여부에 관하여 설명하시오. (20점)

01 문제 1-(1)

1. 문제의 소재

사안은 계약금의 일부만 지급된 상황에서 매도인이 해약금에 의한 해제를 하기 위해 얼마의 금액을 상환해야 하는지가 문제된다.

2. 계약금의 법적 의미

매매의 당사자 일방이 계약금을 상대방에게 교부한 때에는 다른 약정이 없는 한 일방이 이행에 착수할 때까지 교부자는 이를 포기하고 수령자는 그 배액을 상환하여 매매계약을 해제할 수 있다.

3. 계약금의 일부를 받은 매도인이 얼마의 금액을 상환해야 해약금에 의한 해제를 할 수 있는지 여부

계약금 일부만 지급된 경우 수령자가 매매계약을 해제할 수 있다고 하더라도 해약금의 기준이 되는 금원은 '실제 교부받은 계약금'이 아니라 '약정 계약금'이라고 봄이 타당하므로, 매도인이 계약금의 일부로서 지급받은 금원의 배액을 상환하는 것으로는 매매계약을 해제할 수 없다(2014다231378). 따라서 매도인은 약정 계약금의 배액을 상환해야 계약을 해제할 수 있다.

○ 이 경우에 실제로 교부받은 계약금과 약정 계약금을 합한 금액을 상환하여야 계약을 해제할 수 있다는 견해도 있다.

4. 문제의 해결

계약금 1억 원 중 일부인 3,000만 원만 매도인에게 교부된 상태에서 매도인 甲이 해약금에 의한 해제를 하기 위해서 매수인에게 상환할 금액은 약정 계약금의 배액인 2억 원이다.

○ 실제로 교부받은 계약금 3,000만 원과 약정 계약금 1억 원을 합한 1억 3,000만 원이라는 견해도 있다.

02 문제 1-(2)

1. 문제의 소재

사안에서 2018. 5. 5. 매도인 甲의 해제가 해약금에 의한 해제로서의 요건을 갖추었는지가 문제된다. 특히 매수인 乙이 2018. 5. 1. 甲을 만나 중도금 3억 원의 지급을 위하여 자기앞수표를 교부한 행위를 이행의 착수로 볼 수 있는지가 쟁점이다.

2. 해약금에 의한 해제의 요건

매매의 당사자 일방이 계약금을 상대방에게 교부한 때에는 다른 약정이 없는 한 일방이 이행에 착수할 때까지 교부자는 이를 포기하고 수령자는 그 배액을 상환하여 매매계약을 해제할 수 있다.

3. 이행기 전의 이행의 착수

(1) 이행기 전에는 착수하지 아니하기로 하는 특약을 하는 등 특별한 사정이 없는 한 이행기 전에 이행에 착수할 수도 있다.

(2) 사안에서 이행기 전의 이행의 착수가 허용되어서는 안 되는 특별한 사정은 없으므로 2018. 5. 1. 매수인 乙의 행위는 이행의 착수로 인정된다.

4. 문제의 해결

해약금에 의한 해제는 당사자 일방이 이행에 착수할 때까지만 할 수 있는데, 乙이 이행기 이전인 2018. 5. 1. 甲을 만나 중도금 3억 원의 지급을 위하여 자기앞수표를 교부한 행위도 이행의 착수에 해당하므로, 그 이후에는 甲과 乙 모두 해약금에 의한 해제를 할 수 없다. 따라서 2018. 5. 5. 매도인 甲의 해제는 부적법하고 甲과 乙의 매매계약은 해제되지 않았다.

15-3 [기출 11회 1-(1)문]

甲과 乙은 A시에 건설될 아파트에 대한 분양계약을 체결하였는데, 그 계약서에는 다음과 같은 내용이 포함되어 있었다. 다음 독립된 물음에 답하시오.

> 제2조 […] ② 계약금은 공급대금의 5%로 하며, 계약체결과 동시에 지불한다. 중도금은 공급대금의 45%로 하며, 계약체결일로부터 1년이 되는 날에 지불한다.
> ③ 수분양자 乙은 분양자 甲의 귀책사유로 인해 입주예정일로부터 3월 이내에 입주할 수 없게 되는 경우 이 계약을 해제할 수 있다. […]
> 제3조 […] ② 제2조 제3항에 해당하는 사유로 이 계약이 해제된 때에는 甲은 수분양자 乙에게 공급대금 총액의 10%를 위약금으로 지급한다.
> ③ 제1항과 제2항의 경우 甲은 수분양자 乙에게 이미 납부한 대금에 대하여는 각각 그 받은 날로부터 반환일까지 연리 3%에 해당하는 이자를 가산하여 수분양자 乙에게 환급한다. […]

(1) 2006년 4월 1일 乙은 甲과 분양계약을 체결함과 동시에 계약금 전부를 지불하였다. 2006년 5월 1일 발표된 정부정책으로 인하여 A시에 개발호재가 발생하여, 주변 아파트 시세가 상승하였다. 이에 甲은 乙에게 분양대금의 증액을 요구하였다. 그러나 乙은 이를 거절하고, 2006년 5월 10일 甲의 계좌로 중도금을 송금하였다. 이 경우 甲은 乙에게 계약금의 배액을 지급하고 乙과의 계약을 해제할 수 있는지 설명하시오. (20점)

01 해약금에 의한 해제의 의의

매매의 당사자 일방이 계약 당시에 계약금을 상대방에게 교부한 때에는 다른 약정이 없는 한 일방이 이행에 착수할 때까지 교부자는 이를 포기하고 수령자는 그 배액을 상환하여 매매계약을 해제할 수 있다.

02 이행기 전의 이행착수

1. 이행기 전에는 착수하지 아니하기로 하는 특약을 하는 등 특별한 사정이 없는 한 이행기 전에 이행에 착수할 수도 있다.

2. 중도금 지급기일은 계약체결일로부터 1년이 되는 날인 2007년 4월 1일이다. 매수인 乙이 2006년 5월 10일 甲의 계좌로 중도금을 송금한 것은 이행기 전의 이행착수이다.

3. 판례에 따르면 매매계약의 체결 이후 시가 상승이 예상되자 매도인이 구체적인 금액의 제시 없이 매매대금의 증액요청을 한 것은 이행기 전의 이행의 착수가 금지될 만한 특별한 사정으로 보지 않는다. 따라서 매수인 乙의 2006년 5월 10일 중도금 송금은 유효한 이행착수이다.

03 甲은 乙에게 계약금의 배액을 지급하고 乙과의 계약을 해제할 수 있는지 여부

甲은 이미 乙로부터 유효하게 중도금을 수령하였고, 이는 당사자 일방이 이행에 착수한 것이므로, 매도인 甲은 계약금의 배액을 상환하여 乙과의 계약을 해제할 수 없다.

> **15-4** 계약금(사례형, 10분)
>
> 甲이 2009. 3. 1. 乙에게 부동산을 1억 원에 매도하고, 계약금 1,000만 원은 당일 수령하였으며, 중도금 4,000만 원을 4. 1. 수령하였는데(잔금지급일과 소유권등기서류교부일은 6. 30.로 약정됨), 丙이 甲에게 1억 3,000만 원을 제시하면서 자기에게 매도하라고 제의하자 마음을 바꿔 부동산을 丙에게 팔기로 마음먹고 2009. 5. 1. 丙에게 이를 1억 3,000만 원에 매도하고 5. 31. 丙으로부터 대금을 지급받은 후 같은 날 丙에게 소유권이전등기까지 마쳐줬다. 乙이 이를 알고 항의하자 甲은 받았던 계약금의 배액과 중도금을 합한 6,000만 원을 이행제공하면서 乙과의 매매계약을 해제한다고 통지하였다.
>
> 甲의 계약해제 주장은 받아들여질 수 있는가? 답과 이유를 3~4줄 내외로 설명하시오.

01 해약금에 의한 해제의 의의

계약금이 교부된 때에는 일방이 이행에 착수할 때까지, 교부자는 이를 포기하고 수령자는 그 배액을 상환하여 매매계약을 해제할 수 있는 약정해제권을 보류한 것으로 추정한다.

02 해약금에 의한 해제의 요건

1. 당사자 일방이 이행에 착수할 때까지만 가능하다.

2. 교부자는 포기하고 수령자는 배액을 상환하여야 한다.

03 甲의 계약해제 주장은 받아들여질 수 있는가?

사안의 경우, 甲은 이미 乙로부터 중도금을 수령하였고, 이는 당사자 일방이 이행에 착수한 것으로 평가되므로 매도인 甲은 계약금의 배액을 상환하여 乙과의 계약을 해제할 수 없다.

15-5 계약금(사례형, 10분)

甲은 2015. 1. 20. 乙에게 甲 소유의 Y토지(이하 '이 사건 토지'라 한다)를 매도하기로 하는 매매계약(이하 '이 사건 계약'이라 한다)을 체결하였다. 이 사건 계약의 내용은 다음과 같다.

"매매대금을 5억 원으로 하되, <u>계약금 5,000만 원은 계약 당일 지급</u>하고, 중도금 2억 원은 2015. 4. 15.에 지급하고, 잔금 2억 5,000만 원은 2015. 8. 10. 소유권이전등기서류를 교부받음과 동시에 지급하기로 한다."

<u>乙은 계약금 마련에 곤란을 겪다 계약체결 당일 계약금 중 2,000만 원만을 지급하고 나머지 계약금을 지급하지 못하고 있었다.</u> 이런 상태에서 甲이 丙의 매수제안을 받게 되자 <u>甲은 2015. 4. 15. 乙에게 2,000만 원의 배액인 4,000만 원을 제공하면서 내용증명우편을 통해 계약해제의 의사표시를 하였고, 위 내용증명우편은 2015. 4. 17. 乙에게 도달하였다.</u> 이에 대하여 乙은 자신이 계약금의 일부를 지급하지 못한 것은 잘못이나, 그렇다고 하더라도 甲이 계약해제를 위해 지급할 금원은 4,000만 원이 아닌 계약금의 배액인 1억 원이므로 계약은 여전히 유효하다고 주장한다.

이 경우 甲의 계약해제는 적법한 것인지에 대한 결론과 그 논거를 서술하시오.

01 결론

甲의 계약해제는 부적법하다.

02 논거

1. 계약금의 일부만 지급된 경우 해약금해제 인정 여부

계약이 일단 성립한 후에는 당사자의 일방이 이를 마음대로 해제할 수 없는 것이 원칙이고, 다만 주된 계약과 더불어 계약금계약을 한 경우에는 민법 제565조 제1항의 규정에 따라 임의해제를 할 수 있기는 하나, <u>계약금계약은 금전 기타 유가물의 교부를 요건으로 하므로 단지 계약금을 지급하기로 약정만 한 단계에서는 아직 계약금으로서의 효력, 즉 위 민법 규정에 의해 계약해제를 할 수 있는 권리는 발생하지 않는다고 할 것이다.</u> 따라서 당사자가 **계약금의 일부만을 먼저 지급하고 잔액은 나중에 지급하기로 약정**하거나 계약금 전부를 나중에 지급하기로 약정한 경우, 교부자가 계약금의 잔금이나 전부를 약정대로 지급하지 않으면 상대방은 계약금 지급의무의 이행을 청구하거나 채무불이행을 이유로 계약금약정을 해제할 수 있고, 나아가 위 약정이 없었더라면 주계약을 체결하지 않았을 것이라는 사정이 인정된다면 주계약도 해제할 수도 있을 것이나, 교부자가 계약금의 잔금 또는 전부를 지급하지 아니하는 한 계약금계약은 성립하지 아니하므로 당사자가 임의로 주계약을 해제할 수는 없다(2007다73611).

2. 계약금의 일부를 받은 매도인이 실제 교부받은 계약금의 배액을 상환하여 해약금해제할 수 있는지 여부

매도인이 '계약금 일부만 지급된 경우 지급받은 금원의 배액을 상환하고 매매계약을 해제할 수 있다.'고 주장한 경우, '실제 교부받은 계약금'의 배액만을 상환하여 매매계약을 해제할 수 있다면 이는 당사자가 일정한 금액을 계약금으로 정한 의사에 반하게 될 뿐 아니라, 교부받은 금원이 소액일 경우에는 사실상 계약을 자유로이 해제할 수 있어 계약의 구속력이 약화되는 결과가 되어 부당하기 때문에, 계약금 일부만 지급된 경우 수령자가 매매계약을 해제할 수 있다고 하더라도 해약금의 기준이 되는 금원은 '실제 교부받은 계약금'이 아니라 '약정 계약금'이라고 봄이 타당하므로, 매도인이 계약금의 일부로서 지급받은 금원의 배액을 상환하는 것으로는 매매계약을 해제할 수 없다(2014다231378).

15-6 계약금(사례형, 10분)

甲은 경기도 가평군 소재 X토지의 소유권자인데, X토지는 「국토의 계획 및 이용에 관한 법률」에 따른 토지거래허가구역으로 지정되어 있다. 甲은 2010. 10. 10. 乙과 X토지에 관하여 매매대금을 1억 원으로 하는 부동산매매계약을 체결하고 계약 당일 계약금으로 1,000만 원을 받았으며, 나머지 잔금은 토지거래허가를 받은 날로부터 1개월 이내에 지급하기로 약정하였다. 그런데, 甲은 X토지의 급격한 지가상승이 예상되자 토지거래허가를 위한 협력의무를 이행하지 않았으며, 이에 따라 乙은 甲을 피고로 X토지에 관한 토지거래허가 협력의무의 이행을 구하는 소를 제기하여 1심에서 승소하였고, 위 판결에 대하여 甲이 항소하였다. 甲은 위 항소심 재판 도중에 「민법」 제565조 제1항에 따라 X토지에 관한 계약금 1,000만 원의 배액인 2,000만 원을 적법하게 공탁한 다음, 乙에게 위 매매계약을 해제한다는 내용증명우편을 보냈다. 이에 대하여 乙은 이미 X토지에 관하여 토지거래허가 협력의무의 이행을 구하는 소를 제기하여 1심에서 승소하였고, 이는 위 매매계약에 대한 이행의 착수가 있었다고 할 것이므로, 「민법」 제565조에 따른 해제는 할 수 없다고 주장하고 있다. 甲과 乙의 주장은 타당한가?

01 문제의 소재

사안에서는 유동적 무효의 매매계약에서 계약금에 기한 해제가 가능한지 여부 및 토지거래허가 협력의무의 이행을 구하는 소를 제기한 것이 이행의 착수에 해당하는지 여부가 문제된다.

02 유동적 무효 상태에서 해약금 해제의 가부

1. 판례는 '토지거래허가를 받지 않아 유동적 무효상태에 있는 매매계약에서도 당사자 사이의 매매계약은 매도인이 계약금의 배액을 상환하고 해제의 의사표시를 함으로써 적법하게 해제된다.'고 판시하였다.

2. 사안에서 X토지 매매계약은 토지거래허가구역 내 매매계약이나, 甲은 민법 제565조 제1항에 따라 일방의 이행의 착수가 있기 전까지 계약금의 배액을 상환하고 매매계약을 해제할 수 있다.

03 乙의 소제기가 민법 제565조 제1항의 이행의 착수에 해당하는지 여부

1. 판례는 '매수인이 매도인의 의무이행을 촉구하였거나 매도인이 그 의무이행을 거절함에 대하여 의무이행을 구하는 소송을 제기하여 1심에서 승소판결을 받은 것만으로는 매수인이 그 계약의 이행에 착수하였다고 할 수 없다.'고 본다.

2. 사안에서 乙이 X토지에 관하여 토지거래허가 협력의무의 이행을 구하는 소를 제기하여 1심에서 승소한 것만으로는 이행에 착수하였다고 볼 수 없다.

04 문제의 해결

이행의 착수가 있었다는 乙의 주장은 부당하고, 매도인 甲이 계약금 1,000만 원의 배액인 2,000만 원을 적법하게 공탁한 다음 乙에게 매매계약을 해제한다는 의사표시를 함으로써 매매계약이 해제되었으므로 甲의 주장은 타당하다.

15-7 계약금 종합(사례형, 20분)

甲은 2016. 5. 15. 乙에게 자기 소유의 X토지를 10억 원에 매도하면서 계약금 1억 원은 계약 당일, 중도금 4억 원은 2016. 6. 15.에 각 지급받고, 잔금 5억 원은 2016. 7. 15. 소유권이전등기에 필요한 서류의 교부와 동시에 지급받기로 하는 내용의 매매계약을 체결하였다. 이와 같은 사실관계를 기초로 아래 각 문항에 답하시오.

(1) (위 기본사안에 추가하여) 甲은 계약 당일 乙로부터 계약금 1억 원을 수령하면서, '만약 매도인이 위약하면 매도인은 계약금의 배액을 매수인에게 상환하고, 매수인이 위약하면 매도인은 매수인의 계약금을 몰수한다.'는 취지의 약정도 하였다. 한편, 甲은 2016. 5.말경 주변 지역 개발계획이 발표되어 X토지의 가격이 상승하자 乙에게 대금의 인상을 요청하였다. 그러나 乙은 이를 거절하고 바로 2016. 6. 7. 중도금 4억 원을 甲의 계좌로 송금하였다. 이에 甲은 2016. 6. 10. 乙에게 찾아가 계약금의 배액인 2억 원을 제공하면서 위 매매계약을 해제한다는 의사표시를 하였다. 이 경우 위 매매계약이 해제되었는지 여부와 그 이유에 관하여 서술하시오.

(2) (위 기본사안에 추가하여) 乙은 위 매매계약에 따라 2016. 6. 15. 甲에게 중도금 4억 원을 지급하였다. 한편, 乙은 X토지의 주변 지역 개발계획이 곧 발표되리라는 소문을 듣고 위 매매계약을 체결하게 되었는데, 중도금 지급 며칠 후 개발계획이 무산되었다는 소식을 듣고 2016. 6. 30. 甲에게 계약금을 포기하고 위 매매계약을 해제한다는 의사표시를 하였다. 이 경우 위 매매계약이 해제되었는지 여부와 그 이유에 관하여 서술하시오.

(3) (위 기본사안과 달리) 乙은 계약 당일 계약금 1억 원 중 3,000만 원만 우선 지급하고 나머지 계약금을 지급하지 못하고 있었다. 이런 와중에 甲은 A로부터 X토지를 12억 원에 매수하겠다는 제안을 받자, 2016. 6. 10. 乙에게 찾아가 3,000만 원의 배액인 6,000만 원을 제공하면서 위 매매계약을 해제한다는 의사표시를 하였다. 이 경우 위 매매계약이 해제되었는지 여부와 그 이유에 관하여 서술하시오.

01 문제 1-(1)

1. 해약금해제의 의의

매매의 당사자 일방이 계약 당시에 계약금을 상대방에게 교부한 때에는 다른 약정이 없는 한 일방이 이행에 착수할 때까지 교부자는 이를 포기하고 수령자는 그 배액을 상환하여 매매계약을 해제할 수 있다(제565조 제1항).

2. 해약금해제의 요건

(1) 당사자 일방이 이행에 착수할 때까지

① '이행에 착수'한다는 것은 이행행위의 일부를 하거나 또는 이행을 하는 데 필요한 전제행위를 하는 것이다.

② 이행기 전에는 착수하지 아니하기로 하는 특약을 하는 등 특별한 사정이 없는 한 이행기 전에 이행에 착수할 수도 있다.

(2) 교부자는 포기하고 수령자는 배액을 상환할 것

① 계약금의 교부자는 이를 포기하고 해제할 수 있다.

② 계약금의 수령자는 해제의 의사표시와 함께 그 배액을 제공하여야만 해제의 효과가 발생한다.

3. 문제의 해결

① 매매계약의 체결 이후 시가 상승이 예상되자 매도인이 구두로 구체적인 금액의 제시 없이 매매대금의 증액요청을 하였고, ② 매수인은 이에 대하여 확답하지 않은 상태에서 중도금을 이행기 전에 제공하였는데, 그 이후 ③ 매도인이 계약금의 배액을 공탁하여 해제권을 행사한 사안에서, 이행기 전의 이행의 착수가 허용되어서는 안 될 만한 불가피한 사정이 있는 것도 아니므로 매도인은 위의 해제권을 행사할 수 없다(2004다11599). 따라서 매매계약은 해제되지 않았다.

02 문제 1-(2)

1. 결론

비록 상대방인 매도인 甲이 매매계약의 이행에 착수한 바가 없더라도 매수인 乙이 중도금을 지급하여 이미 이행에 착수한 이상, 매도인이나 매수인이나 이제는 해약금에 의한 해제를 할 수 없다. 따라서 2016. 6. 30. 乙의 해제의 의사표시는 효력이 없어 위 매매계약은 해제되지 않았다.

2. 이유 : 해약금해제의 요건

(1) 당사자 일방이 이행에 착수할 때까지

여기서 '당사자의 일방'은, 매매 쌍방 중 어느 일방을 지칭하는 것이고 상대방으로 국한하여 해석할 것이 아니다.

(2) 교부자는 포기하고 수령자는 배액을 상환할 것

03 문제 1-(3)

1. 결론

甲과 乙의 매매계약은 해제되지 않았다.

2. 이유

(1) 계약금의 일부만 지급된 경우 해약금해제 인정 여부

계약이 일단 성립한 후에는 당사자의 일방이 이를 마음대로 해제할 수 없는 것이 원칙이고, 다만 주된 계약과 더불어 계약금계약을 한 경우에는 민법 제565조 제1항의 규정에 따라 임의해제를 할 수 있기는 하나, 계약금계약은 금전 기타 유가물의 교부를 요건으로 하므로 단지 계약금을 지급하기로 약정만 한 단계에서는 아직 계약금으로서의 효력, 즉 위 민법 규정에 의해 계약해제를 할 수 있는 권리는 발생하지 않는다고 할 것이다. 따라서 당사자가 계약금의 일부만을 먼저 지급하고 잔액은 나중에 지급하기로 약정하거나 계약금 전부를 나중에 지급하기로 약정한 경우, 교부자가 계약금의 잔금이나 전부를 약정대로 지급하지 않으면 상대방은 계약금 지급의무의 이행을 청구하거나 채무불이행을 이유로 계약금약정을 해제할 수 있고, 나아가 위 약정이 없었더라면 주계약을 체결하지 않았을 것이라는 사정이 인정된다면 주계약도 해제할 수도 있을 것이나, 교부자가 계약금의 잔금 또는 전부를 지급하지 아니하는 한 계약금계약은 성립하지 아니하므로 당사자가 임의로 주계약을 해제할 수는 없다(2007다73611).

(2) 계약금의 일부를 받은 매도인이 실제 교부받은 계약금의 배액을 상환하여 해약금해제할 수 있는지 여부

매도인이 '계약금 일부만 지급된 경우 지급받은 금원의 배액을 상환하고 매매계약을 해제할 수 있다.'고 주장한 경우, '실제 교부받은 계약금'의 배액만을 상환하여 매매계약을 해제할 수 있다면 이는 당사자가 일정한 금액을 계약금으로 정한 의사에 반하게 될 뿐 아니라, 교부받은 금원이 소액일 경우에는 사실상 계약을 자유로이 해제할 수 있어 계약의 구속력이 약화되는 결과가 되어 부당하기 때문에, 계약금 일부만 지급된 경우 수령자가 매매계약을 해제할 수 있다고 하더라도 해약금의 기준이 되는 금원은 '실제 교부받은 계약금'이 아니라 '약정 계약금'이라고 봄이 타당하므로, 매도인이 계약금의 일부로서 지급받은 금원의 배액을 상환하는 것으로는 매매계약을 해제할 수 없다(2014다231378).

16 매매에 있어 과실의 귀속(약술형, B)

01 의의

매매계약이 있은 후에도 아직 목적물을 인도하기 전에는 매도인이 과실을 수취한다. 반대로 인도한 후에는 매수인이 과실을 수취한다(제587조 참조).

02 매도인이 목적물을 인도하기 전인 경우

1. 대금완납 전

(1) 부동산을 제3자가 점유하고 있어 인도받지 아니한 매수인이 명도소송제기의 방편으로 미리 소유권이전등기를 경료받았다고 하여도 아직 매매대금을 완급하지 않은 이상 부동산의 과실은 매수인이 아니라 매도인에게 귀속되어야 한다.

(2) 매도인의 이행지체가 있더라도 과실은 매도인에게 귀속되는 것이므로, 매수인은 인도의무의 지체로 인한 손해배상금의 지급을 구할 수 없다.

(3) 매수인의 대금지급채무가 이행지체에 빠졌다 하더라도 매도인은 매매대금의 이자 상당액의 손해배상청구를 할 수 없다.

2. 대금완납 후

매매목적물의 인도 전이라도 매수인이 매매대금을 완납한 때에는 그 이후의 과실수취권은 매수인에게 귀속된다.

03 매도인이 목적물을 인도한 경우

이 경우는 매수인이 과실을 수취한다. 만약 매수인이 대금을 지급하지 않았다면 목적물의 인도를 받은 날로부터 대금의 이자를 지급하여야 한다(제587조 단서).

16-1 **[기출 3회 1-⑵문]**

甲은 자기 소유의 X토지에 대하여 乙과 매매계약을 체결하였다. 그 계약에 의하면 乙은 甲에게 계약 당일 계약금을 지급하고, 계약일부터 1개월 후에 중도금을 지급하며, 잔금은 계약일부터 2개월 후에 등기에 필요한 서류와 목적물을 인도받음과 동시에 지급하기로 되어 있었다. 甲은 계약 당일 乙로부터 계약금을 지급받았다. 다음 각각 독립된 물음에 답하시오.

⑵ 乙은 甲에게 중도금과 잔금을 약정한 기일에 지급하였으나, 甲은 등기에 필요한 서류와 목적물의 인도를 미루다가 잔금을 수령한 날부터 3개월 후에 그 의무를 이행하였다. 乙은 甲에 대하여 매매대금 전액에 대한 3개월간의 이자 및 X토지에 대한 3개월간의 차임상당 손해배상금을 청구하였다. 乙의 청구가 타당한지에 관하여 논하시오. (20점)

01 문제의 소재

사안은 매수인 乙은 중도금과 잔금을 약정기일에 지급하였으나, 매도인 甲이 등기에 필요한 서류와 목적물의 인도를 잔금수령일부터 3개월 후에 이행한 경우이다. 이러한 매도인 甲의 이행지체에 대한 매수인 乙의 3개월간의 이자 및 3개월간의 차임 상당 손해배상금 청구의 타당성을 검토한다.

02 매매와 과실의 귀속

1. 의의

매매계약이 있은 후에도 아직 목적물을 인도하기 전에는 매도인이 과실을 수취한다. 반대로 인도한 후에는 매수인이 과실을 수취한다.

2. 매도인이 목적물을 인도하기 전인 경우

(1) 대금완납 전

이 경우 매도인의 이행지체가 있더라도 과실은 매도인에게 귀속되는 것이므로, 매수인은 인도의무의 지체로 인한 손해배상금의 지급을 구할 수 없다.

⑵ 대금완납 후

매매목적물의 인도 전이라도 매수인이 매매대금을 완납한 때에는 그 이후의 과실수취권은 매수인에게 귀속된다.

3. 매도인이 목적물을 인도한 경우

이 경우는 매수인이 과실을 수취한다. 만약 매수인이 대금을 지급하지 않았다면 목적물의 인도를 받은 날로부터 대금의 이자를 지급하여야 한다.

03 문제의 해결

본 사안은 매매목적물의 인도 전이지만 매수인 乙이 매매대금을 완납한 경우이므로, 그 이후의 과실수취권은 매수인 乙에게 귀속된다. 따라서 매수인 乙은 인도의무의 지체로 인한 손해배상금의 지급을 구할 수 있다. 이 경우 목적물의 임료 상당액이 통상의 손해가 되므로, 3개월간의 이자는 이에 포함되지 않고 3개월간의 차임 상당액을 청구할 수 있다.

> **제587조【과실의 귀속, 대금의 이자】** 매매계약있은 후에도 인도하지 아니한 목적물로부터 생긴 과실은 매도인에게 속한다. 매수인은 목적물의 인도를 받은 날로부터 대금의 이자를 지급하여야 한다. 그러나 대금의 지급에 대하여 기한이 있는 때에는 그러하지 아니하다.

17 매수인의 대금지급의무(약술형, B)

01 의의

매수인은 매도인의 권리이전에 대한 반대급부로서 대금지급의무를 지며, 이는 매도인의 재산권이전의무와 원칙적으로 동시이행관계에 있다.

02 대금지급시기

매매의 당사자 일방에 대한 의무이행의 기한이 있는 때에는 상대방의 의무이행에 대하여도 동일한 기한이 있는 것으로 추정한다(제585조).

03 대금지급장소

매매의 목적물의 인도와 동시에 대금을 지급할 경우에는 그 인도장소에서 이를 지급하여야 한다(제586조).

04 대금지급거절권(약술형, B)

1. 의의

매매의 목적물에 대하여 권리를 주장하는 자가 있는 경우에 매수인이 매수한 권리를 잃을 염려가 있는 때에는 매수인은 그 위험의 한도에서 대금의 지급을 거절할 수 있다(제588조 본문).

2. 요건

(1) 매매의 목적물에 대하여 권리를 주장하는 자가 있어야 한다. 이때 제3자가 주장하는 권리에는 소유권, 용익물권, 저당권과 같은 담보물권이나 대항력 있는 임차권 등이 포함된다.

(2) 매수인이 매수한 권리의 전부나 일부를 잃을 염려가 있어야 한다.

3. 효과

(1) 대금지급거절

매수인은 그 위험의 한도에서 대금의 전부나 일부의 지급을 거절할 수 있다(제588조 본문).

(2) 담보제공

매도인이 상당한 담보를 제공한 때에는 매수인은 대금지급거절권을 행사하지 못한다(제588조 단서).

(3) 대금의 공탁 청구

매수인이 대금지급거절권을 행사한 경우에 매도인은 매수인에 대하여 대금의 공탁을 청구할 수 있다(제589조).

제568조 【매매의 효력】 ① 매도인은 매수인에 대하여 매매의 목적이 된 권리를 이전하여야 하며 매수인은 매도인에게 그 대금을 지급하여야 한다.
② 전항의 쌍방의무는 특별한 약정이나 관습이 없으면 동시에 이행하여야 한다.

제585조 【동일기한의 추정】 매매의 당사자 일방에 대한 의무이행의 기한이 있는 때에는 상대방의 의무이행에 대하여도 동일한 기한이 있는 것으로 추정한다.

제586조 【대금지급장소】 매매의 목적물의 인도와 동시에 대금을 지급할 경우에는 그 인도장소에서 이를 지급하여야 한다.

제588조 【권리주장자가 있는 경우와 대금지급거절권】 매매의 목적물에 대하여 권리를 주장하는 자가 있는 경우에 매수인이 매수한 권리의 전부나 일부를 잃을 염려가 있는 때에는 매수인은 그 위험의 한도에서 대금의 전부나 일부의 지급을 거절할 수 있다. 그러나 매도인이 상당한 담보를 제공한 때에는 그러하지 아니하다.

제589조 【대금공탁청구권】 전조의 경우에 매도인은 매수인에 대하여 대금의 공탁을 청구할 수 있다.

---

18 권리의 하자에 대한 담보책임

01 의의

권리의 하자에 대한 담보책임은 매매에 의하여 <u>매수인이 취득하는 권리에 흠결 내지 하자가 있는 경우</u>에 물건을 인도한 <u>매도인이 매수인에게 부담</u>하는 책임이다.

02 권리의 전부가 타인에게 속하는 경우(전부 타인권리 매매, <u>약술형, A</u>)

1. 요건

(1) 전부 타인권리의 매매

매매의 목적물은 현존하나, 그 목적물이 타인의 권리에 속하기 때문에 이전할 수 없는 경우이어야 한다.

(2) 이전불능

① 권리의 이전불능은 사회통념상 매수인에게 해제권을 행사시키거나 손해배상을 구하게 하는 것이 형평에 타당하다고 인정되는 정도의 이행장애가 있으면 족하고, 반드시 객관적 불능에 한하는 엄격한 개념은 아니다.

② 다만 매도인의 이전불능이 오직 매수인의 귀책사유에 기인한 경우에는 매도인은 담보책임을 지지 않는다.

2. 효과(책임의 내용)

(1) 계약해제권

매수인은 그의 선의·악의를 묻지 않고 계약을 해제할 수 있다(제570조 본문).

(2) 손해배상청구권

① 매수인이 계약 당시 그 권리가 매도인에게 속하지 아니함을 안 때에는 손해배상을 청구하지 못한다(제570조 단서). 즉, 선의의 매수인만 손해배상을 청구할 수 있다.

② 이 경우의 손해배상은 타인의 권리를 이전하는 것이 불능으로 된 때의 목적물의 시가를 표준으로 산정한 이행이익 상당액이다.

(3) 권리행사기간

매수인의 해제권과 손해배상청구권의 행사기간에 관해 따로 규정하고 있지 않다.

(4) 선의의 매도인의 해제권

선의의 매도인은, 매수인이 선의인 경우에는 그 손해를 배상하고, 매수인이 악의인 경우에는 손해배상 없이, 계약을 해제할 수 있다(제571조).

03 권리의 일부가 타인에게 속하는 경우(일부 타인권리 매매, 약술형, B)

1. 요건

(1) 일부 타인권리의 매매

매매의 목적물은 현존하나, 그 목적물의 일부가 타인의 권리에 속하기 때문에 이전할 수 없는 경우이어야 한다.

(2) 이전불능

① 권리의 이전불능은 사회통념상 매수인에게 해제권을 행사시키거나 손해배상을 구하게 하는 것이 형평에 타당하다고 인정되는 정도의 이행장애가 있으면 족하고, 반드시 객관적 불능에 한하는 엄격한 개념은 아니다.
② 다만 매도인의 이전불능이 오직 매수인의 귀책사유에 기인한 경우에는 매도인은 담보책임을 지지 않는다.

2. 효과(책임의 내용)

(1) 대금감액청구권

매수인은 선의·악의에 관계없이 타인에게 속하는 부분의 비율로 대금의 감액을 청구할 수 있다(제572조 제1항).

(2) 계약해제권

선의의 매수인은 잔존한 부분만이면 이를 매수하지 않았으리라는 사정이 있는 경우에는, 계약의 전부를 해제할 수 있다(제572조 제2항).

(3) 손해배상청구권

선의의 매수인은 대금감액 또는 계약해제 외에 손해배상도 청구할 수 있다(제572조 제3항).

⑷ 권리행사기간

① 매수인이 선의인 경우에는 그 사실을 안 날부터 1년 내에 행사하여야 한다(제573조). 이 때 '그 사실을 안 날'이란 단순히 권리의 일부가 타인에게 속한 사실을 안 날이 아니라, 그 때문에 매도인이 이를 취득하여 매수인에게 이전할 수 없게 되었음이 확실하게 된 사실을 안 날을 의미한다.

② 매수인이 악의인 경우에는 계약한 날부터 1년 내에 행사하여야 한다.

04 수량부족, 일부멸실의 경우(약술형, A)

1. 요건

⑴ 수량을 지정한 매매의 목적물이 부족되는 경우와 매매목적물의 일부가 계약 당시에 이미 멸실된 경우이다.

⑵ 여기서 '수량을 지정한 매매'라 함은 당사자가 매매의 목적물인 특정물이 일정한 수량을 가지고 있다는 데 주안을 두고 대금도 그 수량을 기준으로 하여 정한 경우를 말한다.

2. 효과(책임의 내용)

수량부족 또는 일부멸실의 사실을 모른 선의의 매수인에 한해 권리의 일부가 타인에게 속한 경우의 담보책임에 관한 규정을 준용한다(제574조). 즉, 선의의 매수인만 대금감액청구권·해제권·손해배상청구권을 행사할 수 있으며, 사실을 안 날로부터 1년 내에 행사하여야 한다.

05 권리가 타인의 제한물권에 의하여 제한을 받고 있는 경우(약술형, B)

1. 요건

⑴ 제575조는 ① 매매의 목적물이 지상권·지역권·전세권·질권·유치권의 목적이 된 경우, ② 매매의 목적이 된 부동산을 위하여 존재할 지역권이 없는 경우, ③ 매매의 목적이 된 부동산에 등기된 임대차계약이 있는 경우에 적용된다.

⑵ 여기서 '등기된 임대차계약'이란 임차권이 대항력을 갖춘 것을 의미하므로 건물의 소유를 목적으로 한 토지임대차, 주택의 임대차, 상가건물의 임대차에서 각각 대항력을 갖춘 때에도 적용된다.

(3) 매수인의 선의

제한물권 등에 의한 제한이 있음을 알면서 매수한 악의의 매수인은 그 사정을 고려하여 대금 액을 정하게 될 것이므로 보호할 필요가 없다.

2. 효과(책임의 내용)

(1) 계약해제권

선의의 매수인은 제한물권 등의 존재로 인하여 계약의 목적을 달성할 수 없는 경우에 한하여 계약을 해제할 수 있다.

(2) 손해배상청구권

선의의 매수인은 손해가 있는 때에는 그 배상을 청구할 수 있다. 즉, 계약의 목적을 달성할 수 없는 경우에는 해제와 함께 손해배상도 청구할 수 있고, 계약의 목적을 달성할 수 있는 경우에는 손해배상만을 청구할 수 있다.

(3) 권리행사기간

이 권리는 매수인이 제한물권의 존재 또는 지역권의 부존재를 안 날로부터 1년 내에 행사하여야 한다.

06 저당권, 전세권의 행사가 있는 경우(약술형, A)

1. 요건

(1) 제576조는 ① 저당권 또는 전세권의 행사로 인하여 <u>매수인이 그 소유권을 취득할 수 없는 경우</u>, ② 저당권 또는 전세권의 행사로 인하여 <u>매수인이 취득한 소유권을 잃는 경우</u>, ③ <u>매수인이 그의 출재로 그 소유권을 보존한 경우</u>에 적용된다.

(2) 가등기의 목적이 된 부동산을 매수한 사람이 가등기에 기한 본등기가 경료됨으로써 그 부동산의 소유권을 상실하게 된 때에도 제576조가 준용된다(92다21784).

(3) 가압류의 목적이 된 부동산을 매수한 사람이 그 후 가압류에 기한 강제집행으로 부동산 소유권을 상실하게 된 때에도 제576조가 준용된다(2011다1941).

2. 효과(책임의 내용)

(1) 저당권 또는 전세권의 존재에 관한 매수인의 선의·악의를 불문하고 매도인의 담보책임이 인정된다.

(2) 매수인이 소유권을 취득할 수 없거나 취득한 소유권을 잃은 때에는 매수인은 계약을 해제할 수 있고, 매수인이 출재로 그 소유권을 보존한 때에는 매도인에 대하여 그 상환을 청구할 수 있다.

(3) 그 밖에 매수인이 손해를 받은 때에는 계약의 해제나 상환청구와 함께 그 배상을 청구할 수 있다.

(4) 이러한 권리의 행사기간에 관해 특별한 제한 규정은 없다.

(5) **책임의 배제**

매수인이 저당권의 피담보채무 또는 전세금의 반환채무를 인수한 경우나 이행인수한 경우에는 매도인에게 담보책임을 물을 수 없다.

제569조【타인의 권리의 매매】 매매의 목적이 된 권리가 타인에게 속한 경우에는 매도인은 그 권리를 취득하여 매수인에게 이전하여야 한다.

제570조【동전-매도인의담보책임】 전조의 경우에 매도인이 그 권리를 취득하여 매수인에게 이전할 수 없는 때에는 매수인은 계약을 해제할 수 있다. 그러나 매수인이 계약당시 그 권리가 매도인에게 속하지 아니함을 안 때에는 손해배상을 청구하지 못한다.

제571조【동전-선의의 매도인의 담보책임】 ① 매도인이 계약당시에 매매의 목적이 된 권리가 자기에게 속하지 아니함을 알지 못한 경우에 그 권리를 취득하여 매수인에게 이전할 수 없는 때에는 매도인은 손해를 배상하고 계약을 해제할 수 있다.
② 전항의 경우에 매수인이 계약당시 그 권리가 매도인에게 속하지 아니함을 안 때에는 매도인은 매수인에 대하여 그 권리를 이전할 수 없음을 통지하고 계약을 해제할 수 있다.

제572조【권리의 일부가 타인에게 속한 경우와 매도인의 담보책임】 ① 매매의 목적이 된 권리의 일부가 타인에게 속함으로 인하여 매도인이 그 권리를 취득하여 매수인에게 이전할 수 없는 때에는 매수인은 그 부분의 비율로 대금의 감액을 청구할 수 있다.
② 전항의 경우에 잔존한 부분만이면 매수인이 이를 매수하지 아니하였을 때에는 선의의 매수인은 계약전부를 해제할 수 있다.
③ 선의의 매수인은 감액청구 또는 계약해제외에 손해배상을 청구할 수 있다.

제573조【전조의 권리행사의 기간】 전조의 권리는 매수인이 선의인 경우에는 사실을 안 날로부터, 악의인 경우에는 계약한 날로부터 1년내에 행사하여야 한다.

제574조【수량부족, 일부멸실의 경우와 매도인의 담보책임】 전2조의 규정은 수량을 지정한 매매의 목적물이 부족되는 경우와 매매목적물의 일부가 계약당시에 이미 멸실된 경우에 매수인이 그 부족 또는 멸실을 알지 못한 때에 준용한다.

제575조【제한물권있는 경우와 매도인의 담보책임】 ① 매매의 목적물이 지상권, 지역권, 전세권, 질권 또는 유치권의 목적이 된 경우에 매수인이 이를 알지 못한 때에는 이로 인하여 계약의 목적을 달성할 수 없는 경우에 한하여 매수인은 계약을 해제할 수 있다. 기타의 경우에는 손해배상만을 청구할 수 있다.

② 전항의 규정은 매매의 목적이 된 부동산을 위하여 존재할 지역권이 없거나 그 부동산에 등기된 임대차계약이 있는 경우에 준용한다.

③ 전2항의 권리는 매수인이 그 사실을 안 날로부터 1년 내에 행사하여야 한다.

제576조【저당권, 전세권의 행사와 매도인의 담보책임】 ① 매매의 목적이 된 부동산에 설정된 저당권 또는 전세권의 행사로 인하여 매수인이 그 소유권을 취득할 수 없거나 취득한 소유권을 잃은 때에는 매수인은 계약을 해제할 수 있다.

② 전항의 경우에 매수인의 출재로 그 소유권을 보존한 때에는 매도인에 대하여 그 상환을 청구할 수 있다.

③ 전2항의 경우에 매수인이 손해를 받은 때에는 그 배상을 청구할 수 있다.

제577조【저당권의 목적이 된 지상권, 전세권의 매매와 매도인의 담보책임】 전조의 규정은 저당권의 목적이 된 지상권 또는 전세권이 매매의 목적이 된 경우에 준용한다.

제583조【담보책임과 동시이행】 제536조의 규정은 제572조 내지 제575조, 제580조 및 제581조의 경우에 준용한다.

제584조【담보책임면제의 특약】 매도인은 전15조에 의한 담보책임을 면하는 특약을 한 경우에도 매도인이 알고 고지하지 아니한 사실 및 제삼자에게 권리를 설정 또는 양도한 행위에 대하여는 책임을 면하지 못한다.

18-1 [기출 4회 1-(1)문]

2016. 9. 1. 甲(매도인)은 별장으로 사용하는 X건물에 대하여 乙(매수인)과 매매계약을 체결하였다. 이 계약에 따라 乙은 계약체결 당일에 계약금을 지급하였고, 2016. 9. 30. 乙의 잔금지급과 동시에 甲은 乙에게 소유권이전에 필요한 서류를 교부해주기로 하였다. 다음 각 독립된 물음에 답하시오.

(1) 2016. 9. 1. 계약체결 당시 위 X건물이 甲의 소유가 아니라 제3자 丙의 소유인 경우에, 위 매매계약의 효력 및 甲과 乙 사이의 법률관계에 관하여 논하시오. (20점)

01 문제의 소재

사안은 甲과 乙의 매매계약에 있어 매매목적물인 X건물의 소유권이 매도인 甲이 아니라 제3자 丙에게 속하는 경우이다. 이 경우 매매계약의 효력 및 甲과 乙 사이의 법률관계에 관하여 검토한다.

02 권리의 전부가 타인에게 속하는 경우의 매매계약의 효력

사안처럼 매매의 목적인 권리가 전부 타인에게 속한 경우에도 원시적·객관적 불능은 아니므로 그 계약 자체는 유효하다. 따라서 매도인 甲은 제3자 丙으로부터 소유권을 취득하여 매수인 乙에게 이전할 의무가 있다. 만약 그 의무를 이행하지 못한다면 매도인 甲은 매수인 乙에게 담보책임을 지게 된다.

03 권리의 전부가 타인에게 속하는 경우의 담보책임

1. 담보책임의 성립요건

(1) 전부 타인권리의 매매

매매의 목적물은 현존하나, 그 목적물이 타인의 권리에 속하기 때문에 이전할 수 없는 경우이어야 한다.

(2) **이전불능**

① 권리의 이전불능은 사회통념상 매수인에게 해제권을 행사시키거나 손해배상을 구하게 하
는 것이 형평에 타당하다고 인정되는 정도의 이행장애가 있으면 족하고, 반드시 객관적
불능에 한하는 엄격한 개념은 아니다.

② 다만 매도인의 이전불능이 오직 매수인의 귀책사유에 기인한 경우에는 매도인은 담보책
임을 지지 않는다.

2. 담보책임의 내용

(1) **계약해제권**

매수인은 자신의 선의 · 악의를 불문하고 계약을 해제할 수 있다.

(2) **손해배상청구권**

① 매수인이 계약 당시 그 권리가 매도인에게 속하지 아니함을 안 때에는 손해배상은 청구하
지 못한다. 즉, 선의의 매수인만 손해배상을 청구할 수 있다.

② 이 경우의 손해배상은 타인의 권리를 이전하는 것이 불능으로 된 때의 목적물의 시가를
표준으로 산정한 이행이익 상당액이다.

(3) **권리행사기간**

매수인의 해제권과 손해배상청구권의 행사기간에 관해 따로 규정하고 있지 않다.

(4) **선의의 매도인의 해제권**

선의의 매도인은, 매수인이 선의인 경우에는 그 손해를 배상하고, 매수인이 악의인 경우에는
손해배상 없이 계약을 해제할 수 있다.

04 채무불이행책임과의 경합

판례는 담보책임과 채무불이행책임의 경합을 인정한다. 만약 사안에서 매도인의 의무가 매도
인의 귀책사유로 인하여 이행불능이 된 경우라면, 매수인은 채무불이행 일반의 규정에 좇아
서 계약해제 및 손해배상을 청구할 수도 있다.

05 문제의 해결

1. 사안은 매매목적물인 X건물이 현존하고 있으나 소유권이 매도인 甲이 아니라 제3자 丙에게 속하는 경우이다.

2. 이때 매도인 甲은 丙으로부터 소유권을 취득하여 매수인 乙에게 이전할 의무가 있다. 만약 그 의무를 이행하지 못한다면 매수인 乙은 매도인 甲에게 담보책임을 주장할 수 있다.

3. 즉, 매수인 乙은 자신의 선의·악의를 불문하고 계약을 해제할 수 있다. 다만 손해배상은 매수인이 선의인 경우에만 청구할 수 있다.

4. 만약 매도인 甲의 의무가 매도인의 귀책사유로 인하여 이행불능이 된 경우라면 매수인 乙은 채무불이행책임을 주장할 수도 있다.

18-2 [기출 10회 3문]

X토지가 甲 소유임을 알고 있는 乙은 자신의 명의로 X토지를 丙에게 매도하기로 하는 계약을 체결하였다. 乙과 丙 사이에 체결된 X토지에 대한 매매계약의 효력 및 乙이 X토지의 소유권을 丙에게 넘겨주지 못하는 경우에 丙이 乙에게 물을 수 있는 담보책임의 내용에 관하여 설명하시오. (20점)

01 X토지에 대한 매매계약의 효력

사안은 乙과 丙의 매매계약에 있어 매매목적물인 X토지의 소유권이 매도인 乙이 아니라 타인 甲에게 속하는 경우이다. 이 경우에도 원시적(객관적 전부)불능은 아니므로 그 매매계약 자체는 유효하다.

02 丙이 乙에게 물을 수 있는 담보책임의 내용

1. 계약해제권

매수인 丙은 그의 선의·악의를 묻지 않고 계약을 해제할 수 있다(제570조 본문).

2. 손해배상청구권

(1) 매수인 丙이 선의라면 손해배상을 청구할 수 있다(제570조 단서).

(2) 이 경우의 손해배상은 타인의 권리를 이전하는 것이 불능으로 된 때의 목적물의 시가를 표준으로 산정한 이행이익 상당액이다.

3. 권리행사기간

매수인의 해제권과 손해배상청구권의 행사기간에 관해 따로 규정하고 있지 않다.

4. 선의의 매도인의 해제권

선의의 매도인은, 매수인이 선의인 경우에는 그 손해를 배상하고, 매수인이 악의인 경우에는 손해배상 없이 계약을 해제할 수 있다(제571조). 사안에서 매도인 乙은 악의이므로 이러한 권리를 행사할 수 없다.

18-3 [기출 12회 3문]

甲(매도인)은 乙(매수인)과 丙 소유의 건물에 대한 매매계약을 체결하였으나, 그 후 丙 명의의 소유권이전등기가 원인무효로 밝혀져 진정 소유자가 제기한 소유권이전등기 말소등기청구소송에서 丙이 패소함으로써 위 매매계약에 기한 건물의 소유권이전이 불능으로 되었다. 이 경우 乙이 甲에게 주장할 수 있는 권리에 관하여 설명하시오. (20점)

01 문제의 소재

甲과 乙의 매매계약에서 목적물인 건물의 소유권이 甲이 아니라 제3자 丙에게 속하는 경우이다. 甲은 丙으로부터 소유권을 취득하여 乙에게 이전할 의무가 있는데 그 의무를 이행하지 못하였다. 따라서 乙은 甲에게 담보책임을 추궁할 수 있다.

02 권리의 전부가 타인에게 속하는 경우의 매도인의 담보책임

1. 성립요건

(1) 전부 타인권리의 매매

매매의 목적물은 현존하나 그 목적이 된 권리가 타인에 속하기 때문에 이전할 수 없는 경우이어야 한다.

(2) 이전불능

① 권리의 이전불능은 사회통념상 매수인에게 해제권을 행사시키거나 손해배상을 구하게 하는 것이 형평에 타당하다고 인정되는 정도의 이행장애가 있으면 족하고 반드시 객관적 불능에 한하는 엄격한 개념은 아니다.

② 다만 매도인의 이전불능이 오직 매수인의 귀책사유에 기인한 경우에는 매도인은 담보책임을 지지 않는다(79다564).

2. 담보책임의 내용

(1) 계약해제권

매수인 乙은 그의 선의·악의를 묻지 않고 계약을 해제할 수 있다.

(2) 손해배상청구권

① 매수인 乙이 선의라면 손해배상을 청구할 수 있다.

② 이 경우의 손해배상은 불능 당시의 시가를 표준으로 그 계약이 완전히 이행된 것과 동일한 경제적 이익, 즉 이행이익 상당액이다.

(3) 권리행사기간

해제권과 손해배상청구권의 행사기간에 관해 따로 규정하고 있지 않다.

(4) 선의의 매도인의 해제권

매도인 甲이 선의라면, 매수인도 선의인 경우에는 그 손해를 배상하고, 매수인이 악의인 경우에는 손해배상 없이, 계약을 해제할 수 있다.

18-4 전부 타인권리의 매매(사례형, 10분)
甲 소유의 토지를 乙이 원인 없이 자기 앞으로 소유권이전등기를 한 다음 丙에게 매도하였으나 후에 甲이 乙을 상대로 자신의 소유권을 회복한 경우에 乙의 丙에 대한 담보책임에 대해서 약술하시오.

01 문제의 소재

사안은 乙과 丙의 매매계약에 있어 매매목적물인 토지의 소유권이 매도인 乙이 아니라 甲에게 속하는 경우이다. 이 경우 매도인 乙은 甲으로부터 소유권을 취득하여 丙에게 이전할 의무가 있는데 그 의무를 이행하지 못하였다. 따라서 乙은 丙에게 담보책임을 지게 되는데, 그 성립요건과 담보책임의 내용을 검토한다.

02 권리의 전부가 타인에게 속하는 경우의 담보책임

1. 담보책임의 성립요건

(1) 전부 타인권리의 매매

매매의 목적물은 현존하나, 그 목적물이 타인의 권리에 속하기 때문에 이전할 수 없는 경우이어야 한다.

(2) 이전불능

① 권리의 이전불능은 사회통념상 매수인에게 해제권을 행사시키거나 손해배상을 구하게 하는 것이 형평에 타당하다고 인정되는 정도의 이행장애가 있으면 족하고, 반드시 객관적 불능에 한하는 엄격한 개념은 아니다.
② 다만 매도인의 이전불능이 오직 매수인의 귀책사유에 기인한 경우에는 매도인은 담보책임을 지지 않는다.

2. 담보책임의 내용

(1) 계약해제권

매수인은 그의 선의·악의를 묻지 않고 계약을 해제할 수 있다.

(2) 손해배상청구권

① 매수인이 계약 당시 그 권리가 매도인에게 속하지 아니함을 안 때에는 손해배상을 청구하지 못한다. 즉, 선의의 매수인만 손해배상을 청구할 수 있다.

② 이 경우의 손해배상은 타인의 권리를 이전하는 것이 불능으로 된 때의 목적물의 시가를 표준으로 산정한 이행이익 상당액이다.

(3) 권리행사기간

매수인의 해제권과 손해배상청구권의 행사기간에 관해 따로 규정하고 있지 않다.

(4) 선의의 매도인의 해제권

선의의 매도인은, 매수인이 선의인 경우에는 그 손해를 배상하고, 매수인이 악의인 경우에는 손해배상 없이 계약을 해제할 수 있다.

03 문제의 해결

본 사안은 매매목적물인 토지가 현존하고 있으나 乙은 丙에게 소유권을 이전하지 못하였으므로 乙은 담보책임을 부담한다. 이때 매수인 丙은 선의·악의를 묻지 않고 계약을 해제할 수 있다. 다만, 손해배상은 선의인 경우에만 청구할 수 있다.

18-5 일부 타인권리의 매매(<u>사례형, 10분</u>)

乙이 甲에게서 토지 1,000평을 매수하였는데, 그중 800평은 甲의 소유에 속하나 나머지 200평이 丙의 소유이고 그 때문에 200평에 대해서는 乙에게 이전할 수가 없었다. 이 경우에 甲의 乙에 대한 담보책임에 대해서 약술하시오.

01 문제의 소재

사안은 甲과 乙의 매매계약에 있어 매매목적물인 토지 일부의 소유권이 매도인 甲이 아니라 타인에게 속하는 경우이다. 이 경우 매도인 甲은 丙으로부터 소유권을 취득하여 乙에게 이전할 의무가 있는데 그 의무를 이행하지 못하였다. 따라서 甲은 乙에게 담보책임을 지게 되는데, 그 성립요건과 담보책임의 내용을 검토한다.

02 권리의 일부가 타인에게 속하는 경우의 담보책임

1. 담보책임의 성립요건

(1) 일부 타인권리의 매매

매매의 목적물은 현존하나 그 목적물의 일부가 타인의 권리에 속하기 때문에 이전할 수 없는 경우이어야 한다.

(2) 이전불능

① 권리의 이전불능은 사회통념상 매수인에게 해제권을 행사시키거나 손해배상을 구하게 하는 것이 형평에 타당하다고 인정되는 정도의 이행장애가 있으면 족하고, 반드시 객관적 불능에 한하는 엄격한 개념은 아니다.

② 다만 매도인의 이전불능이 오직 매수인의 귀책사유에 기인한 경우에는 매도인은 담보책임을 지지 않는다.

2. 담보책임의 내용

(1) 대금감액청구권

매수인은 선의·악의에 관계없이 타인에게 속하는 부분의 비율로 대금의 감액을 청구할 수 있다.

(2) 계약해제권

선의의 매수인은 잔존한 부분만이면 이를 매수하지 않았으리라는 사정이 있는 경우에는, 계약의 전부를 해제할 수 있다.

(3) 손해배상청구권

선의의 매수인은 대금감액 또는 계약해제 외에 손해배상도 청구할 수 있다. 이 경우에 손해배상액은 매도인이 매매의 목적이 된 권리의 일부를 취득하여 매수인에게 이전할 수 없게 된 때의 이행불능이 된 권리의 시가, 즉 이행이익 상당액이다(92다37727).

(4) 권리행사기간

① 매수인이 선의인 경우에는 그 사실을 안 날부터 1년 내에 행사하여야 한다. 이때 그 사실을 안 날이란, 단순히 권리의 일부가 타인에게 속한 사실을 안 날이 아니라, 그 때문에 매도인이 이를 취득하여 매수인에게 이전할 수 없게 되었음이 확실하게 된 사실을 안 날을 의미한다.
② 매수인이 악의인 경우에는 계약한 날부터 1년 내에 행사하여야 한다.

03 문제의 해결

매수인 乙은 선의·악의를 묻지 않고 丙 소유의 200평 부분만큼의 대금감액을 청구할 수 있다. 또한 매수인 乙이 선의라면, 800평 부분만이면 이를 매수하지 않았으리라는 사정이 있는 경우에는 계약의 전부를 해제할 수 있고, 그 외 손해배상도 청구할 수 있다.

18-6 수량부족 · 일부멸실의 경우(사례형, 10분)
乙이 甲 소유 토지 1,000평을 평당 10만 원으로 해서 1억 원에 매수하였는데,
실제 측량을 해보니 900평으로 확인된 경우에 甲의 乙에 대한 담보책임에 대해
서 약술하시오.

01 문제의 소재

사안은 토지 1,000평을 평당 10만 원으로 계산해서 매매계약을 체결하였으므로, 수량지정매
매에서 수량이 부족한 경우이다. 따라서 甲은 乙에게 담보책임을 지게 되는데, 그 성립요건과
담보책임의 내용을 검토한다.

02 수량부족 · 일부멸실의 경우의 담보책임

1. 담보책임의 성립요건

(1) 수량을 지정한 매매의 목적물이 부족되는 경우와 매매목적물의 일부가 계약 당시에 이미 멸
실된 경우이다.

(2) 여기서 '수량을 지정한 매매'라 함은 당사자가 매매의 목적물인 특정물이 일정한 수량을 가지
고 있다는 데 주안을 두고 대금도 그 수량을 기준으로 하여 정한 경우를 말한다.

2. 담보책임의 내용

수량부족 또는 일부멸실의 사실을 모른 선의의 매수인에 한해 권리의 일부가 타인에게 속한
경우의 담보책임에 관한 규정을 준용한다(제574조). 즉, 선의의 매수인만 대금감액청구권 ·
해제권 · 손해배상청구권을 행사할 수 있으며, 사실을 안 날로부터 1년 내에 행사하여야 한다.

03 문제의 해결

乙이 선의라면 100평에 해당하는 대금의 감액을 청구할 수 있고, 900평이면 이를 매수하지
않았으리라는 사정이 있는 경우에는 계약의 전부를 해제할 수 있고, 그 외에 손해배상도 청구
할 수 있다.

> **18-7** 제한물권 등이 있는 경우(사례형, 10분)
> 乙이 甲 소유 건물을 매수하였는데, 이미 丙이 그 건물에 대해 전세권을 가지고
> 있어 乙이 그 건물을 사용하지 못하는 경우에 甲의 乙에 대한 담보책임에 대해
> 서 약술하시오.

01 문제의 소재

사안은 매매목적물인 甲의 건물에 이미 丙의 전세권이 설정되어 있어서 매수인 乙의 용익권
능이 제한받고 있는 경우이다. 따라서 매도인 甲은 매수인 乙에게 담보책임을 지게 되는데,
그 성립요건과 담보책임의 내용을 검토한다.

02 제한물권 등이 있는 경우의 담보책임

1. 담보책임의 성립요건

(1) 제575조는 ① 매매의 목적물이 지상권·지역권·전세권·질권·유치권의 목적이 된 경우,
② 매매의 목적이 된 부동산을 위하여 존재할 지역권이 없는 경우, ③ 매매의 목적이 된 부
동산에 등기된 임대차계약이 있는 경우에 적용된다.

(2) 여기서 '등기된 임대차계약'이란 임차권이 대항력을 갖춘 것을 의미하므로 건물의 소유를 목
적으로 한 토지임대차, 주택의 임대차, 상가건물의 임대차에서 각각 대항력을 갖춘 때에도
적용된다.

(3) **매수인의 선의**

제한물권 등에 의한 제한이 있음을 알면서 매수한 악의의 매수인은 그러한 사정을 고려하여
대금액을 정하게 될 것이므로 보호할 필요가 없다.

2. 담보책임의 내용

(1) **계약해제권**

선의의 매수인은 제한물권 등의 존재로 인하여 계약의 목적을 달성할 수 없는 경우에 한하여
계약을 해제할 수 있다.

(2) 손해배상청구권

선의의 매수인은 손해가 있는 때에는 그 배상을 청구할 수 있다. 즉, 계약의 목적을 달성할 수 없는 경우에는 해제와 함께 손해배상도 청구할 수 있고, 계약의 목적을 달성할 수 있는 경우에는 손해배상만을 청구할 수 있다.

(3) 권리행사기간

이 권리는 매수인이 제한물권의 존재 또는 지역권의 부존재를 안 날로부터 1년 내에 행사하여야 한다.

03 문제의 해결

매수인 乙이 선의라면, 계약의 목적을 달성할 수 없는 경우에 한하여 계약을 해제할 수 있고 손해가 있는 때에는 손해배상도 청구할 수 있다. 그러나 계약의 목적을 달성하는 데 지장이 없는 경우에는 손해배상만을 청구할 수 있다.

18-8 저당권·전세권의 행사가 있는 경우(사례형, 10분)
乙이 丙의 저당권이 설정된 甲의 건물을 매수하였는데, 그 후 저당권의 실행으로 丁에게 경락(매각)되어 乙이 건물의 소유권을 잃게 된 경우에 매도인 甲의 매수인 乙에 대한 담보책임에 대해서 약술하시오.

01 문제의 소재

사안은 매매목적물인 甲의 건물에 존재하던 丙의 저당권이 실행되어 매수인 乙이 취득한 소유권을 잃게 된 경우이다. 따라서 甲은 乙에게 담보책임을 지게 되는데, 그 성립요건과 담보책임의 내용을 검토한다.

02 저당권·전세권의 행사가 있는 경우의 담보책임

1. 담보책임의 성립요건

(1) 제576조는 ① 저당권 또는 전세권의 행사로 인하여 매수인이 그 소유권을 취득할 수 없는 경우, ② 저당권 또는 전세권의 행사로 인하여 매수인이 취득한 소유권을 잃는 경우, ③ 매수인이 그의 출재로 그 소유권을 보존한 경우에 적용된다.

(2) 가등기의 목적이 된 부동산을 매수한 사람이 가등기에 기한 본등기가 경료됨으로써 그 부동산의 소유권을 상실하게 된 때에도 제576조가 준용된다(92다21784).

2. 담보책임의 내용

(1) 저당권 또는 전세권의 존재에 관한 매수인의 선의·악의를 불문하고 매도인의 담보책임이 인정된다.

(2) 매수인이 소유권을 취득할 수 없거나 취득한 소유권을 잃은 때에는 매수인은 계약을 해제할 수 있고, 매수인이 출재로 그 소유권을 보존한 때에는 매도인에 대하여 그 상환을 청구할 수 있다.

(3) 그 밖에 매수인이 손해를 받은 때에는 계약의 해제나 상환청구와 함께 그 배상을 청구할 수 있다.

(4) 이러한 권리의 행사기간에 관해 특별한 제한 규정은 없다.

⑸ **책임의 배제**

매수인이 저당권의 피담보채무 또는 전세금의 반환채무를 인수한 경우나 이행인수한 경우에는 매도인에게 담보책임을 물을 수 없다.

03 문제의 해결

丙의 저당권이 실행되어 매수인 乙은 소유권을 잃게 되었으므로, 乙은 계약을 해제할 수 있고 그 밖에 손해가 있으면 해제와 함께 손해배상도 청구할 수 있다.

19 > 물건의 하자에 대한 담보책임

01 특정물 매매의 하자담보책임(제580조, 약술형, A)

1. 담보책임의 성립요건

(1) 특정물에 하자가 있을 것

① 하자의 개념: 판례는 목적물이 거래통념상 기대되는 객관적 성질·성능을 결여하거나, 당사자가 예정 또는 보증한 성질을 결여한 경우에 하자가 있다고 한다.

② 하자의 존재시기: 특정물의 경우는 계약체결 시에 하자가 존재하여야 한다.

③ 법률적 장애

  ㉠ 공장 부지를 매수하였으나 법령상 공장을 지을 수 없는 경우와 같이 매매목적물에 법률상 장애가 있는 경우에, 이를 물건의 하자(제580조)로 볼 것인지, 권리의 하자(제575조)로 볼 것인지가 문제된다.

  ㉡ 판례는 건축을 목적으로 매매된 토지에 대하여 건축허가를 받을 수 없어 건축이 불가능한 경우, 위와 같은 법률적 제한 내지 장애 역시 물건의 하자에 해당한다고 본다.

(2) 매수인의 선의·무과실

매수인이 하자 있는 것을 알았거나 과실로 인하여 알지 못한 때에는 매도인은 담보책임을 부담하지 않는다. 매수인의 악의 또는 과실은 매도인이 입증하여야 한다.

2. 담보책임의 내용

(1) 계약해제권과 손해배상청구권(제580조)

① 매수인은 그 하자로 인해 계약의 목적을 달성할 수 없는 경우에는 계약을 해제하고 아울러 손해배상을 청구할 수 있다.

② 목적물의 하자가 계약의 목적을 달성할 수 없을 정도로 중대한 것이 아닌 경우에는 매수인은 손해배상만을 청구할 수 있다.

(2) 권리행사기간

매수인이 그 사실을 안 날로부터 6월 내에 행사하여야 한다(제582조).

02 종류물 매매의 하자담보책임(제581조, <u>약술형</u>, A)

1. 담보책임의 성립요건

(1) 종류물 매매에서 그 후 특정된 목적물에 하자가 있을 것

① 하자의 개념: 판례는 매매목적물이 거래통념상 기대되는 객관적 성질·성능을 결여하거나, 당사자가 예정 또는 보증한 성질을 결여한 경우에 하자가 있다고 한다.

② 하자의 존재시기: 종류물의 경우는 특정 시에 하자가 존재하여야 한다.

(2) 매수인의 선의·무과실

매수인이 하자 있는 것을 알았거나 과실로 인하여 알지 못한 때에는 매도인은 담보책임을 부담하지 않는다. 매수인의 악의 또는 과실은 매도인이 입증하여야 한다.

2. 담보책임의 내용

(1) 계약해제권과 손해배상청구권

① 매수인은 그 하자로 인해 계약의 목적을 달성할 수 없는 경우에는 계약을 해제하고 아울러 손해배상을 청구할 수 있다.

② 목적물의 하자가 계약의 목적을 달성할 수 없을 정도로 중대한 것이 아닌 경우에는 매수인은 손해배상만을 청구할 수 있다.

(2) 완전물급부청구권

매수인은 계약의 해제 또는 손해배상의 청구를 하지 아니하고 하자 없는 물건을 청구할 수 있다(제581조 제2항).

(3) 권리행사기간

매수인이 그 사실을 안 날로부터 6월 내에 행사하여야 한다(제582조).

19-1 [기출 6회 2문]
물건의 하자에 대한 매도인의 담보책임의 성립요건과 책임의 내용을 설명하시오.
(20점)

01 의의

물건의 하자에 대한 담보책임은 매매에 의하여 매수인이 취득하는 물건에 하자가 있는 경우에 물건을 인도한 매도인이 매수인에게 부담하는 담보책임이다.

02 성립요건

1. 매매의 목적물에 하자가 있을 것

(1) 하자의 개념

판례는 매매목적물이 거래통념상 기대되는 객관적 성질·성능을 결여하거나, 당사자가 예정 또는 보증한 성질을 결여한 경우에 하자가 있다고 한다.

(2) 하자의 존재시기

특정물의 경우는 계약체결 시, 종류물의 경우는 특정 시에 하자가 존재하여야 한다.

(3) 법률적 장애

① 공장 부지를 매수하였으나 법령상 공장을 지을 수 없는 경우와 같이 매매목적물에 법률상 장애가 있는 경우에, 이를 물건의 하자(제580조)로 볼 것인지, 권리의 하자(제575조)로 볼 것인지가 문제된다.

② 판례는 건축을 목적으로 매매된 토지에 대하여 건축허가를 받을 수 없어 건축이 불가능한 경우, 위와 같은 법률적 제한 내지 장애 역시 물건의 하자에 해당한다고 본다.

2. 매수인의 선의·무과실

매수인이 하자 있는 것을 알았거나 과실로 인하여 알지 못한 때에는 매도인은 담보책임을 부담하지 않는다. 매수인의 악의 또는 과실은 매도인이 입증하여야 한다.

03 책임의 내용

1. 계약해제권과 손해배상청구권

(1) 매수인은 그 하자로 인해 계약의 목적을 달성할 수 없는 경우에는 계약을 해제하고 아울러 손해배상을 청구할 수 있다.

(2) 목적물의 하자가 계약의 목적을 달성할 수 없을 정도로 중대한 것이 아닌 경우에는 매수인은 손해배상만을 청구할 수 있다.

2. 종류물 매매와 완전물급부청구권

종류물 매매의 매수인은 계약의 해제 또는 손해배상의 청구를 하지 아니하고 하자 없는 물건을 청구할 수 있다(제581조 제2항).

3. 권리행사기간

매수인이 그 사실을 안 날로부터 6월 내에 행사하여야 한다(제582조).

제580조【매도인의 하자담보책임】 ① 매매의 목적물에 하자가 있는 때에는 제575조제1항의 규정을 준용한다. 그러나 매수인이 하자있는 것을 알았거나 과실로 인하여 이를 알지 못한 때에는 그러하지 아니하다.
② 전항의 규정은 경매의 경우에 적용하지 아니한다.

제581조【종류매매와 매도인의 담보책임】 ① 매매의 목적물을 종류로 지정한 경우에도 그 후 특정된 목적물에 하자가 있는 때에는 전조의 규정을 준용한다.
② 전항의 경우에 매수인은 계약의 해제 또는 손해배상의 청구를 하지 아니하고 하자없는 물건을 청구할 수 있다.

제582조【전2조의 권리행사기간】 전2조에 의한 권리는 매수인이 그 사실을 안 날로부터 6월내에 행사하여야 한다.

19-2 특정물 매매의 하자담보책임(사례형, 10분)

乙이 甲 소유의 건물을 매수하였는데 그 건물에 심한 균열이 있는 경우에, 매도인 甲의 매수인 乙에 대한 담보책임에 대해서 약술하시오.

01 문제의 소재

사안은 매매목적물인 甲의 건물에 물건의 하자가 존재하는 경우이다. 따라서 甲은 乙에게 담보책임을 지게 되는데, 그 성립요건과 담보책임의 내용을 검토한다.

02 특정물 매매의 하자담보책임(제580조)

1. 담보책임의 성립요건

(1) 특정물에 하자가 있을 것

① 하자의 개념: 매매목적물이 거래통념상 기대되는 객관적 성질·성능을 결여하거나, 당사자가 예정 또는 보증한 성질을 결여한 경우에 하자가 있다고 본다.

② 하자의 존재시기: 특정물의 경우는 계약체결 시에 하자가 존재하여야 한다.

(2) 매수인의 선의·무과실

매수인이 하자 있는 것을 알았거나 과실로 인하여 알지 못한 때에는 매도인은 담보책임을 부담하지 않는다. 매수인의 악의 또는 과실은 매도인이 입증하여야 한다.

2. 담보책임의 내용

(1) 계약해제권과 손해배상청구권

① 매수인은 그 하자로 인해 계약의 목적을 달성할 수 없는 경우에는 계약을 해제하고 아울러 손해배상을 청구할 수 있다.

② 목적물의 하자가 계약의 목적을 달성할 수 없을 정도로 중대한 것이 아닌 경우에는 매수인은 손해배상만을 청구할 수 있다.

(2) 권리행사기간

매수인이 그 사실을 안 날로부터 6월 내에 행사하여야 한다.

03 문제의 해결

매수인 乙은 하자로 인해 계약의 목적을 달성할 수 없는 경우에는 계약을 해제하고 손해배상을 청구할 수 있고, 기타의 경우에는 손해배상만 청구할 수 있다.

19-3 법률적 장애와 담보책임(사례형, 10분)
매도인 甲이 불법운행하여 150일간 운행정지처분된 차량을 매수인 乙에게 매도한 경우에 매도인 甲의 매수인 乙에 대한 담보책임에 대해서 약술하시오.

01 문제의 소재

사안은 甲이 乙에게 운행정지처분된 차량을 매도한 경우로서, 이는 매매목적물에 법률적 장애가 있는 경우이다. 우선 이러한 법률적 장애를 권리의 하자로 보아 제575조를 적용할 것인지, 아니면 물건의 하자로 보아 제580조를 적용할 것인지를 결정하고, 이에 따라 매수인 乙이 행사할 수 있는 담보책임의 내용을 검토한다.

02 법률적 장애와 담보책임

판례는 "건축을 목적으로 매매된 토지에 대하여 건축허가를 받을 수 없어 건축이 불가능한 경우를 매매목적물의 하자에 해당한다."고 하여, 물건하자설의 입장이다.

03 특정물 매매의 하자담보책임

1. 담보책임의 성립요건

(1) 특정물에 하자가 있을 것

① 하자의 개념: 매매목적물이 거래통념상 기대되는 객관적 성질·성능을 결여하거나, 당사자가 예정 또는 보증한 성질을 결여한 경우에 하자가 있다고 본다.
② 하자의 존재시기: 특정물의 경우는 계약체결 시에 하자가 존재하여야 한다.

(2) 매수인의 선의·무과실

매수인이 하자 있는 것을 알았거나 과실로 인하여 알지 못한 때에는 매도인은 담보책임을 부담하지 않는다.

2. 담보책임의 내용

(1) 계약해제권과 손해배상청구권

① 매수인은 그 하자로 인해 계약의 목적을 달성할 수 없는 경우에는 계약을 해제하고 아울러 손해배상을 청구할 수 있다.

② 목적물의 하자가 계약의 목적을 달성할 수 없을 정도로 중대한 것이 아닌 경우에는 매수인은 손해배상만을 청구할 수 있다.

(2) 권리행사기간

매수인이 그 사실을 안 날로부터 6월 내에 행사하여야 한다.

04 문제의 해결

매매목적물에 법률적 장애가 있는 경우는 물건의 하자에 해당하므로 제580조의 특정물하자 담보책임 규정이 적용된다. 이 경우 매수인 乙은 하자로 인해 계약의 목적을 달성할 수 없는 경우에는 계약을 해제하고 손해배상을 청구할 수 있고, 기타의 경우에는 손해배상만 청구할 수 있다.

19-4 종류물 매매의 하자담보책임(사례형, 10분)

乙이 甲 회사에 새 자동차를 주문하였는데, 나중에 인도된 차의 엔진에 결함이 있는 경우에 매도인 甲의 매수인 乙에 대한 담보책임에 대해서 약술하시오.

01 문제의 소재

사안은 매매목적물을 종류로 지정하였는데 그 후 특정된 목적물에 하자가 존재하는 경우이다. 따라서 매도인 甲은 매수인 乙에게 담보책임을 지게 되는데, 그 성립요건과 담보책임의 내용을 검토한다.

02 종류물 매매의 하자담보책임(제581조)

1. 담보책임의 성립요건

(1) 종류물 매매에서 그 후 특정된 목적물에 하자가 있을 것

① 하자의 개념 : 매매목적물이 거래통념상 기대되는 객관적 성질·성능을 결여하거나, 당사자가 예정 또는 보증한 성질을 결여한 경우에 하자가 있다고 본다.

② 하자의 존재시기 : 종류물의 경우는 특정 시에 하자가 존재하여야 한다.

(2) 매수인의 선의·무과실

매수인이 하자 있는 것을 알았거나 과실로 인하여 알지 못한 때에는 매도인은 담보책임을 부담하지 않는다. 매수인의 악의 또는 과실은 매도인이 입증하여야 한다.

2. 담보책임의 내용

(1) 계약해제권과 손해배상청구권

① 매수인은 그 하자로 인해 계약의 목적을 달성할 수 없는 경우에는 계약을 해제하고 아울러 손해배상을 청구할 수 있다.

② 목적물의 하자가 계약의 목적을 달성할 수 없을 정도로 중대한 것이 아닌 경우에는 매수인은 손해배상만을 청구할 수 있다.

(2) 완전물급부청구권

매수인은 계약의 해제 또는 손해배상의 청구를 하지 아니하고 하자 없는 물건을 청구할 수 있다.

(3) 권리행사기간

매수인이 그 사실을 안 날로부터 6월 내에 행사하여야 한다.

03 문제의 해결

매수인 乙은 일정한 요건을 갖춘 경우에 해제권과 손해배상청구권을 행사하거나, 그 대신에 하자 없는 물건을 청구할 수도 있다.

20 경매에서의 담보책임(약술형, B)

01 의의

경매목적물에 권리의 하자가 있는 경우에 경락인을 보호하기 위하여 채무자나 배당받은 채권자에게 일정한 책임을 지우는 제도이다.

02 담보책임의 성립요건

1. 공경매에 의할 것

본 조가 적용되는 경매는 국가기관이 법률에 의해 행하는 공경매를 말하며, 민사집행법에 의한 강제경매·담보권실행경매 및 국세징수법에 의한 공매가 이에 해당한다.

2. 경매절차는 유효할 것

경매에서의 담보책임은 경매절차는 유효하게 이루어졌으나 경매의 목적이 된 권리의 전부 또는 일부가 타인에게 속하는 등의 하자로 경락인이 완전한 소유권을 취득할 수 없거나 이를 잃게 되는 경우에 인정되는 것이고, 경매절차 자체가 무효인 경우에는 경매의 채무자나 채권자의 담보책임은 인정될 여지가 없다.

3. 권리의 하자(흠결)가 있을 것

경매에서의 담보책임은 권리의 하자에 대해서만 인정되며, 물건의 하자에 대해서는 담보책임을 인정하지 않는다.

03 담보책임의 내용

1. 해제권·대금감액청구권

경락받은 권리에 하자가 있는 경우에는, 하자의 유형에 따라 경락인은 채무자에게 계약의 해제 또는 대금감액의 청구를 할 수 있다(제578조 제1항). 여기의 채무자에는 물상보증인도 포함된다.

2. 대금반환청구권

채무자가 자력이 없는 때에는 경락인은 대금의 배당을 받은 채권자에 대하여 그 대금 전부나 일부의 반환을 청구할 수 있다(제578조 제2항).

3. 손해배상청구권

채무자가 물건 또는 권리의 흠결을 알고 고지하지 아니하거나 채권자가 이를 알고 경매를 청구한 때에는 경락인은 그 흠결을 안 채무자나 채권자에 대하여 손해배상을 청구할 수 있다(제578조 제3항).

04 권리행사기간

권리의 하자의 담보책임규정에서 정한 제척기간이 준용된다(제578조 제1항).

> **제578조【경매와 매도인의 담보책임】** ① 경매의 경우에는 경락인은 전8조의 규정에 의하여 채무자에게 계약의 해제 또는 대금감액의 청구를 할 수 있다.
> ② 전항의 경우에 채무자가 자력이 없는 때에는 경락인은 대금의 배당을 받은 채권자에 대하여 그 대금전부나 일부의 반환을 청구할 수 있다.
> ③ 전2항의 경우에 채무자가 물건 또는 권리의 흠결을 알고 고지하지 아니하거나 채권자가 이를 알고 경매를 청구한 때에는 경락인은 그 흠결을 안 채무자나 채권자에 대하여 손해배상을 청구할 수 있다.
>
> **제579조【채권매매와 매도인의 담보책임】** ① 채권의 매도인이 채무자의 자력을 담보한 때에는 매매계약당시의 자력을 담보한 것으로 추정한다.
> ② 변제기에 도달하지 아니한 채권의 매도인이 채무자의 자력을 담보한 때에는 변제기의 자력을 담보한 것으로 추정한다.

21 채권 매도인의 담보책임(약술형, B)

01 의의

채권 매도인의 담보책임은 채권에 권리의 하자가 있는 경우와 채무자의 자력을 담보하는 특약을 맺는 경우에 문제된다.

02 채권에 권리의 하자가 있는 경우

채권의 매매에 있어서 그 채권에 권리의 흠결이 있는 때에는, 제570조 내지 제576조의 규정에 의하여 매도인은 담보책임을 진다. 예컨대 ① 매매의 목적인 채권의 전부 또는 일부가 타인에게 속하는 경우에는 제570조 내지 제573조가 적용되고, ② 채권의 일부가 계약의 무효·취소·해제나 채무의 변제 등의 이유로 존재하지 않는 경우에는 제574조가 적용된다.

03 채무자의 자력에 관한 담보책임

1. 의의

채권 매도인은 채권의 존재와 채권액에 대해서는 책임을 져야 하지만, 채무자의 변제자력에 대해서까지 책임을 지는 것은 아니다. 그런데 채권을 매매하면서 매도인이 채무자의 자력을 담보하는 특약을 맺는 수가 있다. 이 경우에는 그 특약에 기해 매도인이 채무자의 무자력에 대해 담보책임을 지는데, 여기서 어느 때 채무자의 자력을 담보하는지가 문제되고, 제579조는 이에 관해 추정규정을 두고 있다.

2. 추정규정

(1) 변제기에 도달한 채권의 매도인이 채무자의 자력을 담보한 때에는 매매계약 당시의 자력을 담보한 것으로 추정한다(제579조 제1항).

(2) 변제기에 도달하지 아니한 채권의 매도인이 채무자의 자력을 담보한 때에는 변제기의 자력을 담보한 것으로 추정한다(제579조 제2항).

3. 담보책임의 내용

매도인은 매수인이 채무자의 무자력으로 인해 변제받지 못한 부분에 대해 손해배상책임을 진다.

22 환매(약술형, A)

01 환매의 의의 및 법적 성질

환매란 매도인이 매매계약과 동시에 특약으로 환매권을 보류한 경우에, 그 환매권을 일정한 기간 내에 행사함으로써, 매매의 목적물을 다시 사 오는 것을 말한다(제590조). 환매의 법적 성질에 관해서 해제권보류부 매매설과 재매매의 예약설(다수설)의 대립이 있다.

02 환매의 요건

1. 환매특약의 시기

환매의 특약은 매매계약과 동시에 하여야 한다(제590조 제1항).

2. 환매대금

특별한 약정이 없으면 환매권자는 최초의 매매대금과 매수인이 부담한 매매비용을 반환하고 환매할 수 있다(제590조 제1항).

3. 환매기간

환매기간은 부동산은 5년, 동산은 3년을 넘지 못한다(제591조 제1항). 환매기간을 정한 때에는 다시 이를 연장하지 못한다.

4. 환매의 등기

매매의 목적물이 부동산인 경우에 매매등기와 동시에 환매권의 보류를 등기한 때에는 제3자에 대하여 그 효력이 있다(제592조).

03 환매의 실행

1. 환매권의 행사방법

매도인은 기간 내에 대금과 매매비용을 매수인에게 제공하지 아니하면 환매할 권리를 잃는다(제594조). 이때 환매의 의사표시만으로는 부족하고, 환매대금을 실제로 제공하여야 한다. 환매등기가 된 부동산을 매수인이 제3자에게 양도한 경우에는 제3자(전득자)에 대하여 환매권을 행사한다.

2. 환매권의 대위행사

매도인의 채권자가 매도인을 대위하여 환매하고자 하는 때에는 매수인은 법원이 선정한 감정인의 평가액에서 매도인이 반환할 금액을 공제한 잔액으로 매도인의 채무를 변제하고 잉여액이 있으면 이를 매도인에게 지급하여 환매권을 소멸시킬 수 있다(제593조).

04 환매의 효과

1. 기본적 효과

다수설인 재매매예약설에 의하면 환매권의 행사로써 매도인과 매수인 간에 두 번째의 매매계약이 성립한 것으로 된다. 따라서 이전등기 등 이행이 있을 때에 환매권자는 비로소 소유권을 취득한다.

2. 비용상환청구권

매수인이 목적물에 대하여 비용을 지출한 때에는 매도인은 제203조의 규정에 의하여 이를 상환하여야 한다(제594조 제2항).

05 공유지분의 환매

공유자의 1인이 환매할 권리를 보류하고 그 지분을 매도한 후 그 목적물의 분할이나 경매가 있는 때에는 매도인은 매수인이 받은 또는 받을 부분이나 대금에 대하여 환매권을 행사할 수 있다. 그러나 매도인에게 통지하지 아니한 매수인은 그 분할이나 경매로써 매도인에게 대항하지 못한다(제595조).

22-1 환매와 재매매의 예약의 비교(약술형, B)

01 의의

1. 환매란 매도인이 매매계약과 동시에 특약으로 환매권을 보류한 경우에, 그 환매권을 일정한 기간 내에 행사함으로써, 매매의 목적물을 다시 사 오는 것을 말한다(제590조).

2. 재매매의 예약은 매도인과 매수인 사이에 장래 매수인이 다시 그 매매목적물을 매도인에게 매각할 것을 예약하는 것이다.

02 법적 성질

환매의 법적 성질에 대하여 해제권보류부 매매설과 재매매의 예약설이 대립한다. 다수설인 재매매의 예약설에 따르면 환매권은 예약완결권이 된다.

03 성립상의 비교

1. 특약의 시기

환매의 특약은 매매계약과 동시에 하여야 하나, 재매매의 예약은 그러한 제한이 없다.

2. 대금

특별한 약정이 없으면 환매권자는 최초의 매매대금과 매수인이 부담한 매매비용을 반환하고 환매할 수 있으나, 재매매의 예약은 그러한 제한이 없다.

3. 기간

환매기간은 부동산은 5년, 동산은 3년을 넘지 못하나, 재매매의 예약은 그러한 제한이 없다.

4. 등기

환매의 경우에는 환매권의 보류를 등기할 수 있으나, <u>재매매의 예약은 청구권 보전의 가등기</u> <u>를 할 수 있을 뿐이다</u>.

04 효과상의 비교

환매의 법적 성질에 대하여 재매매예약설에 의하면, 환매권의 행사로써 매도인과 매수인 간에 두 번째의 매매계약이 성립한 것으로 된다. 따라서 이전등기 등 이행이 있을 때에 환매권자는 비로소 소유권을 취득한다. 재매매의 예약도 마찬가지이다.

제590조【환매의 의의】 ① 매도인이 매매계약과 동시에 환매할 권리를 보류한 때에는 그 영수한 대금 및 매수인이 부담한 매매비용을 반환하고 그 목적물을 환매할 수 있다.
② 전항의 환매대금에 관하여 특별한 약정이 있으면 그 약정에 의한다.
③ 전2항의 경우에 목적물의 과실과 대금의 이자는 특별한 약정이 없으면 이를 상계한 것으로 본다.

제591조【환매기간】 ① 환매기간은 부동산은 5년, 동산은 3년을 넘지 못한다. 약정기간이 이를 넘는 때에는 부동산은 5년, 동산은 3년으로 단축한다.
② 환매기간을 정한 때에는 다시 이를 연장하지 못한다.
③ 환매기간을 정하지 아니한 때에는 그 기간은 부동산은 5년, 동산은 3년으로 한다.

제592조【환매등기】 매매의 목적물이 부동산인 경우에 매매등기와 동시에 환매권의 보류를 등기한 때에는 제삼자에 대하여 그 효력이 있다.

제593조【환매권의 대위행사와 매수인의 권리】 매도인의 채권자가 매도인을 대위하여 환매하고자 하는 때에는 매수인은 법원이 선정한 감정인의 평가액에서 매도인이 반환할 금액을 공제한 잔액으로 매도인의 채무를 변제하고 잉여액이 있으면 이를 매도인에게 지급하여 환매권을 소멸시킬 수 있다.

제594조【환매의 실행】 ① 매도인은 기간내에 대금과 매매비용을 매수인에게 제공하지 아니하면 환매할 권리를 잃는다.
② 매수인이나 전득자가 목적물에 대하여 비용을 지출한 때에는 매도인은 제203조의 규정에 의하여 이를 상환하여야 한다. 그러나 유익비에 대하여는 법원은 매도인의 청구에 의하여 상당한 상환기간을 허여할 수 있다.

제595조【공유지분의 환매】 공유자의 1인이 환매할 권리를 보류하고 그 지분을 매도한 후 그 목적물의 분할이나 경매가 있는 때에는 매도인은 매수인이 받은 또는 받을 부분이나 대금에 대하여 환매권을 행사할 수 있다. 그러나 매도인에게 통지하지 아니한 매수인은 그 분할이나 경매로써 매도인에게 대항하지 못한다.

22-2 [기출 7회 4문]

甲은 乙에게 금전을 차용하기 위하여 2016년 5월 2일 자신의 1억 상당의 X토지를 乙에게 8천만 원에 매도하는 계약을 체결한 후 등기도 이전해 주었다. 그 후 2016년 5월 12일에 甲과 乙은 X토지를 3년 후에 甲에게 다시 매도할 것을 약정하는 계약을 체결하고, 이 청구권을 보전하기 위하여 甲은 가등기를 하였다. 甲은 2019년 5월 13일에 乙에게 8천만 원을 제시하면서 X토지를 자신에게 매도할 것을 요구하고 있다. 이에 대하여 甲은 본 약정은 환매계약이라고 주장하고, 乙은 재매매의 예약이라고 주장하고 있다. 환매와 재매매의 예약과의 차이점에 관하여 설명하고 甲의 주장이 타당한지 검토하시오. (20점)

01 환매와 재매매의 예약의 의의

환매란 매도인이 매매계약과 동시에 특약으로 환매권을 보류한 경우에, 그 환매권을 일정한 기간 내에 행사함으로써, 매매의 목적물을 다시 사 오는 것을 말한다(제590조). 이에 반해 재매매의 예약은 매도인과 매수인 사이에 장래 매수인이 다시 그 매매목적물을 매도인에게 매각할 것을 예약하는 것이다.

02 환매와 재매매의 예약의 관계

환매에 관해서는 제590조 내지 제595조에서 이를 정하는데, 재매매의 예약에 관해 따로 규정하는 것은 없다. 만약 환매의 성질을 재매매의 예약으로 보는 경우에는 양자의 관계가 문제되는데, 제590조 내지 제595조가 적용되는 경우는 재매매의 예약 중에서도 특히 환매라 하고, 그 요건에 해당하지 않는 그 밖의 경우는 재매매의 예약으로 본다.

03 환매와 재매매의 예약의 구체적 차이점

1. 특약의 시기

환매의 특약은 매매계약과 동시에 하여야 하나, 재매매의 예약은 그러한 제한이 없다.

2. 대금

특별한 약정이 없으면 환매권자는 최초의 매매대금과 매수인이 부담한 매매비용을 반환하고 환매할 수 있으나, 재매매의 예약은 그러한 제한이 없다.

3. 기간

환매기간은 부동산은 5년, 동산은 3년을 넘지 못하나, 재매매의 예약은 그러한 제한이 없다.

4. 등기

환매의 경우에는 환매권의 보류를 등기할 수 있으나, 재매매의 예약은 청구권 보전의 가등기를 할 수 있을 뿐이다.

04 문제의 해결

1. 甲과 乙 사이의 X토지를 3년 후에 甲에게 다시 매도할 것을 약정하는 계약은 원 매매계약이 성립된 2016년 5월 2일 이후인 2016년 5월 12일에 체결된 것이므로 이는 재매매의 예약에 해당한다. 따라서 환매계약이라는 甲의 주장은 타당하지 않다.

2. X토지를 3년 후에 甲에게 다시 매도할 것을 약정하는 계약을 재매매의 예약으로 본다면 甲이 2019년 5월 13일에 乙에게 8천만 원을 제시하면서 X토지를 자신에게 매도할 것을 요구하는 것은 재매매의 예약에 따른 예약완결권의 행사로 볼 수 있다. 결국 이러한 예약완결권의 행사로 두 번째 매매계약이 성립하게 되고 서로 간에 매매계약상 의무를 이행하여야 한다. 따라서 甲은 乙에게 X토지의 소유권 이전을 청구할 수 있다.

소유권유보부매매(약술형, B)

01 의의

소유권유보부매매란 일반적으로 할부거래에서 매도인이 매매목적물을 매수인에게 인도하되, 매매대금채권의 확보를 위하여 대금이 모두 지급될 때까지 소유권을 유보하고, 대금이 모두 지급되면 소유권은 자동적으로 매수인에게 이전되는 것으로 특약하는 것을 말한다.

02 법적 성질

목적물의 소유권을 이전한다는 당사자 사이의 물권적 합의는 매매계약을 체결하고 목적물을 인도한 때 이미 성립하지만 대금이 모두 지급되는 것을 정지조건으로 하는 정지조건부 소유권이전설과 소유권은 처음부터 매수인에게 이전하고 매도인은 대금채권을 담보하기 위하여 다시 매수인으로부터 양도담보권을 취득한다는 담보물권설이 대립한다. 판례는 정지조건부 소유권이전설의 입장이다(96다14807).

03 성립요건

1. 소유권유보특약의 존재

소유권유보는 매도인과 매수인의 합의가 있어야 성립한다. 이러한 특약은 목적물의 인도 시까지는 이루어져야 한다.

2. 목적물

판례는 소유권 이전을 위하여 등기나 등록을 요하는 재산에 대하여는 소유권유보부매매의 개념을 원용할 필요성이 없다고 본다.

04 효력

1. 위험부담의 문제

목적물이 매수인에게 인도된 후에 당사자 쌍방의 책임 없는 사유로 멸실된 경우에 매수인의 할부금채무의 존속 여부가 문제된다. 그런데 목적물은 이미 매수인에게 인도되었고 매도인에게 어떤 이행의무도 남아 있지 않다는 점에서, 법률적으로는 소유권이 매도인에게 있다고 하더라도, 그 멸실에 따른 위험은 매수인이 부담하는 것이 타당하다. 따라서 이 경우에 매수인의 할부금채무는 소멸하지 않는다.

2. 매수인의 목적물 처분

매매대금이 모두 지급되지 않은 한 매수인은 소유권을 취득하지 못한다. 따라서 이 상태에서의 매수인의 처분은 원칙적으로 무효이다. 다만 목적물이 동산인 경우에 제3자가 선의취득할 수 있다.

24 교환

01 의의

교환은 당사자 쌍방이 금전 이외의 재산권을 상호 이전할 것을 약정함으로써 성립하는 계약이다(제596조).

02 법적 성질

유상·쌍무·낙성·불요식의 계약인 점에서는 매매와 같으나, 당사자 간에 서로 금전 이외의 재산권을 이전하는 점에서 매매와 구별된다.

03 성립요건

1. 의사의 합치

쌍방이 모두 금전 이외의 재산권을 이전하기로 하는 약정이 있어야 한다.

2. 교환의 목적물

서로 교환하는 재산권의 가격이 대등하지 않은 때에 일방이 일정액의 금전을 보충지급할 것을 약정하는 수가 있다. 이때 지급되는 금전을 보충금이라고 한다.

04 효력

1. 매매규정의 준용

교환은 유상계약이므로 매매에 관한 규정이 준용된다(제567조).

2. 보충금

보충금에 대하여는 매매대금에 관한 규정을 준용한다(제597조).

> **제597조【금전의 보충지급의 경우】** 당사자 일방이 전조의 재산권이전과 금전의 보충지급을 약정한 때에는 그 금전에 대하여는 매매대금에 관한 규정을 준용한다.

25 소비대차

01 소비대차의 의의

소비대차는 당사자 일방이 금전 기타 대체물의 소유권을 상대방에게 이전할 것을 약정하고 상대방은 그와 같은 종류, 품질 및 수량으로 반환할 것을 약정함으로써 성립하는 계약이다 (제598조).

02 소비대차의 실효와 해제에 관한 특칙

1. 파산과 소비대차의 실효

대주가 목적물을 차주에게 인도하기 전에 당사자 일방이 파산선고를 받은 때에는 소비대차는 그 효력을 잃는다(제599조).

2. 무이자 소비대차와 해제권

이자 없는 소비대차의 당사자는 목적물의 인도 전에는 언제든지 계약을 해제할 수 있다. 그러나 상대방에게 생긴 손해가 있는 때에는 이를 배상하여야 한다(제601조).

03 소비대차의 효력(약술형, B)

1. 대주의 의무

(1) 목적물의 소유권이전의무

대주는 목적물의 소유권을 차주에게 이전하여야 한다.

(2) 대주의 담보책임

① 이자 있는 소비대차의 목적물에 하자가 있는 때에는 매도인의 하자담보책임 규정을 준용한다(제602조 제1항).

② 이자 없는 소비대차의 경우에는 차주는 하자 있는 물건의 가액으로 반환할 수 있다. 그러나 대주가 그 하자를 알고 차주에게 고지하지 아니한 때에는 이자 있는 소비대차와 같은 담보책임을 인정한다(제602조 제2항).

2. 차주의 의무

(1) 목적물반환의무

① 원칙 : 차주는 대주로부터 받은 것과 동종·동질·동량의 물건을 반환하여야 한다.

② 대물대차 : 금전대차의 경우에 차주가 금전에 갈음하여 유가증권 기타 물건의 인도를 받은 때에는 그 인도 시의 가액으로써 차용액으로 한다(제606조).

③ 대물반환의 예약 : 차용물의 반환에 관하여 차주가 차용물에 갈음하여 다른 재산권을 이전할 것을 예약한 경우에는 그 재산의 예약 당시의 가액이 차용액 및 이에 붙인 이자의 합산액을 넘지 못한다(제607조). 이에 위반한 당사자의 약정으로 차주에 불리한 것은 효력이 없다. 판례에 의하면 제607조의 규정에 위반한 대물반환의 예약은 청산을 전제로 하는 양도담보설정의 약정으로서 효력을 가지는 것으로 본다.

④ 반환불능의 경우 : 차주가 차용물과 같은 종류, 품질 및 수량의 물건을 반환할 수 없는 때에는 그때의 시가로 상환하여야 한다.

(2) 이자지급의무

이자 있는 소비대차는 차주가 목적물의 인도를 받은 때로부터 이자를 계산한다.

04 준소비대차(약술형, B)

1. 의의

소비대차에 의하지 아니하고 금전 기타의 대체물을 지급할 의무가 있는 경우에 당사자가 그 목적물을 소비대차의 목적으로 할 것을 약정한 경우를 말한다.

2. 성립요건

(1) 기존 채무의 존재

준소비대차가 성립하려면 우선 당사자 사이에 금전 기타 대체물의 급부를 목적으로 하는 기존의 채무가 존재하여야 한다. 기존의 채무에는 특별한 제한이 없다.

(2) 당사자 간의 합의

기존 채무의 당사자가 그 채무의 목적물을 소비대차의 목적으로 한다는 합의를 하여야 한다.

3. 효력

(1) 소비대차의 효력

준소비대차가 성립하면 소비대차의 효력이 생긴다(제605조).

(2) 기존 채무의 소멸과 신채무의 성립

기존의 채무가 소멸하면서 소비대차에 따른 새로운 채무가 발생하며, 후자는 전자를 토대로 하는 점에서 서로 조건관계를 이룬다. 따라서 기존 채무가 존재하지 않거나 무효인 경우에는 신채무는 성립하지 않고, 신채무가 무효이거나 취소된 때에는 기존 채무는 소멸하지 않는다.

(3) 기존 채무와 신채무의 동일성

① 소멸하는 기존 채무와 준소비대차에 의해 성립하는 신채무 사이에 원칙적으로 동일성이 유지되므로, 기존 채무에 존재하던 항변권·담보·보증은 신채무를 위해서 존속한다.

② 다만 시효는 채무 자체의 성질에 의하여 결정되므로, 신채무를 기준으로 한다.

제598조【소비대차의 의의】 소비대차는 당사자 일방이 금전 기타 대체물의 소유권을 상대방에게 이전할 것을 약정하고 상대방은 그와 같은 종류, 품질 및 수량으로 반환할 것을 약정함으로써 그 효력이 생긴다.

제599조【파산과 소비대차의 실효】 대주가 목적물을 차주에게 인도하기 전에 당사자 일방이 파산선고를 받은 때에는 소비대차는 그 효력을 잃는다.

제600조【이자계산의 시기】 이자있는 소비대차는 차주가 목적물의 인도를 받은 때로부터 이자를 계산하여야 하며 차주가 그 책임있는 사유로 수령을 지체할 때에는 대주가 이행을 제공한 때로부터 이자를 계산하여야 한다.

제601조【무이자소비대차와 해제권】 이자없는 소비대차의 당사자는 목적물의 인도전에는 언제든지 계약을 해제할 수 있다. 그러나 상대방에게 생긴 손해가 있는 때에는 이를 배상하여야 한다.

제602조【대주의 담보책임】 ① 이자있는 소비대차의 목적물에 하자가 있는 경우에는 제580조 내지 제582조의 규정을 준용한다.
② 이자없는 소비대차의 경우에는 차주는 하자있는 물건의 가액으로 반환할 수 있다. 그러나 대주가 그 하자를 알고 차주에게 고지하지 아니한 때에는 전항과 같다.

제603조【반환시기】 ① 차주는 약정시기에 차용물과 같은 종류, 품질 및 수량의 물건을 반환하여야 한다.
② 반환시기의 약정이 없는 때에는 대주는 상당한 기간을 정하여 반환을 최고하여야 한다. 그러나 차주는 언제든지 반환할 수 있다.

제604조【반환불능으로 인한 시가상환】 차주가 차용물과 같은 종류, 품질 및 수량의 물건을 반환할 수 없는 때에는 그때의 시가로 상환하여야 한다. 그러나 제376조 및 제377조제2항의 경우에는 그러하지 아니하다.

제605조【준소비대차】 당사자 쌍방이 소비대차에 의하지 아니하고 금전 기타의 대체물을 지급할 의무가 있는 경우에 당사자가 그 목적물을 소비대차의 목적으로 할 것을 약정한 때에는 소비대차의 효력이 생긴다.

제606조【대물대차】 금전대차의 경우에 차주가 금전에 갈음하여 유가증권 기타 물건의 인도를 받은 때에는 그 인도시의 가액으로써 차용액으로 한다.

제607조【대물반환의 예약】 차용물의 반환에 관하여 차주가 차용물에 갈음하여 다른 재산권을 이전할 것을 예약한 경우에는 그 재산의 예약당시의 가액이 차용액 및 이에 붙인 이자의 합산액을 넘지 못한다.

제608조【차주에 불이익한 약정의 금지】 전2조의 규정에 위반한 당사자의 약정으로서 차주에 불리한 것은 환매 기타 여하한 명목이라도 그 효력이 없다.

25-1 [기출 3회 3문]
준소비대차의 의의, 성립요건 및 효과에 관하여 설명하시오. (20점)

01 의의

소비대차에 의하지 아니하고 금전 기타의 대체물을 지급할 의무가 있는 경우에 당사자가 그 목적물을 소비대차의 목적으로 할 것을 약정한 경우를 말한다.

02 성립요건

1. 기존 채무의 존재

준소비대차가 성립하려면 우선 당사자 사이에 금전 기타 대체물의 급부를 목적으로 하는 기존의 채무가 존재하여야 한다. 기존의 채무에는 특별한 제한이 없다.

2. 당사자 간의 합의

기존 채무의 당사자가 그 채무의 목적물을 소비대차의 목적으로 한다는 합의를 하여야 한다.

03 효과

1. 소비대차의 효력

준소비대차가 성립하면 소비대차의 효력이 생긴다.

2. 기존 채무의 소멸과 신채무의 성립

기존의 채무가 소멸하면서 소비대차에 따른 새로운 채무가 발생하며, 후자는 전자를 토대로 하는 점에서 서로 조건관계를 이룬다. 따라서 기존 채무가 존재하지 않거나 무효인 경우에는 신채무는 성립하지 않고, 신채무가 무효이거나 취소된 때에는 기존 채무는 소멸하지 않는다.

3. 기존 채무와 신채무의 동일성

(1) 소멸하는 기존 채무와 준소비대차에 의해 성립하는 신채무 사이에 원칙적으로 동일성이 유지되므로, 기존 채무에 존재하던 항변권·담보·보증은 신채무를 위해서 존속한다.

(2) 다만 시효는 채무 자체의 성질에 의하여 결정되므로, 신채무를 기준으로 한다.

26 ▷ 사용대차

01 의의

사용대차는 당사자 일방이 상대방에게 무상으로 사용, 수익하게 하기 위하여 목적물을 인도할 것을 약정하고 상대방은 이를 사용, 수익한 후 그 물건을 반환할 것을 약정함으로써 성립하는 계약이다(제609조).

02 사용대차의 효력

1. 대주의 의무

(1) 목적물인도의무

대주는 차주가 사용·수익할 수 있도록 목적물을 인도할 의무를 진다.

(2) 대주의 담보책임

사용대차는 무상계약이므로 그 대주의 담보책임에 관하여는 증여자의 담보책임에 관한 제559조가 준용된다. 즉, 대주는 원칙적으로 담보책임이 없으나, 대주가 목적물의 하자나 흠결을 알고 있으면서 차주에게 고지하지 않은 때에는 담보책임을 진다.

2. 차주의 권리·의무

(1) 차주의 사용·수익권

차주는 계약 또는 목적물의 성질에 의해 정하여진 용법으로 이를 사용·수익하여야 하며, 이를 위반한 때에는 대주는 계약을 해지할 수 있다(제610조 제3항).

(2) 차주의 의무

① 차용물보관의무 : 차주는 사용기간이 종료한 후에는 차용물을 대주에게 반환하여야 하는 특정물인도채무를 부담하므로, 반환할 때까지 선량한 관리자의 주의로 보존할 의무를 진다.

② 비용의 부담

㉠ 차용물의 <u>통상의 필요비</u>는 차주가 부담한다(제611조 제1항). ㉡ <u>기타의 비용</u>에 대하여는 가액의 증가가 현존한 경우에 한하여 대주의 선택에 좇아 그 지출한 금액이나 증가액의 상환을 대주에게 청구할 수 있다. ㉢ 차주가 지출한 비용의 상환청구는 대주가 물건의 반환을 받은 날로부터 6월 내에 하여야 한다(제617조).

③ 원상회복의무 : 차주가 차용물을 반환하는 때에는 이를 원상에 회복하여야 한다. 이에 부속시킨 물건은 철거할 수 있다.

03 사용대차의 종료

1. 존속기간의 만료

차주는 약정시기에 차용물을 반환하여야 한다. 시기의 약정이 없는 경우에는 <u>차주</u>는 계약 또는 목적물의 성질에 의한 사용, 수익이 종료한 때에 반환하여야 한다. 그러나 사용, 수익에 족한 기간이 경과한 때에는 <u>대주</u>는 언제든지 계약을 해지할 수 있다(제613조).

2. 계약의 해지

(1) 대주의 해지

차주가 사망하거나 파산선고를 받은 때에는 대주는 계약을 해지할 수 있다(제614조).

(2) 차주의 해지

차주는 다른 특약이 없는 한 언제든지 계약을 해지할 수 있다.

> 제609조 【사용대차의 의의】 사용대차는 당사자 일방이 상대방에게 무상으로 사용, 수익하게 하기 위하여 목적물을 인도할 것을 약정하고 상대방은 이를 사용, 수익한 후 그 물건을 반환할 것을 약정함으로써 그 효력이 생긴다.
>
> 제610조 【차주의 사용, 수익권】 ① 차주는 계약 또는 그 목적물의 성질에 의하여 정하여진 용법으로 이를 사용, 수익하여야 한다.
> ② 차주는 대주의 승낙이 없으면 제삼자에게 차용물을 사용, 수익하게 하지 못한다.
> ③ 차주가 전2항의 규정에 위반한 때에는 대주는 계약을 해지할 수 있다.
>
> 제611조 【비용의 부담】 ① 차주는 차용물의 통상의 필요비를 부담한다.
> ② 기타의 비용에 대하여는 제594조제2항의 규정을 준용한다.

제612조 【준용규정】 제559조, 제601조의 규정은 사용대차에 준용한다.

제613조 【차용물의 반환시기】 ① 차주는 약정시기에 차용물을 반환하여야 한다.

② 시기의 약정이 없는 경우에는 차주는 계약 또는 목적물의 성질에 의한 사용, 수익이 종료한 때에 반환하여야 한다. 그러나 사용, 수익에 족한 기간이 경과한 때에는 대주는 언제든지 계약을 해지할 수 있다.

제614조 【차주의 사망, 파산과 해지】 차주가 사망하거나 파산선고를 받은 때에는 대주는 계약을 해지할 수 있다.

제615조 【차주의 원상회복의무와 철거권】 차주가 차용물을 반환하는 때에는 이를 원상에 회복하여야 한다. 이에 부속시킨 물건은 철거할 수 있다.

제616조 【공동차주의 연대의무】 수인이 공동하여 물건을 차용한 때에는 연대하여 그 의무를 부담한다.

제617조 【손해배상, 비용상환청구의 기간】 계약 또는 목적물의 성질에 위반한 사용, 수익으로 인하여 생긴 손해배상의 청구와 차주가 지출한 비용의 상환청구는 대주가 물건의 반환을 받은 날로부터 6월 내에 하여야 한다.

27 > 임대차의 존속기간(약술형, B)

01 계약으로 기간을 정하는 경우

1. 최장기의 제한

(1) 원칙

최근 헌법재판소는 임대차존속기간을 20년으로 제한한 민법 제651조 제1항에 대해 계약의 자유를 침해하여 위헌이라고 결정하였다. 따라서 이제는 원칙적으로 최장기의 제한은 없어졌다.

(2) 예외

다만 처분능력이나 처분권한 없는 자가 할 수 있는 단기임대차의 경우에는 최장기의 제한이 있다(제619조).

2. 최단기의 제한

(1) 민법상의 임대차

민법에는 아무런 제한규정이 없다.

(2) 주택임대차

기간을 정하지 아니하거나 2년 미만으로 정한 임대차는 그 기간을 2년으로 본다. 다만, 임차인은 2년 미만으로 정한 기간이 유효함을 주장할 수 있다.

(3) 상가건물임대차

기간을 정하지 아니하거나 기간을 1년 미만으로 정한 임대차는 그 기간을 1년으로 본다. 다만, 임차인은 1년 미만으로 정한 기간이 유효함을 주장할 수 있다.

02 임대차의 갱신

1. 계약에 의한 갱신

임대차기간은 계약으로 이를 갱신할 수 있다.

2. 묵시의 갱신(법정갱신)

(1) 민법의 임대차의 묵시의 갱신

① 임대차기간이 만료한 후 임차인이 임차물의 사용·수익을 계속하는 경우에 임대인이 상당한 기간 내에 이의를 하지 아니한 때에는 전임대차와 동일한 조건으로 다시 임대차한 것으로 본다(제639조 제1항 본문). 그러나 당사자는 제635조의 규정에 의하여 해지의 통고를 할 수 있다(제639조 제1항 단서).

② 이러한 법정갱신이 인정되는 경우에 전 임대차에 대하여 제3자가 제공한 담보는 기간의 만료로 인하여 소멸한다(제639조 제2항).

(2) 주택임대차의 묵시의 갱신

① 임대인이 임대차기간이 끝나기 6개월 전부터 2개월 전까지의 기간에 임차인에게 갱신거절의 통지를 하지 아니하거나 계약조건을 변경하지 아니하면 갱신하지 아니한다는 뜻의 통지를 하지 아니한 경우에는 그 기간이 끝난 때에 전 임대차와 동일한 조건으로 다시 임대차한 것으로 본다. 임차인이 임대차기간이 끝나기 2개월 전까지 통지하지 아니한 경우에도 또한 같다(주택임대차보호법 제6조 제1항).

② 이 경우 임대차의 존속기간은 2년으로 본다(주택임대차보호법 제6조 제2항).

③ 2기의 차임액에 달하도록 연체하거나 그 밖에 임차인으로서의 의무를 현저히 위반한 임차인에 대하여는 적용하지 아니한다(주택임대차보호법 제6조 제3항).

④ 계약이 묵시적 갱신된 경우에 임차인은 언제든지 임대인에게 계약해지를 통지할 수 있다(주택임대차보호법 제6조의2 제1항). 이에 따른 해지는 임대인이 그 통지를 받은 날부터 3개월이 지나면 그 효력이 발생한다.

(3) 상가건물임대차의 묵시의 갱신

① 임대인이 임대차기간이 만료되기 6개월 전부터 1개월 전까지의 기간 이내에 임차인에게 갱신 거절의 통지 또는 조건 변경의 통지를 하지 아니한 경우에는 그 기간이 만료된 때에 전 임대차와 동일한 조건으로 다시 임대차한 것으로 본다. 이 경우에 임대차의 존속기간은 1년으로 본다(상가건물임대차보호법 제10조 제4항).

② 이 경우 임차인은 언제든지 임대인에게 계약해지의 통고를 할 수 있고, 임대인이 통고를 받은 날부터 3개월이 지나면 효력이 발생한다.

03 계약으로 기간을 정하지 않은 경우

1. 해지통고와 해지기간

임대차기간의 약정이 없는 때에는 당사자는 언제든지 계약해지의 통고를 할 수 있다. 상대방이 통고를 받은 날로부터 ㉠ 토지·건물 기타 공작물에 대하여는 임대인이 해지를 통고한 경우에는 6월, 임차인이 해지를 통고한 경우에는 1월, ㉡ 동산에 대하여는 5일의 기간이 경과하면 해지의 효력이 생긴다(제635조).

2. 해지통고의 전차인에 대한 통지

임대차계약이 해지의 통고로 인하여 종료된 경우에 그 임대물이 적법하게 전대되었을 때에는 임대인은 전차인에 대하여 그 사유를 통지하지 아니하면 해지로써 전차인에게 대항하지 못한다(제638조 제1항).

제635조 【기간의 약정없는 임대차의 해지통고】 ① 임대차기간의 약정이 없는 때에는 당사자는 언제든지 계약해지의 통고를 할 수 있다.

② 상대방이 전항의 통고를 받은 날로부터 다음 각호의 기간이 경과하면 해지의 효력이 생긴다.

1. 토지, 건물 기타 공작물에 대하여는 임대인이 해지를 통고한 경우에는 6월, 임차인이 해지를 통고한 경우에는 1월

2. 동산에 대하여는 5일

제636조 【기간의 약정있는 임대차의 해지통고】 임대차기간의 약정이 있는 경우에도 당사자일방 또는 쌍방이 그 기간내에 해지할 권리를 보류한 때에는 전조의 규정을 준용한다.

제637조 【임차인의 파산과 해지통고】 ① 임차인이 파산선고를 받은 경우에는 임대차기간의 약정이 있는 때에도 임대인 또는 파산관재인은 제635조의 규정에 의하여 계약해지의 통고를 할 수 있다.

② 전항의 경우에 각 당사자는 상대방에 대하여 계약해지로 인하여 생긴 손해의 배상을 청구하지 못한다.

제638조 【해지통고의 전차인에 대한 통지】 ① 임대차계약이 해지의 통고로 인하여 종료된 경우에 그 임대물이 적법하게 전대되었을 때에는 임대인은 전차인에 대하여 그 사유를 통지하지 아니하면 해지로써 전차인에게 대항하지 못한다.

② 전차인이 전항의 통지를 받은 때에는 제635조제2항의 규정을 준용한다.

제639조 【묵시의 갱신】 ① 임대차기간이 만료한 후 임차인이 임차물의 사용, 수익을 계속하는 경우에 임대인이 상당한 기간내에 이의를 하지 아니한 때에는 전임대차와 동일한 조건으로 다시 임대차한 것으로 본다. 그러나 당사자는 제635조의 규정에 의하여 해지의 통고를 할 수 있다.

② 전항의 경우에 전임대차에 대하여 제삼자가 제공한 담보는 기간의 만료로 인하여 소멸한다.

27-1 [기출 1회 3문]
주택임대차보호법상 '묵시적 갱신'에 관하여 약술하시오. (20점)

01 의의

임대차기간은 당사자 간의 합의에 의하여 이를 갱신할 수 있다. 그런데 당사자 간에 갱신의 합의가 이루어지지 않은 경우에도 일정한 요건을 갖추면 당연히 갱신된 것으로 보는 묵시적 갱신을 인정하고 있다.

02 요건

1. 임대인이 임대차기간이 끝나기 6개월 전부터 2개월 전까지의 기간에 임차인에게 갱신거절의 통지를 하지 아니하거나 계약조건을 변경하지 아니하면 갱신하지 아니한다는 뜻의 통지를 하지 아니한 경우에는, 그 기간이 끝난 때에 전 임대차와 동일한 조건으로 다시 임대차한 것으로 본다.

2. 임차인이 임대차기간이 끝나기 2개월 전까지 통지하지 아니한 경우에도 또한 같다.

3. 이러한 묵시적 갱신은 임차인이 2기의 차임액에 달하도록 연체하거나 그 밖에 임차인으로서의 의무를 현저히 위반한 때에는 적용하지 아니한다.

03 효과

1. 묵시적 갱신이 인정되면 그 기간이 끝난 때에 전 임대차와 동일한 조건으로 다시 임대차한 것으로 본다. 다만 존속기간은 2년으로 본다.

2. 묵시적 갱신이 된 경우에 임차인은 언제든지 임대인에게 계약해지를 통지할 수 있다. 이에 따른 해지는 임대인이 그 통지를 받은 날부터 3개월이 지나면 그 효력이 발생한다.

28 임대인의 의무

01 목적물을 사용·수익하게 할 의무

1. 목적물인도의무

임차인이 목적물을 사용·수익할 수 있도록 하기 위해, 임대인은 목적물을 임차인에게 인도할 의무를 진다(제623조).

2. 방해제거의무

제3자가 임차인의 사용·수익을 방해하는 행위를 하는 경우, 임대인은 제3자를 상대로 그 방해의 제거를 구할 의무를 진다.

3. 수선의무(약술형, A)

(1) 의의

임대인은 임대차 목적물을 그 사용·수익에 필요한 상태를 유지하게 할 의무를 부담하며, 따라서 목적물의 상태가 사용·수익에 적합하지 아니하면 임대인은 이를 수선해야 할 의무를 진다.

(2) 수선의무의 내용

목적물에 파손 또는 장해가 생긴 경우 그것이 임차인이 별 비용을 들이지 아니하고도 손쉽게 고칠 수 있을 정도의 사소한 것이라면 임대인은 수선의무를 부담하지 않지만, 그것을 수선하지 아니하면 임차인이 사용·수익할 수 없는 상태로 될 정도의 것이라면 임대인은 수선의무를 부담한다.

(3) 수선의무의 면제특약

임대인의 수선의무는 특약에 의하여 이를 면제할 수 있으나, 특약에서 수선의무의 범위를 명시하지 않는 한 그러한 특약에 의하여 임대인이 수선의무를 면하게 되는 것은 통상 생길 수 있는 소규모의 수선에 한하고, 대규모의 수선은 여전히 임대인이 수선의무를 부담한다.

(4) 수선의무 위반의 효과

임차인이 목적물을 전혀 사용할 수 없을 경우에는 차임 전부의 지급을 거절할 수 있으나, 사용·수익이 부분적으로 지장이 있는 상태인 경우에는 그 지장의 한도 내에서 차임의 지급을 거절할 수 있을 뿐이다.

28-1 임대인의 수선의무(약술형, A)

01 의의

임대차계약에 있어서 임대인은 계약존속 중 임대차 목적물을 그 사용·수익에 필요한 상태를 유지하게 할 의무를 부담하며(제623조), 따라서 임대목적물의 상태가 사용·수익에 적합하지 아니하면 임대인은 이를 수선해야 할 의무를 진다.

02 수선의무의 내용

1. 임대인이 수선의무를 부담하게 되는 임대차 목적물의 파손·장해의 정도

목적물에 파손 또는 장해가 생긴 경우 그것이 임차인이 별 비용을 들이지 아니하고도 손쉽게 고칠 수 있을 정도의 사소한 것이어서 임차인의 사용·수익을 방해할 정도의 것이 아니라면 임대인은 수선의무를 부담하지 않지만, 그것을 수선하지 아니하면 임차인이 계약에 의하여 정하여진 목적에 따라 사용·수익할 수 없는 상태로 될 정도의 것이라면 임대인은 그 수선의무를 부담한다(98두18053).

2. 임대인으로서는 그 목적물이 통상의 사용·수익에 필요한 상태를 유지하여 주면 족하고 임차인의 특별한 용도에 적합한 구조나 상태를 유지하게 할 의무는 없다(96다28172).

3. 임대인의 수선의무는 임대인에게 귀책사유가 없는 훼손의 경우에도 인정된다(2009다96984 · 2021다202309).

03 수선의무의 면제특약

임대인의 수선의무는 특약에 의하여 이를 면제하거나 임차인의 부담으로 돌릴 수 있으나, 그러한 특약에서 수선의무의 범위를 명시하고 있는 등의 특별한 사정이 없는 한 그러한 특약에 의하여 임대인이 수선의무를 면하거나 임차인이 그 수선의무를 부담하게 되는 것은 통상 생길 수 있는 파손의 수선 등 소규모의 수선에 한한다 할 것이고, 대파손의 수리, 건물의 주요 구성부분에 대한 대수선, 기본적 설비부분의 교체 등과 같은 대규모의 수선은 이에 포함되지 아니하고 여전히 임대인이 그 수선의무를 부담한다(94다34692).

04 수선의무 위반의 효과

1. 임대차계약에 있어서 목적물을 사용·수익하게 할 임대인의 의무와 임차인의 차임지급의무는 상호 대응관계에 있으므로 임대인이 목적물을 사용·수익하게 할 의무를 불이행하여 임차인이 목적물을 전혀 사용할 수 없을 경우에는 임차인은 차임 전부의 지급을 거절할 수 있으나, 목적물의 사용·수익이 부분적으로 지장이 있는 상태인 경우에는 그 지장의 한도 내에서 차임의 지급을 거절할 수 있을 뿐 그 전부의 지급을 거절할 수는 없다(96다44778).

2. 임대인의 수선의무에 속하는 것을 임차인이 대신 한 경우에는 임차인은 즉시 그 비용의 상환을 청구할 수 있다(제626조 제1항).

3. 임차인은 임대인의 수선의무 불이행을 이유로 손해배상(제390조)을 청구하거나 임대차계약을 해지할 수 있다.

> **제623조【임대인의 의무】** 임대인은 목적물을 임차인에게 인도하고 계약존속중 그 사용, 수익에 필요한 상태를 유지하게 할 의무를 부담한다.

29 > 임차인의 의무

01 임차인의 의무

1. 차임지급의무(약술형, B)

(1) 의의

임차인은 임차물을 사용·수익하는 대가로서 차임을 지급할 의무를 부담한다(제618조). 차임은 임대차계약의 요소이나, 반드시 금전이어야 하는 것은 아니며 물건으로 지급하는 것도 상관없다.

(2) 차임의 증감청구

① 일부멸실과 차임감액청구권 : 임차물의 일부가 임차인의 과실 없이 멸실 기타 사유로 인하여 사용, 수익할 수 없는 때에는 임차인은 그 부분의 비율에 의한 차임의 감액을 청구할 수 있고, 잔존부분으로 임차의 목적을 달성할 수 없는 때에는 계약을 해지할 수 있다(제627조).

② 경제사정의 변동과 차임증감청구권

  ㉠ 경제사정의 변동으로 인하여 약정한 차임이 상당하지 아니하게 된 때에는 당사자는 차임의 증감을 청구할 수 있다(제628조).

  ㉡ 차임증감청구권은 형성권이므로 증감의 의사표시가 상대방에게 도달한 때 바로 객관적으로 상당한 범위까지 차임이 증감된다(통설).

(3) 차임의 지급시기

당사자 간에 특약이 없으면, 차임은 동산·건물이나 대지에 대하여는 매월 말에, 기타 토지에 대하여는 매년 말에 지급하여야 한다(제633조).

(4) 차임연체와 해지

임차인의 차임연체액이 2기의 차임액에 달하는 때에는 임대인은 계약을 해지할 수 있다(제640조).

(5) 공동임차인의 연대의무

수인이 공동하여 목적물을 임차하는 경우에는 그 수인의 임차인들은 연대하여 그 의무를 부담한다(제654조·제616조).

(6) **부동산임대인의 법정담보물권**

① 법정질권

㉠ 토지임대인이 임대차에 관한 채권에 의하여 임차지에 부속 또는 그 사용의 편익에 공용한 임차인 소유의 동산 및 그 토지의 과실을 압류한 때에는 질권과 동일한 효력이 있다(제648조).

㉡ 건물임대인이 임대차에 관한 채권에 의하여 그 건물에 부속한 임차인 소유의 동산을 압류한 때에는 질권과 동일한 효력이 있다(제650조).

② 법정저당권: 토지임대인이 변제기를 경과한 최후 2년의 차임채권에 의하여 그 지상에 있는 임차인 소유의 건물을 압류한 때에는 저당권과 동일한 효력이 있다(제649조).

2. 임차물의 사용·수익상의 보관의무

(1) 통지의무

임차물의 수리를 요하거나 임차물에 대하여 권리를 주장하는 자가 있는 때에는 임차인은 지체 없이 임대인에게 이를 통지하여야 한다(제634조).

(2) 보존행위인용의무

임대인이 임대물의 보존에 필요한 행위를 하는 때에는 임차인은 이를 거절하지 못한다(제624조). 임대인이 임차인의 의사에 반하여 보존행위를 하는 경우에 임차인이 이로 인하여 임차의 목적을 달성할 수 없는 때에는 계약을 해지할 수 있다(제625조).

3. 임차물반환의무 및 원상회복의무

(1) 임대차가 종료한 때에는 임차인은 임차물 자체를 반환하여야 한다.

(2) 임차인이 임차물을 반환하는 때에는 이를 원상으로 회복하여야 하고, 부속시킨 물건은 철거할 수 있다(제654조·제615조).

(3) 임대차 목적물이 화재 등으로 인하여 소멸됨으로써 임차인의 목적물 반환의무가 이행불능이 된 경우에, 임차인은 이행불능이 자기가 책임질 수 없는 사유로 인한 것이라는 증명을 다하지 못하면 목적물 반환의무의 이행불능으로 인한 손해를 배상할 책임을 지고, 화재 등의 구체적인 발생 원인이 밝혀지지 아니한 때에도 마찬가지이다(2023다244895).

제624조【임대인의 보존행위, 인용의무】 임대인이 임대물의 보존에 필요한 행위를 하는 때에는 임차인은 이를 거절하지 못한다.

제625조【임차인의 의사에 반하는 보존행위와 해지권】 임대인이 임차인의 의사에 반하여 보존행위를 하는 경우에 임차인이 이로 인하여 임차의 목적을 달성할 수 없는 때에는 계약을 해지할 수 있다.

제627조【일부멸실 등과 감액청구, 해지권】 ① 임차물의 일부가 임차인의 과실없이 멸실 기타 사유로 인하여 사용, 수익할 수 없는 때에는 임차인은 그 부분의 비율에 의한 차임의 감액을 청구할 수 있다. ② 전항의 경우에 그 잔존부분으로 임차의 목적을 달성할 수 없는 때에는 임차인은 계약을 해지할 수 있다.

제628조【차임증감청구권】 임대물에 대한 공과부담의 증감 기타 경제사정의 변동으로 인하여 약정한 차임이 상당하지 아니하게 된 때에는 당사자는 장래에 대한 차임의 증감을 청구할 수 있다.

제633조【차임지급의 시기】 차임은 동산, 건물이나 대지에 대하여는 매월말에, 기타 토지에 대하여는 매년말에 지급하여야 한다. 그러나 수확기있는 것에 대하여는 그 수확후 지체없이 지급하여야 한다.

제634조【임차인의 통지의무】 임차물의 수리를 요하거나 임차물에 대하여 권리를 주장하는 자가 있는 때에는 임차인은 지체없이 임대인에게 이를 통지하여야 한다. 그러나 임대인이 이미 이를 안 때에는 그러하지 아니하다.

제640조【차임연체와 해지】 건물 기타 공작물의 임대차에는 임차인의 차임연체액이 2기의 차임액에 달하는 때에는 임대인은 계약을 해지할 수 있다.

제641조【동전】 건물 기타 공작물의 소유 또는 식목, 채염, 목축을 목적으로 한 토지임대차의 경우에도 전조의 규정을 준용한다.

제648조【임차지의 부속물, 과실 등에 대한 법정질권】 토지임대인이 임대차에 관한 채권에 의하여 임차지에 부속 또는 그 사용의 편익에 공용한 임차인의 소유동산 및 그 토지의 과실을 압류한 때에는 질권과 동일한 효력이 있다.

제649조【임차지상의 건물에 대한 법정저당권】 토지임대인이 변제기를 경과한 최후 2년의 차임채권에 의하여 그 지상에 있는 임차인소유의 건물을 압류한 때에는 저당권과 동일한 효력이 있다.

제650조【임차건물등의 부속물에 대한 법정질권】 건물 기타 공작물의 임대인이 임대차에 관한 채권에 의하여 그 건물 기타 공작물에 부속한 임차인소유의 동산을 압류한 때에는 질권과 동일한 효력이 있다.

30 ⟩ 임차권의 대항력(약술형, A)

01 의의

임차권은 원래 당사자 사이에서만 주장할 수 있는 채권이므로, 임대차의 목적물이 양도·경락된 경우에는 임차인이 신소유자에 대하여 임차권을 주장할 수 없는 것이 원칙이다. 다만 일정한 요건을 갖춘 경우에는 임차인을 보호하기 위해 대항력을 인정한다.

02 대항력이 인정되는 경우

1. 등기된 부동산임대차(제621조)

(1) 부동산임차인은 당사자 간에 반대약정이 없으면 임대인에 대하여 그 임대차등기절차에 협력할 것을 청구할 수 있다.

(2) 부동산임대차를 등기한 때에는 그때부터 제3자에 대하여 효력이 생긴다.

2. 건물등기 있는 토지임대차(제622조)

건물의 소유를 목적으로 한 토지임대차는 이를 등기하지 아니한 경우에도 임차인이 그 지상건물을 등기한 때에는 제3자에 대하여 임대차의 효력이 생긴다.

3. 일정한 요건을 갖춘 주택임대차(주택임대차보호법 제3조)

(1) 임대차는 그 등기가 없는 경우에도 임차인이 주택의 인도와 주민등록을 마친 때에는 그 다음 날부터 제3자에 대하여 효력이 생긴다.

(2) 임차주택의 양수인은 임대인의 지위를 승계한 것으로 본다.

4. 일정한 요건을 갖춘 상가건물임대차(상가건물임대차보호법 제3조)

(1) 임대차는 그 등기가 없는 경우에도 임차인이 건물의 인도와 사업자등록을 신청하면 그 다음 날부터 제3자에 대하여 효력이 생긴다.

(2) 임차건물의 양수인은 임대인의 지위를 승계한 것으로 본다.

03 대항력 있는 임대차의 법률관계

1. 대항력을 갖춘 임차인은 그 부동산의 소유권을 취득한 제3자에게 대항할 수 있다. 이 경우 종전 소유자와의 임대차관계가 신소유자에게 승계된다고 해석한다.

2. 임대차보증금반환채무도 주택의 소유권과 결합하여 일체로서 이전하므로 양도인의 임차보증금반환채무는 소멸한다.

3. 이미 발생한 연체차임채권은 따로 채권양도의 요건을 갖추지 않는 한 승계되지 않는다.

> **제621조【임대차의 등기】**① 부동산임차인은 당사자간에 반대약정이 없으면 임대인에 대하여 그 임대차등기절차에 협력할 것을 청구할 수 있다.
> ② 부동산임대차를 등기한 때에는 그때부터 제삼자에 대하여 효력이 생긴다.
>
> **제622조【건물등기있는 차지권의 대항력】**① 건물의 소유를 목적으로 한 토지임대차는 이를 등기하지 아니한 경우에도 임차인이 그 지상건물을 등기한 때에는 제삼자에 대하여 임대차의 효력이 생긴다.
> ② 건물이 임대차기간만료전에 멸실 또는 후폐한 때에는 전항의 효력을 잃는다.

31 임차인의 비용상환청구권(약술형, B)

01 의의

임대인은 계약존속 중 사용·수익에 필요한 상태를 유지하게 할 의무를 지므로, 임차인이 필요비를 지출한 때에는 임대인에게 상환을 청구할 수 있다. 또한 유익비는 가치증가에 따른 이익을 결국 임대인이 얻는다는 점에서 상환을 청구할 수 있다.

02 요건

1. 필요비상환청구권

(1) 임차물의 보존에 관하여 비용을 지출할 것

(2) 임차인이 지출한 결과가 독립성이 없고 임차목적물의 구성부분으로 될 것

(3) 이익의 현존 여부를 묻지 않고 지출한 즉시 상환청구 가능

2. 유익비상환청구권

(1) 임차물의 객관적 가치를 증가시키기 위하여 비용을 지출할 것

(2) 임차인이 지출한 결과가 독립성이 없고 임차목적물의 구성부분으로 될 것

(3) 임대차 종료 시에 가액의 증가가 현존할 것

03 효과

1. 행사기간

필요비와 유익비의 상환청구권은 임대인이 목적물을 반환받은 때에는 그날로부터 6개월 내에 행사하여야 한다.

2. 유치권

비용상환청구권은 목적물에 관하여 생긴 채권이므로, 임차인은 임차물에 대해 유치권을 취득한다. 다만 유익비의 상환에 관하여 법원이 임대인에게 상당한 상환기간을 허여한 때에는 유치권이 인정되지 않는다.

3. 포기특약의 유효성

강행규정이 아니므로 비용상환청구권의 포기특약도 유효하다.

4. 비용상환청구권의 상대방

임차권이 <u>대항력이 있는 경우</u>에는 새로운 소유자가 임대인의 지위를 승계하기 때문에 임차인은 새로운 소유자에게 비용상환을 청구할 수 있으나, <u>대항력이 없는 경우</u>에는 종전의 소유자에게 비용상환을 청구할 수 있을 뿐이다.

> **제626조【임차인의 상환청구권】** ① 임차인이 임차물의 보존에 관한 필요비를 지출한 때에는 임대인에 대하여 그 상환을 청구할 수 있다.
> ② 임차인이 유익비를 지출한 경우에는 임대인은 임대차종료시에 그 가액의 증가가 현존한 때에 한하여 임차인의 지출한 금액이나 그 증가액을 상환하여야 한다. 이 경우에 법원은 임대인의 청구에 의하여 상당한 상환기간을 허여할 수 있다.

31-1 [기출 2회 3문]
임차인의 유익비상환청구권에 대하여 약술하시오. (20점)

01 의의

유익비는 임차인이 임차물의 객관적 가치를 증가시키기 위하여 투입한 비용을 말한다. 이러한 유익비는 가치증가에 따른 이익을 결국 임대인이 얻는다는 점에서 임차인은 임대인에게 상환을 청구할 수 있다.

02 요건

1. 임차물의 객관적 가치를 증가시키기 위하여 비용을 지출할 것

2. 임차인이 지출한 결과가 독립성이 없고 임차목적물의 구성부분으로 될 것

3. 임대차 종료 시에 가액의 증가가 현존할 것

03 효과

1. 행사기간

유익비상환청구권은 임대인이 목적물을 반환받은 때에는 그날로부터 6개월 내에 행사하여야 한다.

2. 유치권

유익비상환청구권은 목적물에 관하여 생긴 채권이므로, 임차인은 임차물에 대해 유치권을 취득한다. 다만 유익비의 상환에 관하여 법원이 임대인에게 상당한 상환기간을 허여한 때에는 그 기간에는 유치권이 인정되지 않는다.

3. 포기특약의 유효성

강행규정이 아니므로 유익비상환청구권의 포기특약도 유효하다.

4. 유익비상환청구권의 상대방

임차권이 대항력이 있는 경우에는 새로운 소유자가 임대인의 지위를 승계하기 때문에 임차인은 새로운 소유자에게 비용상환을 청구할 수 있으나, 대항력이 없는 경우에는 종전의 소유자에게 비용상환을 청구할 수 있을 뿐이다.

32 임차인의 부속물매수청구권(약술형, B)

01 의의

건물 기타 공작물의 임차인이 임대차 종료 시에 임대인에 대하여 그 사용의 편익을 위하여 임대인의 동의를 얻어 이에 부속한 물건과 임대인으로부터 매수한 부속물의 매수를 청구할 수 있는 권리를 말한다(제646조).

02 요건

1. 건물 기타 공작물의 임대차일 것

2. 임차인이 임차목적물의 사용의 편익을 위하여 부속시킨 것일 것

매수청구의 대상이 되는 부속물이란 임차인의 소유에 속하고 건물의 구성부분으로는 되지 아니한 것으로서 건물의 사용에 객관적인 편익을 가져오게 하는 물건이라고 할 것이므로, 오로지 임차인의 특수목적에 사용하기 위하여 부속된 것일 때에는 이에 해당하지 않는다.

3. 임대인의 동의를 얻어 부속시킨 것이거나 임대인으로부터 매수한 부속물일 것

4. 임대차가 종료하였을 것

판례는 임대차계약이 임차인의 채무불이행으로 인하여 해지된 경우에는 임차인은 부속물매수청구권을 행사할 수 없다고 한다.

03 효과

1. 매매계약의 성립

부속물매수청구권은 형성권이므로, 임차인의 매수청구의 의사표시만으로 그 부속물에 대해 매매계약이 성립한다.

2. 동시이행의 항변권

판례는 임대인의 부속물 매매대금 지급과 임차인의 부속물 인도 및 임차목적물 반환에 동시이행관계를 인정한다.

3. 유치권의 인정 여부

부속물은 임차물과는 독립한 물건이므로 부속물 매매대금은 임차물에 관하여 생긴 채권이 아니다. 따라서 임차목적물에 대한 유치권은 인정되지 않는다.

4. 포기특약의 유효성

부속물매수청구권은 강행규정이므로, 이에 위반하는 약정으로 임차인에게 불리한 것은 무효이다.

제646조【임차인의 부속물매수청구권】 ① 건물 기타 공작물의 임차인이 그 사용의 편익을 위하여 임대인의 동의를 얻어 이에 부속한 물건이 있는 때에는 임대차의 종료시에 임대인에 대하여 그 부속물의 매수를 청구할 수 있다.
② 임대인으로부터 매수한 부속물에 대하여도 전항과 같다.

제647조【전차인의 부속물매수청구권】 ① 건물 기타 공작물의 임차인이 적법하게 전대한 경우에 전차인이 그 사용의 편익을 위하여 임대인의 동의를 얻어 이에 부속한 물건이 있는 때에는 전대차의 종료시에 임대인에 대하여 그 부속물의 매수를 청구할 수 있다.
② 임대인으로부터 매수하였거나 그 동의를 얻어 임차인으로부터 매수한 부속물에 대하여도 전항과 같다.

32-1 [기출 5회 1-(1)문]

乙 소유의 X건물은 5층 건물로서 1층과 2층의 공부상 용도는 음식점이었다. 甲은 乙로부터 X건물의 1층과 2층을 5년간 임차하여 대중음식점을 경영하면서 음식점 영업의 편익을 위하여 乙의 동의를 얻어 건물과는 별개인 차양과 유리 출입문 등 영업에 필요한 시설을 1층에 부속시켰다. 한편, 甲은 임차한 지 얼마 되지 않아 음식점 영업이 부진하자 丙에게 그 건물의 2층에 대한 임차권을 양도하였다. 다음 각 독립된 물음에 답하시오.

(1) 甲은 임대차 종료 시 위 차양과 유리 출입문 등 영업에 필요한 시설에 대하여 부속물매수청구권을 행사할 수 있는지 여부를 설명하시오. (20점)

01 문제의 소재

본 사안에서 차양과 유리 출입문 등 영업에 필요한 시설은 건물과 별개로 독립성이 있으므로 임차인 甲이 부속물매수청구권을 행사할 수 있는지 여부가 문제된다.

02 임차인 甲의 부속물매수청구권의 성립 여부

1. 의의

건물 기타 공작물의 임차인이 임대차 종료 시에 임대인에 대하여 그 사용의 편익을 위하여 임대인의 동의를 얻어 이에 부속한 물건과 임대인으로부터 매수한 부속물의 매수를 청구할 수 있는 권리를 말한다(제646조).

2. 성립요건

(1) 건물 기타 공작물의 임대차일 것

(2) 임차인이 임차목적물 사용의 편익을 위하여 부속시킨 것일 것

매수청구의 대상이 되는 부속물이란 임차인의 소유에 속하고 건물의 구성부분으로는 되지 아니한 것으로서 건물의 사용에 객관적인 편익을 가져오게 하는 물건이라고 할 것이므로, 오로지 임차인의 특수목적에 사용하기 위하여 부속된 것일 때에는 이에 해당하지 않는다.

(3) 임대인의 동의를 얻어 부속시킨 것이거나 임대인으로부터 매수한 부속물일 것

⑷ 임대차가 종료하였을 것

판례는 임대차계약이 임차인의 채무불이행으로 인하여 해지된 경우에는 임차인이 부속물매수청구권을 행사할 수 없다고 한다.

3. 효과

⑴ 매매계약의 성립

부속물매수청구권은 형성권이므로, 임차인의 매수청구의 의사표시만으로 그 부속물에 대해 매매계약이 성립한다.

⑵ 포기특약의 유효성

부속물매수청구권은 강행규정이므로, 이에 위반하는 약정으로 임차인에게 불리한 것은 무효이다.

03 문제의 해결

차양과 유리 출입문 등 영업에 필요한 시설은 일단 건물과 별개의 물건이며, 음식점 건물의 사용에 객관적인 편익을 가져오는 부속물로서 임대인 乙의 동의하에 부속시킨 것이므로, 판례에 따르면 임차인의 채무불이행으로 인하여 해지된 경우가 아니라면 임대차 종료 시에 임차인 甲은 부속물매수청구권을 행사할 수 있다.

32-2 [기출 8회 4문]
임차인의 부속물매수청구권의 의의와 요건 및 효과에 관하여 설명하시오.
(20점)

01 의의

건물 기타 공작물의 임차인이 임대차 종료 시에 임대인에 대하여 그 사용의 편익을 위하여 임대인의 동의를 얻어 이에 부속한 물건과 임대인으로부터 매수한 부속물의 매수를 청구할 수 있는 권리를 말한다(제646조).

02 요건

1. 건물 기타 공작물의 임대차일 것

2. 임차인이 임차목적물의 사용의 편익을 위하여 부속시킨 것일 것

매수청구의 대상이 되는 부속물이란 임차인의 소유에 속하고 건물의 구성부분으로는 되지 아니한 것으로서 건물의 사용에 객관적인 편익을 가져오게 하는 물건이라고 할 것이므로, 오로지 임차인의 특수목적에 사용하기 위하여 부속된 것일 때에는 이에 해당하지 않는다.

3. 임대인의 동의를 얻어 부속시킨 것이거나 임대인으로부터 매수한 부속물일 것

4. 임대차가 종료하였을 것

판례는 임대차계약이 임차인의 채무불이행으로 인하여 해지된 경우에는 임차인은 부속물매수청구권을 행사할 수 없다고 한다.

03 효과

1. 매매계약의 성립

부속물매수청구권은 형성권이므로, 임차인의 매수청구의 의사표시만으로 그 부속물에 대해 매매계약이 성립한다.

2. 동시이행의 항변권

판례는 임대인의 부속물 매매대금 지급과 임차인의 부속물 인도 및 임차목적물 반환에 동시이행관계를 인정한다.

3. 유치권의 인정 여부

부속물은 임차물과는 독립한 물건이므로 부속물 매매대금은 임차물에 관하여 생긴 채권이 아니다. 따라서 임차목적물에 대한 유치권은 인정되지 않는다.

4. 포기특약의 유효성

부속물매수청구권은 강행규정이므로, 이에 위반하는 약정으로 임차인에게 불리한 것은 무효이다.

32-3 임차인의 부속물매수청구권(사례형, 10분)

자기 소유 A건물에서 찜질방을 운영해 오던 甲은 노후시설을 보수하여 임대할 목적으로 2009. 5. 8.에 찜질방 전면 보수공사를 완료하였다. 甲은 2009. 6. 1.에 乙과 보증금 5억 원, 차임 월 2,000만 원으로 2014. 5. 31.까지의 임대차계약을 체결하여 乙이 찜질방을 운영하게 되었다.

임차인 乙은 甲과 임대차계약을 체결하면서 자신이 원하는 형태로 유리 출입문과 철제 새시 및 방화셔터 등 여러 시설을 추가로 설치하고, 임대차 기간이 만료되면 원상복구하기로 하였다. 임대차 기간이 만료되어 甲이 乙에게 찜질방의 인도를 청구하는 경우, 추가로 설치된 시설과 관련하여 乙은 어떠한 청구를 할 수 있는가? (20점)

01 문제의 소재

유리 출입문과 철제 새시 및 방화셔터 등은 건물의 구성부분이 아니라 독립성이 있으므로 부속물매수청구권의 행사가 가능한지 문제된다.

02 임차인 乙의 부속물매수청구권의 성립 여부

1. 부속물매수청구권의 의의

건물 기타 공작물의 임차인이 임대차 종료 시에 임대인에 대하여 그 사용의 편익을 위하여 임대인의 동의를 얻어 이에 부속한 물건과 임대인으로부터 매수한 부속물의 매수를 청구할 수 있는 권리를 말한다(제646조).

2. 성립요건

(1) 건물 기타 공작물의 임대차일 것

(2) 임차인이 임차목적물의 사용의 편익을 위하여 부속시킨 것일 것

매수청구의 대상이 되는 부속물이란 임차인의 소유에 속하고 건물의 구성부분으로는 되지 아니한 것으로서 건물의 사용에 객관적인 편익을 가져오게 하는 물건이라 할 것이므로, 오로지 임차인의 특수목적에 사용하기 위하여 부속된 것일 때에는 이에 해당하지 않는다.

(3) **임대인의 동의를 얻어 부속시킨 것이거나 임대인으로부터 매수한 부속물일 것**

(4) **임대차가 종료하였을 것**

판례는 임대차계약이 임차인의 채무불이행으로 인하여 해지된 경우에는 임차인은 부속물매
수청구권을 행사할 수 없다고 한다.

3. 효과

(1) **매매계약의 성립**

부속물매수청구권은 형성권이므로, 임차인의 매수청구의 의사표시만으로 그 부속물에 대해
매매계약이 성립한다.

(2) **동시이행의 항변권**

판례는 임대인의 부속물 매매대금 지급과 임차인의 부속물 인도 및 임차목적물 반환에 동시
이행관계를 인정한다.

(3) **유치권의 인정여부**

부속물은 임차물과는 독립한 물건이므로 부속물 매매대금은 임차물에 관하여 생긴 채권이
아니다. 따라서 임차목적물에 대한 유치권은 인정되지 않는다.

(4) **포기특약의 유효성**

부속물매수청구권은 강행규정이므로, 이에 위반하는 약정으로 임차인에게 불리한 것은 무효
이다.

03 문제의 해결

1. 사안의 경우 임대인의 동의하에 유리 출입문과 철제 새시 및 방화셔터 등을 부속시킨 것이므
로 부속물매수청구권의 요건을 갖추었다.

2. 부속물매수청구권 규정은 강행규정이므로 원상복구특약은 무효이다.

3. 따라서 임차인 乙은 부속물매수청구권을 행사할 수 있다.

33 임차인의 지상물매수청구권(약술형, B)

01 의의

일정한 목적의 토지임대차에서 그 존속기간이 만료한 경우에 그 지상시설이 현존한 때에, 토지임차인은 임대인을 상대로 계약의 갱신을 청구할 수 있고, 임대인이 이를 거절한 때에는 상당한 가액으로 지상시설의 매수를 청구할 수 있다(제643조).

02 요건

1. 건물 기타 공작물의 소유 또는 식목, 채염, 목축을 목적으로 한 토지임대차일 것

2. 임대차기간의 만료로 임차권이 소멸하고 임대인의 갱신거절이 있을 것

(1) 임차인의 차임연체 등 채무불이행으로 인해 임대인이 임대차계약을 해지한 때에는 임차인은 지상물의 매수청구를 할 수 없다.

(2) 기간의 약정 없는 토지임대차에 대해 임대인이 해지통고를 한 경우에는, 임차인은 계약의 갱신을 청구할 필요 없이 곧바로 지상물의 매수를 청구할 수 있다.

3. 임대차기간의 만료 시 임차인 소유의 지상시설이 현존할 것

(1) 토지의 임대목적에 반하여 축조되고 임대인이 예상할 수 없을 정도의 고가의 것이라는 등의 특별한 사정이 없는 한, 비록 행정관청의 허가를 받은 적법한 건물이 아니더라도 그 대상이 된다.

(2) 임차인 소유건물이 임대인이 임대한 토지 외에 임차인 또는 제3자 소유의 토지 위에 걸쳐서 건립되어 있는 경우에는 임차지에 서 있는 건물 부분 중 구분소유의 객체가 될 수 있는 부분에 한하여 임차인에게 매수청구가 허용된다.

4. 지상물매수청구권의 당사자

(1) 지상물매수청구권은 <u>토지임차인</u>으로서 <u>지상물의 소유자</u>에 한하여 행사할 수 있다(93다6386).

(2) 임차인의 지상물매수청구권은 원칙적으로 <u>임차권 소멸 당시에 토지 소유권을 가진 임대인을 상대로 행사할 수 있다.</u> 임대인이 제3자에게 토지를 양도하는 등으로 <u>토지 소유권이 이전된 경우에는 임대인의 지위가 승계되거나 임차인이 토지 소유자에게 임차권을 대항할 수 있다면 새로운 토지 소유자를 상대로 지상물매수청구권을 행사할 수 있다</u>(2014다72449).

03 효과

1. 매매계약의 성립

지상물매수청구권은 형성권이므로, 행사만으로 지상물에 관해 시가에 의한 매매계약이 성립한다.

2. 동시이행의 항변권

임차인의 지상물 이전의무와 임대인의 지상물 대금지급의무는 동시이행관계이다.

3. 유치권의 인정 여부

지상물매매대금채권은 토지에 관하여 생긴 채권이 아니므로 토지에 대해서 유치권을 행사할 수 없다.

4. 포기특약의 유효성

지상물매수청구권은 강행규정이며, 이에 위반하는 것으로서 임차인에게 불리한 약정은 그 효력이 없다.

> **제643조【임차인의 갱신청구권, 매수청구권】** 건물 기타 공작물의 소유 또는 식목, 채염, 목축을 목적으로 한 토지임대차의 기간이 만료한 경우에 건물, 수목 기타 지상시설이 현존한 때에는 제283조의 규정을 준용한다.
>
> **제644조【전차인의 임대청구권, 매수청구권】** ① 건물 기타 공작물의 소유 또는 식목, 채염, 목축을 목적으로 한 토지임차인이 적법하게 그 토지를 전대한 경우에 임대차 및 전대차의 기간이 동시에 만료되고 건물, 수목 기타 지상시설이 현존한 때에는 전차인은 임대인에 대하여 전전대차와 동일한 조건으로 임대할 것을 청구할 수 있다.
> ② 전항의 경우에 임대인이 임대할 것을 원하지 아니하는 때에는 제283조제2항의 규정을 준용한다.

33-1 [기출 3회 4문]
토지임차인의 지상물매수청구권의 의의와 법적 성질, 그 권리의 행사로 발생하는 법률관계를 설명하고, 임대차 종료 전에 임차인이 그 지상물매수청구권을 포기하기로 임대인과 약정한 경우 그 약정의 효력에 관하여 약술하시오. (20점)

01 의의

일정한 목적의 토지임대차에서 존속기간이 만료한 경우, 그 지상시설이 현존한 때에 토지임차인은 임대인을 상대로 계약의 갱신을 청구할 수 있고, 임대인이 이를 거절한 때에는 상당한 가액으로 지상시설의 매수를 청구할 수 있다.

02 법적 성질

지상물매수청구권은 형성권이므로, 행사만으로 지상물에 관해 시가에 의한 매매계약이 성립한다.

03 요건

1. 건물 기타 공작물의 소유 또는 식목, 채염, 목축을 목적으로 한 토지임대차일 것

2. 임대차기간의 만료로 임차권이 소멸하고 임대인의 갱신거절이 있을 것

임차인의 차임연체 등 채무불이행으로 인해 임대인이 임대차계약을 해지한 때에는 임차인은 지상물의 매수청구를 할 수 없다.

3. 임대차기간의 만료 시 임차인 소유의 지상시설이 현존할 것

4. 지상물매수청구권의 당사자

(1) 지상물매수청구권은 토지임차인으로서 지상물의 소유자에 한하여 행사할 수 있다(93다6386).

(2) 임차인의 지상물매수청구권은 원칙적으로 임차권 소멸 당시에 토지 소유권을 가진 임대인을 상대로 행사할 수 있다. 임대인이 제3자에게 토지를 양도하는 등으로 토지 소유권이 이전된 경우에는 임대인의 지위가 승계되거나 임차인이 토지 소유자에게 임차권을 대항할 수 있다면 새로운 토지 소유자를 상대로 지상물매수청구권을 행사할 수 있다(2014다72449).

04 효과

1. 매매계약의 성립

지상물매수청구권을 행사하면 지상물에 관해 시가에 의한 매매계약이 성립한다.

2. 동시이행의 항변권

임차인의 지상물 이전의무와 임대인의 지상물 대금지급의무는 동시이행관계이다.

3. 유치권의 인정 여부

지상물 매매대금채권은 토지에 관하여 생긴 채권이 아니므로 토지에 대해서 유치권을 행사할 수 없다.

05 포기특약의 유효성

지상물매수청구권은 강행규정이며, 이에 위반하는 것으로서 임차인에게 불리한 약정은 그 효력이 없다.

33-2 [기출 6회 3문]

甲은 乙이 소유한 X토지상에 건물을 지어 음식점을 경영할 목적으로, 乙과 X토지에 대한 임대차계약을 체결하였다. 그 후 甲은 건물을 신축하여 음식점을 경영하고 있다. 한편, 임대차 계약서에는 '임대차기간 만료 시 甲은 X토지 상의 건물을 철거하고 원상회복하여 X토지를 반환한다'라는 특약이 기재되어 있다. 이러한 경우 임대차기간이 만료된 때에, 甲이 신축한 건물과 관련하여 乙에게 주장할 수 있는 지상물매수청구권에 관하여 설명하시오. (20점)

01 문제의 소재

일정한 목적의 토지임대차에서 그 존속기간이 만료한 경우에 그 지상시설이 현존한 때에, 토지임차인은 임대인을 상대로 계약의 갱신을 청구할 수 있고, 임대인이 이를 거절한 때에는 상당한 가액으로 지상시설의 매수를 청구할 수 있다(제643조). 사안에서는 지상물매수청구권 포기특약의 유효성이 문제된다.

02 성립요건

1. 건물 기타 공작물의 소유 또는 식목, 채염, 목축을 목적으로 한 토지임대차일 것

2. 임대차기간의 만료로 임차권이 소멸하고 임대인의 갱신거절이 있을 것

임차인의 차임연체 등 채무불이행으로 인해 임대인이 임대차계약을 해지한 때에는 임차인은 지상물의 매수청구를 할 수 없다.

3. 임대차기간의 만료 시 임차인 소유의 지상시설이 현존할 것

4. 지상물매수청구권의 당사자

(1) 지상물매수청구권은 토지임차인으로서 지상물의 소유자에 한하여 행사할 수 있다(93다6386).

(2) 임차인의 지상물매수청구권은 원칙적으로 임차권 소멸 당시에 토지 소유권을 가진 임대인을 상대로 행사할 수 있다. 임대인이 제3자에게 토지를 양도하는 등으로 토지 소유권이 이전된 경우에는 임대인의 지위가 승계되거나 임차인이 토지 소유자에게 임차권을 대항할 수 있다면 새로운 토지 소유자를 상대로 지상물매수청구권을 행사할 수 있다(2014다72449).

03 효과

1. 매매계약의 성립

지상물매수청구권은 형성권이므로, 행사만으로 지상물에 관해 시가에 의한 매매계약이 성립한다.

2. 동시이행의 항변권

임차인의 지상물 이전의무와 임대인의 지상물 대금지급의무는 동시이행관계이다.

3. 유치권의 인정 여부

지상물매매대금채권은 토지에 관하여 생긴 채권이 아니므로 토지에 대해서 유치권을 행사할 수 없다.

4. 포기특약의 유효성

지상물매수청구권 규정은 강행규정이며, 이에 위반하는 것으로서 임차인에게 불리한 약정은 효력이 없다.

04 문제의 해결

지상물매수청구권 규정은 강행규정이므로 그 포기특약으로서 임차인에게 불리한 약정은 무효이다. 따라서 지상물매수청구권의 성립요건을 모두 갖추었다면 임차인 甲은 지상물매수청구권을 행사할 수 있다.

33-3 [기출 11회 4문]

건물의 소유를 목적으로 한 토지임차인의 지상물매수청구권에 관하여 설명하시오. (20점)

01 의의

일정한 목적의 토지임대차에서 그 존속기간이 만료한 경우에 그 지상시설이 현존한 때에, 토지임차인은 임대인을 상대로 계약의 갱신을 청구할 수 있고, 임대인이 이를 거절한 때에는 상당한 가액으로 지상시설의 매수를 청구할 수 있다(제643조).

02 요건

1. 건물 기타 공작물의 소유 또는 식목, 채염, 목축을 목적으로 한 토지임대차일 것

2. 임대차기간의 만료로 임차권이 소멸하고 임대인의 갱신거절이 있을 것

3. 임대차기간의 만료 시 임차인 소유의 지상시설이 현존할 것

4. 지상물매수청구의 상대방

지상물매수청구권은 원칙적으로 임차권 소멸 당시에 토지 소유권을 가진 임대인을 상대로 행사할 수 있다. 토지 소유권이 이전된 경우에 임대인의 지위가 승계되거나 임차권을 대항할 수 있다면 새로운 토지 소유자를 상대로 행사할 수 있다.

03 효과

1. 매매계약의 성립

지상물매수청구권은 형성권이므로, 행사만으로 시가에 의한 지상물매매계약이 성립한다.

2. 동시이행의 항변권

임차인의 지상물 이전의무와 임대인의 지상물 대금지급의무는 동시이행관계이다.

3. 유치권의 인정 여부

지상물매매대금채권은 토지에 관하여 생긴 채권이 아니므로 토지에 대해서 유치권을 행사할 수 없다.

4. 포기특약의 유효성

지상물매수청구권은 강행규정이며, 이에 위반하는 것으로서 임차인에게 불리한 약정은 무효이다.

34 임차권의 양도와 임차물의 전대

01 의의

1. 임차권의 양도란 임차권을 동일성을 유지하면서 이전하는 것이고, 임차물의 전대란 임차인이 다시 임대인이 되어 임차목적물을 타인에게 임대하는 것이다.

2. 임차인은 임대인의 동의 없이 그 권리를 양도하거나 임차물을 전대하지 못한다. 임차인이 이에 위반한 때에는 임대인은 계약을 해지할 수 있다(제629조).

02 임차권의 양도

1. 임대인의 동의 있는 양도(약술형, B)

(1) 임차권의 이전

임차권은 그 동일성을 유지하면서 양수인에게 확정적으로 이전하며, 양도인은 임대차관계에서 벗어나게 된다. 다만 양도인의 연체차임채무 등은 별도의 특약이 없는 한 양수인에게 이전하지 않는다.

(2) 임대차보증금반환채권의 이전 여부

판례는 보증금반환채권을 임차권과는 별개의 지명채권으로 보고, 따라서 임대인의 동의를 얻은 임차권의 양도가 있더라도 특약이 없는 한 보증금반환채권이 당연히 임차권의 양수인에게 이전되는 것은 아니라고 본다.

2. 임대인의 동의 없는 양도(약술형, A)

(1) 양도인(임차인)과 양수인의 관계

임대인의 동의를 받지 아니하고 임차권을 양도한 계약도 이로써 임대인에게 대항할 수 없을 뿐 임차인과 양수인 사이에는 유효한 것이고, 이 경우 임차인은 양수인을 위하여 임대인의 동의를 받아 줄 의무가 있다.

(2) 임대인과 양수인의 관계

① 양수인은 임대인에게는 대항할 수 없으므로, 양수인의 점유는 불법점유가 된다. 그러나 임대인은 임차인과의 임대차를 해지하지 않는 한, 직접 자기에게 인도할 것을 양수인에게 청구하지는 못하며, 양도인에게 반환할 것을 청구할 수 있을 뿐이다.

② 다만 임차인과의 임대차를 해지하지 않는 한 임대인은 임차인에 대하여 여전히 차임청구권을 가지므로, 양수인에게 불법점유를 이유로 한 차임상당 손해배상청구나 부당이득반환청구를 할 수 없다.

(3) 임대인과 양도인(임차인)의 관계

① 임대인은 임차인의 무단양도를 이유로 임대차계약을 해지할 수 있다.

② 그러나 임차인의 무단양도가 임대인에 대한 배신행위가 아니라고 인정되는 특별한 사정이 있는 때에는 임대인은 해지할 수 없다.

03 임차물의 전대

1. 임대인의 동의 있는 전대(약술형, A)

(1) 전대인(임차인)과 전차인의 관계

이는 전대차계약의 내용에 의하여 결정된다. 전대가 유상이면 임대차이고, 무상이면 사용대차이다.

(2) 임대인과 전차인의 관계

① 전차인의 의무부담 : 전차인은 직접 임대인에 대하여 의무를 부담한다. 전차인은 전대차계약상의 차임지급시기 전에 전대인에게 차임을 지급한 사정을 들어 임대인에게 대항하지 못하지만, 차임지급시기 이후에 지급한 차임으로는 임대인에게 대항할 수 있고, **전대차계약상의 차임지급시기 전에 전대인에게 지급한 차임이라도, 임대인의 차임청구 전에 차임지급시기가 도래한 경우에는 그 지급으로 임대인에게 대항할 수 있다**(2018다200518).

② 전차인보호를 위한 특별규정

㉠ 해지통고의 전차인에 대한 통지 : 임대차계약이 해지의 통고로 인하여 종료된 경우에 그 임대물이 적법하게 전대되었을 때에는 임대인은 전차인에 대하여 그 사유를 통지하지 아니하면 해지로써 전차인에게 대항하지 못한다(제638조 제1항).

ⓒ **전차인의 임대청구권과 지상물매수청구권**: 건물 기타 공작물의 소유 또는 식목, 채염, 목축을 목적으로 한 토지임차인이 적법하게 그 토지를 전대한 경우에 <u>임대차 및 전대차의 기간이 동시에 만료되고 건물, 수목 기타 지상시설이 현존한 때에는</u> 전차인은 임대인에 대하여 전전대차와 동일한 조건으로 <u>임대할 것을 청구할 수 있다</u>(제644조 제1항). 이 경우에 <u>임대인이 임대를 원하지 아니하는 때에는</u> 임대인에 대하여 상당한 가액으로 <u>지상물의 매수를 청구할 수 있다</u>(제644조 제2항).

ⓒ **전차인의 <u>부속물매수청구권</u>**: 건물 기타 공작물의 임차인이 적법하게 전대한 경우에 전차인이 그 사용의 편익을 위하여 임대인의 동의를 얻어 이에 부속한 물건이 있는 때에는 <u>전대차의 종료 시에 임대인에 대하여 그 부속물의 매수를 청구할 수 있다</u>(제647조 제1항). 임대인으로부터 매수하였거나 그 동의를 얻어 임차인으로부터 매수한 부속물도 마찬가지이다.

ⓔ **임차권의 소멸에 의한 전차권의 소멸**: 임차인이 임대인의 동의를 얻어 임차물을 전대한 경우에는 <u>임대인과 임차인의 합의로 계약을 종료한 때에도 전차인의 권리는 소멸하지 아니한다</u>(제631조).

(3) 임대인과 전대인(임차인)의 관계

전대차의 성립에 의하여 아무런 영향도 받지 않으므로, 임대인은 차임의 청구나 해지권의 행사 등을 전대인(임차인)에게 하여야 한다.

2. 임대인의 동의 없는 전대(약술형, B)

(1) 전대인(임차인)과 전차인의 관계

전대차계약은 하나의 임대차계약으로서 유효하게 성립하며, 전대인은 임대인의 동의를 얻을 의무를 전차인에 대하여 부담한다.

(2) 임대인과 전차인의 관계

① 전차인은 전대인으로부터 취득한 임차권을 가지고 임대인에게 대항하지 못한다. 그러나 전대인과의 임대차를 해지하지 않는 한, 직접 자기에게 반환할 것을 청구하지는 못하고, 전대인에게 반환할 것을 청구할 수 있을 뿐이다.

② 전대차되었다는 사실만으로 임대인에게 손해가 생겼다고 볼 수 없다. 따라서 임대인은 전차인에 대하여 불법점유를 이유로 차임에 갈음하는 손해배상을 청구하지 못한다.

(3) 임대인과 전대인(임차인)의 관계

임대인은 임차물의 무단전대를 이유로 임대차계약을 해지할 수 있다(제629조 제2항).

34-1 [기출 4회 2문]
甲(임대인)의 동의 없이 乙(임차인)이 임대목적물을 제3자 丙에게 전대(轉貸)한 경우에 甲, 乙, 丙 사이의 법률관계에 관하여 설명하시오. (20점)

01 문제의 소재

임차물의 전대란 임차인이 다시 임대인이 되어 임차목적물을 제3자에게 사용·수익하게 하는 계약이다. 임차인은 임대인의 동의 없이 임차물을 전대하지 못한다.

02 임대인의 동의 없는 전대

1. 임차인(전대인) 乙과 전차인 丙의 관계

전대차계약은 하나의 임대차계약으로서 유효하게 성립하며, 임차인 乙은 임대인의 동의를 얻을 의무를 전차인 丙에 대하여 부담한다.

2. 임대인 甲과 전차인 丙의 관계

(1) 전차인 丙은 임차인 乙으로부터 취득한 임차권을 가지고 임대인 甲에게 대항하지 못한다. 그러나 임대인 甲은 임차인과의 임대차를 해지하지 않는 한, 직접 자기에게 반환할 것을 청구하지는 못하고, 임차인에게 반환할 것을 청구할 수 있을 뿐이다.

(2) 전대차되었다는 사실만으로 임대인에게 손해가 생겼다고 볼 수 없다. 따라서 임대인은 전차인에 대하여 불법점유를 이유로 차임에 갈음하는 손해배상을 청구하지 못한다.

3. 임대인 甲과 임차인 乙의 관계

(1) 임대인 甲은 무단전대를 이유로 임차인 乙과의 임대차계약을 해지할 수 있다.

(2) 그러나 임차인의 무단전대가 임대인에 대한 배신행위가 아니라고 인정되는 특별한 사정이 있는 때에는 임대인은 해지할 수 없다.

34-2 [기출 5회 1-(2)문]

乙 소유의 X건물은 5층 건물로서 1층과 2층의 공부상 용도는 음식점이었다. 甲은 乙로부터 X건물의 1층과 2층을 5년간 임차하여 대중음식점을 경영하면서 음식점 영업의 편익을 위하여 乙의 동의를 얻어 건물과는 별개인 차양과 유리 출입문 등 영업에 필요한 시설을 1층에 부속시켰다. 한편, 甲은 임차한 지 얼마 되지 않아 음식점 영업이 부진하자 丙에게 그 건물의 2층에 대한 임차권을 양도하였다. 다음 각 독립된 물음에 답하시오.

(2) 丙에게 위 건물의 2층에 대한 임차권을 양도한 경우의 법률관계를 乙의 동의가 있는 경우와 乙의 동의가 없는 경우로 나누어 설명하시오. (20점)

01 문제의 소재

임차권의 양도란 임차권을 동일성을 유지하면서 이전하는 것이다. 임차인은 임대인의 동의 없이 임차권을 양도하지 못한다.

02 임대인 乙의 동의 있는 양도

1. 임차권의 이전

임차권은 그 동일성을 유지하면서 양수인 丙에게 확정적으로 이전하며, 양도인(임차인) 甲은 임대차관계에서 벗어나게 된다. 다만 양도인의 연체차임채무 등은 별도의 특약이 없는 한 양수인에게 이전하지 않는다.

2. 임대차보증금반환채권의 이전 여부

판례는 보증금반환채권을 임차권과는 별개의 지명채권으로 보고, 따라서 임대인의 동의를 얻은 임차권의 양도가 있더라도 특약이 없는 한 보증금반환채권이 당연히 임차권의 양수인에게 이전되는 것은 아니라고 본다.

03 임대인 乙의 동의 없는 양도

1. 임차인 甲과 양수인 丙의 관계

임대인의 동의를 받지 아니하고 임차권을 양도한 계약도 이로써 임대인에게 대항할 수 없을 뿐 임차인과 양수인 사이에는 유효한 것이고, 이 경우 임차인은 양수인을 위하여 임대인의 동의를 받아 줄 의무가 있다.

2. 임대인 乙과 양수인 丙의 관계

(1) 양수인은 임대인에게는 대항할 수 없으므로, 양수인의 점유는 불법점유가 된다. 그러나 임대인은 임차인과의 임대차를 해지하지 않는 한, 직접 자기에게 인도할 것을 양수인에게 청구하지는 못하며, 임차인에게 반환할 것을 청구할 수 있을 뿐이다.

(2) 다만 임차인과의 임대차를 해지하지 않는 한 임대인은 임차인에 대하여 여전히 차임청구권을 가지므로, 양수인에게 불법점유를 이유로 한 차임상당 손해배상청구나 부당이득반환청구를 할 수 없다.

3. 임대인 乙과 임차인 甲의 관계

(1) 임대인은 임차인의 무단양도를 이유로 임대차계약을 해지할 수 있다.

(2) 그러나 임차인의 무단양도가 임대인에 대한 배신행위가 아니라고 인정되는 특별한 사정이 있는 때에는 임대인은 해지할 수 없다.

> **제629조 【임차권의 양도, 전대의 제한】** ① 임차인은 임대인의 동의없이 그 권리를 양도하거나 임차물을 전대하지 못한다.
> ② 임차인이 전항의 규정에 위반한 때에는 임대인은 계약을 해지할 수 있다.
>
> **제630조 【전대의 효과】** ① 임차인이 임대인의 동의를 얻어 임차물을 전대한 때에는 전차인은 직접 임대인에 대하여 의무를 부담한다. 이 경우에 전차인은 전대인에 대한 차임의 지급으로써 임대인에게 대항하지 못한다.
> ② 전항의 규정은 임대인의 임차인에 대한 권리행사에 영향을 미치지 아니한다.

35 ◆ 임대차보증금(약술형, A)

01 보증금의 의의

보증금이란 임대차에 있어서 <u>임차인의 채무를 담보하기 위하여 임차인 또는 제3자가 임대인에게 교부하는 금전 기타 유가물</u>을 말한다.

02 보증금계약

보증금계약은 임대차에 종된 계약이며, 원칙적으로 요물계약이지만 낙성계약도 가능하다고 본다.

03 보증금의 효력

1. 담보적 효력

(1) 보증금은 임대차 중에 발생한 채무뿐만 아니라 임대차 종료 후 목적물을 임대인에게 반환할 때까지 발생하는 <u>임대차에 따른 임차인의 모든 채무를 담보</u>한다.

(2) 이때 피담보채무는 임대차 종료 후 목적물이 반환될 때에, 특별한 사정이 없는 한, <u>별도의 의사표시 없이 보증금에서 당연히 공제되는 것</u>이므로, 임대인은 임대차보증금에서 그 피담보채무를 공제한 나머지만을 임차인에게 반환할 의무가 있다.

2. 차임채무 등의 보증금에서 공제 여부

임대차 존속 중에 임차인의 연체차임 등을 보증금에서 <u>공제할지 여부는 임대인의 자유</u>이므로, 이 경우 <u>임차인은 보증금의 존재를 이유로 그 지급을 거절할 수 없다</u>.

04 보증금의 반환

1. 동시이행의 항변권

임대차계약의 기간이 만료된 경우에 임차인이 <u>임차목적물을 명도할 의무</u>와 임대인이 <u>보증금 중 연체차임 등 당해 임대차에 관하여 명도 시까지 생긴 모든 채무를 청산한 나머지를 반환할 의무</u>는 동시이행의 관계가 있다.

2. 부당이득반환의무

임대차계약 종료 후에 임차인이 동시이행의 항변권을 행사하여 임차건물을 계속 점유하여 온 것이라면, 임차인의 그 건물에 대한 점유는 불법점유라고 할 수는 없으나, 그로 인하여 이득이 있다면 부당이득으로 반환하여야 한다.

3. 보증금반환청구권의 소멸시효 진행 여부

임대차 종료 후 임차인이 보증금을 반환받기 위해 목적물을 점유하는 경우 보증금반환청구권에 대한 권리를 행사하는 것으로 보아야 하므로, 보증금반환청구권에 대한 소멸시효는 진행하지 않는다(2016다244224·244231).

05 부동산소유권의 이전과 보증금반환채무의 승계

<u>대항력을 갖춘 임차권의 경우에</u> <u>목적물의 소유권이 양도되어</u> 양수인이 임대인의 지위를 승계하는 경우에 보증금반환채무도 부동산의 소유권과 결합하여 일체로서 이전하는 것이므로, 양도인의 보증금반환채무는 소멸하고, <u>양수인이 상대방이 된다.</u>

35-1 [기출 10회 1-(1)문]

X주택의 소유자 甲과 Y토지의 소유자 乙은 서로 X주택과 Y토지를 교환하기로 하는 계약을 체결하였다. 이에 따라 甲은 乙에게 X주택의 소유권을 이전해 주었다. 乙은 X주택에 관하여 丙과 임대차계약을 체결하여, 丙은 乙에게 보증금을 지급함과 동시에 X주택을 인도받고 전입신고를 마쳤다. 다음의 독립된 질문에 답하시오(단, X주택에 관하여 다른 이해관계인은 없음을 전제로 함).

(1) 2010. 10. 1. 乙과 丙 사이의 임대차계약이 종료되었으나, 2022. 10. 1. 현재 丙은 乙로부터 보증금을 반환받지 못하였음을 이유로 X주택에 계속 거주하여 이를 사용하고 있다. 乙이 X주택의 반환을 청구하자 丙은 보증금의 반환을 요구하였고, 이에 대해 乙은 丙의 보증금반환청구권은 시효로 소멸하였다고 주장한다. 이러한 경우에 丙은 乙로부터 보증금을 반환받을 수 있는지에 관하여 설명하시오. (20점)

01 임대차종료 시 임차물반환의무와 보증금반환의무의 관계

임대차계약의 기간이 만료된 경우에 임차인이 임차목적물을 명도할 의무와 임대인이 보증금 중 연체차임 등 당해 임대차에 관하여 명도 시까지 생긴 모든 채무를 청산한 나머지를 반환할 의무는 동시이행의 관계이다(77다1241・1242).

02 보증금반환청구권의 소멸시효 진행 여부

임대차 종료 후 임차인이 보증금을 반환받기 위해 목적물을 점유하는 경우 보증금반환청구권에 대한 권리를 행사하는 것으로 보아야 하므로, 보증금반환청구권에 대한 소멸시효는 진행하지 않는다(2016다244224・244231).

03 丙이 乙로부터 보증금을 반환받을 수 있는지 여부

사안에서 임차인 丙의 목적물반환의무와 임대인 乙의 연체차임을 공제한 나머지 보증금의 반환의무는 동시이행의 관계에 있고, 丙의 보증금반환청구권의 소멸시효는 진행하지 않으므로, 丙은 乙로부터 연체차임 등 당해 임대차에 관하여 명도 시까지 생긴 모든 채무를 청산한 나머지 보증금을 반환받을 수 있다.

36 주택임대차보호법상 대항력(약술형, A)

01 대항력의 의의

주택임대차는 그 등기가 없는 경우에도 임차인이 주택의 인도와 주민등록을 마친 때에는 그 다음 날부터 제3자에 대하여 대항할 수 있다.

02 대항력의 발생요건

1. 주택의 인도

임차인이 주택을 인도받아야 한다.

2. 주민등록

① 전입신고를 한 때에 주민등록이 된 것으로 본다. ② 주민등록은 대항력 취득 시에만 요구되는 것이 아니라 그것이 계속 존속하는 한도에서만 대항력이 유지된다.

03 대항력의 내용

1. 양수인에 대한 관계

임차인이 대항력을 갖춘 경우, 임차주택의 양수인은 임대인의 지위를 승계한 것으로 본다. 이 경우에 임대차보증금반환채무도 부동산의 소유권과 결합하여 일체로서 이전하는 것이므로, 양도인의 임대인으로서의 지위나 보증금반환채무는 소멸한다.

2. 저당권자 등 제3자에 대한 관계

저당권은 경매를 통한 매각으로 모두 소멸하므로 최선순위 저당권과의 선후를 기준으로 우열이 정해진다. 따라서 ① 최선순위 저당권자보다 먼저 대항력을 취득한 경우에는 매각대금이 완납되어도 임차권은 소멸하지 않고, 임차인은 매각받은 자에게 임차권을 주장할 수 있다. ② 최선순위 저당권자보다 나중에 대항력을 취득한 경우에는 매각대금이 완납되면 임차권은 소멸하고, 임차인은 우선변제권취득요건을 갖추어 경매절차에서 배당받는 수밖에 없다.

36-1 주택임대차보호법상 대항력(사례형, 10분)

甲은 A로부터 1억 5,000만 원을 차용하면서 이를 담보하기 위하여 자기 소유의 아파트에 대하여 저당권을 설정하였다. 甲 소유의 위 아파트에 대하여 A명의의 저당권이 설정되기 전에, 이미 甲과 乙 사이에 임대차계약이 체결되어 乙은 주민등록을 마치고 위 아파트를 인도받아 거주하고 있었는데, 乙은 가족과 함께 甲 소유의 아파트에 계속 거주하면서 직장관계로 그 가족의 주민등록은 그대로 둔 채 자신의 주민등록만 직장 근처로 옮겼다. 그 후 저당권자인 A가 경매를 신청하여, 甲 소유의 위 아파트가 제3자에게 낙찰되었을 경우, 乙은 위 아파트를 낙찰받은 새로운 소유자에게 자신의 임차권으로 대항할 수 있는가?

01 문제의 소재

사안의 경우 乙이 위 아파트를 낙찰받은 새로운 소유자에게 자신의 임차권으로 대항하기 위해서는 乙의 임차권의 대항력이 A의 저당권에 우선하여야 하는 바 이를 검토한다.

02 乙의 임차권의 대항력 유무

1. 대항력의 취득 및 존속요건

주택임대차는 그 등기가 없는 경우에도 임차인이 주택의 인도와 주민등록을 마친 때에는 그 다음 날부터 제3자에 대하여 대항할 수 있다.

2. 저당권자에 대한 대항력

저당권은 경매를 통한 매각으로 모두 소멸하므로 최선순위 저당권과의 선후를 기준으로 우열이 정해진다. 따라서 최선순위 저당권자보다 먼저 대항력을 취득한 경우에는 매각대금이 완납되어도 임차권은 소멸하지 않고, 임차인은 매각받은 자에게 임차권을 주장할 수 있다.

3. 가족 등의 주민등록만으로 대항력이 있는지 여부

주민등록이라는 대항요건은 임차인 본인뿐만 아니라 그 배우자나 자녀 등 가족의 주민등록을 포함한다. 주택 임차인이 그 가족과 함께 그 주택에 대한 점유를 계속하고 있으면서 그 가족의 주민등록을 그대로 둔 채 임차인만 주민등록을 일시 다른 곳으로 옮긴 경우라면, 전체적으로나 종국적으로 주민등록의 이탈이라고 볼 수 없는 만큼, 임대차의 제3자에 대한 대항력을 상실하지 아니한다(95다30338).

03 문제의 해결

사안의 경우 乙은 甲 소유의 위 아파트에 대하여 A명의의 저당권이 설정되기 전에, 이미 甲
과 사이에 임대차계약을 체결하여 주민등록을 마치고 위 아파트를 인도받아 거주하고 있었
으므로 대항력을 취득하였고, 또한 가족의 주민등록에 의해 대항력이 유지되므로 주택임대차
보호법 제3조에 의해 낙찰받은 새로운 소유자에게 자신의 임차권으로 대항할 수 있다.

36-2 주택임대차보호법상 대항력(사례형, 10분)

甲은 2014. 4. 15. 이 사건 아파트에 관하여 소유권이전등기를 마치고, 자신의 처인 A와 함께 같은 달 16. 주민등록상의 전입신고를 마친 후 이 사건 아파트에서 거주하여 왔다. 甲은 乙과 사이에 이 사건 아파트를 乙에게 매도하는 매매계약을 체결함에 있어, 그 대금지급방법은 乙이 아파트를 담보로 대출받아 매매대금 중 일부를 지급하고, 나머지 매매대금은 甲이 매매계약 체결 후에도 乙로부터 이 사건 아파트를 임차하여 계속 거주하되 그 나머지 매매대금을 임차보증금으로 대체하기로 약정하고, 2015. 5. 2. 임차인을 甲으로 하는 임대차계약을 체결하였다. 乙은 이 사건 아파트에 관하여 2015. 5. 7. 乙 명의의 소유권이전등기를 마친 다음, 같은 날 근저당권자를 丙으로 하는 근저당권설정등기를 마쳤다. 그 후 丙의 임의경매신청에 의하여 이 사건 아파트는 丁에게 매각되었고 丁은 2016. 7. 19. 매각대금을 완납하였다. 甲이 丁에게 대항할 수 있는지 여부 및 그 이유를 간략히 서술하시오.

01 甲이 丁에게 대항할 수 있는지 여부

甲은 2015. 5. 8. 오전 0시에 임차인으로서 대항력을 취득하고, 이는 2015. 5. 7. 설정된 丙의 근저당권보다 후순위이므로 경락인 丁에게 대항할 수 없다.

02 甲이 丁에게 대항할 수 없는 이유

1. 임차인 甲의 주택임대차보호법상 대항력 취득 시기

(1) 주택임대차보호법은 임차인이 주택의 인도와 주민등록을 마친 때에는 그 '다음 날'부터 제3자에 대하여 효력이 생긴다(주택임대차보호법 제3조 제1항 1문)고 규정하고 있다.

(2) 또한 판례는 주민등록이 대항력의 요건을 충족시킬 수 있는 공시방법이 되려면 주민등록에 의하여 표상되는 점유관계가 임차권을 매개로 하는 점유임을 제3자가 인식할 수 있는 정도가 되어야 한다고 판시하였다.

(3) 사안에서 甲은 2014. 4. 15. 이 사건 아파트에 관하여 소유권이전등기를 마치고 자신의 처인 A와 함께 같은 달 16일 주민등록상의 전입신고를 마쳤으나, 주민등록에 의하여 표상되는 점유관계가 임차권을 매개로 하는 점유임을 제3자가 인식할 수 있는 시기는 乙이 이 사건 아파트에 대하여 소유권이전등기를 마친 때이므로, 그 소유권이전등기를 마친 다음 날인 2015. 5. 8. 오전 0시에 甲은 대항력을 취득하였다.

2. 임차인 甲과 근저당권자 丙의 우열관계

(1) 임차목적물이 경매된 경우에, (최선순위)저당권의 등기일과 임차권의 대항력 취득일의 선후에 의해 그 우열이 정해진다.

(2) 사안에서 甲이 임차권의 대항력을 취득한 시기는 乙이 이 사건 아파트에 관하여 소유권이전 등기를 마친 2015. 5. 7. 다음 날인 2015. 5. 8. 오전 0시이므로, 2015. 5. 7.에 근저당권설정등기를 마친 丙과의 관계에서 근저당권자 丙이 우선한다. 이에 따라 丙의 임의경매신청에 의하여 이 사건 아파트를 매수한 경락인 丁에 대하여 甲은 대항할 수 없다.

37 주택임대차보호법상 보증금의 우선변제권(약술형, A)

01 의의

대항요건과 임대차계약증서상의 확정일자를 갖춘 임차인은 경매 또는 공매를 할 때에 임차주택(대지를 포함한다)의 환가대금에서 후순위권리자나 그 밖의 채권자보다 우선하여 보증금을 변제받을 권리가 있다(주택임대차보호법 제3조의2 제2항).

02 취득요건

1. 주거 목적의 임대차일 것

2. 대항요건과 확정일자를 갖출 것

3. 임차주택이 경매 또는 공매에 의해 매각되었을 것

4. 배당요구를 하였을 것

03 보증금의 수령요건

임차인은 임차주택을 양수인에게 인도하지 아니하면 우선변제에 따른 보증금을 받을 수 없다(주택임대차보호법 제3조의2 제3항).

04 경매신청의 특칙

임차인이 임차주택에 대하여 보증금반환청구소송의 확정판결이나 그 밖에 이에 준하는 집행권원에 따라서 경매를 신청하는 경우에는 반대의무의 이행이나 이행의 제공을 집행개시의 요건으로 하지 아니한다(주택임대차보호법 제3조의2 제1항).

05 우선변제권의 승계

금융기관 등이 우선변제권을 취득한 임차인의 보증금반환채권을 계약으로 양수한 경우에는 양수한 금액의 범위에서 우선변제권을 승계한다(주택임대차보호법 제3조의2 제7항).

06 경매에 의한 임차권의 소멸

임차권은 임차주택에 대하여 경매가 행하여진 경우에는 그 임차주택의 경락에 따라 소멸한다. 다만, 보증금이 모두 변제되지 아니한, 대항력이 있는 임차권은 그러하지 아니하다(주택임대차보호법 제3조의5).

38 주택임대차보호법상 임차권등기명령 (약술형, B)

01 의의

주거를 이전하더라도 대항력과 우선변제권을 그대로 유지케 하자는 취지에서, 주택임대차보호법은 임대차가 종료된 후 보증금을 반환받지 못한 임차인이 법원에 임차권등기명령을 신청할 수 있는 것으로 규정한다.

02 신청

1. 임대차가 끝난 후 보증금이 반환되지 아니한 경우 임차인은 임차주택의 소재지를 관할하는 법원에 임차권등기명령을 신청할 수 있다.

2. 임차인은 임차권등기명령의 신청과 그에 따른 임차권등기와 관련하여 든 비용을 임대인에게 청구할 수 있다.

03 효력

1. 대항력과 우선변제권의 취득 및 유지

임차인은 임차권등기명령의 집행에 따른 임차권등기를 마치면 대항력과 우선변제권을 취득한다. 다만, 임차인이 임차권등기 이전에 이미 대항력이나 우선변제권을 취득한 경우에는 그 대항력이나 우선변제권은 그대로 유지되며, 임차권등기 이후에는 대항요건을 상실하더라도 이미 취득한 대항력이나 우선변제권을 상실하지 아니한다(주택임대차보호법 제3조의3 제5항).

2. 소액임차인의 최우선변제권 배제

임차권등기명령의 집행에 따른 임차권등기가 끝난 주택을 그 이후에 임차한 임차인은 제8조에 따른 우선변제를 받을 권리가 없다.

3. 동시이행관계에 있는지 여부

임차권등기는 기왕의 대항력이나 우선변제권을 유지하도록 해 주는 담보적 기능만을 주목적으로 하는 점 등에 비추어 볼 때, 임대인의 임대차보증금의 반환의무가 임차인의 임차권등기 말소의무보다 먼저 이행되어야 할 의무이다(2005다4529).

38-1 [기출 8회 2문]

X주택의 임대인 甲이 임대차 종료 후 정당한 사유 없이 보증금을 반환하지 아니하자 임차인 乙이 임차권등기명령을 신청하여 임차권 등기가 이루어진 경우, 그 효과에 관하여 설명하시오. (20점)

01 의의

주거를 이전하더라도 대항력과 우선변제권을 그대로 유지케 하자는 취지에서, 주택임대차보호법은 임대차가 종료된 후 보증금을 반환받지 못한 임차인이 법원에 임차권등기명령을 신청할 수 있는 것으로 규정한다.

02 신청

1. 임대차가 끝난 후 보증금이 반환되지 아니한 경우 임차인 乙은 임차주택의 소재지를 관할하는 법원에 임차권등기명령을 신청할 수 있다.

2. 임차인 乙은 임차권등기명령의 신청과 그에 따른 임차권등기와 관련하여 든 비용을 임대인 甲에게 청구할 수 있다.

03 효과

1. 대항력과 우선변제권의 취득 및 유지

임차인 乙이 임차권등기명령의 집행에 따른 임차권등기를 마치면 대항력과 우선변제권을 취득한다. 다만, 임차인 乙이 임차권등기 이전에 이미 대항력이나 우선변제권을 취득한 경우에는 그 대항력이나 우선변제권은 그대로 유지되며, 임차권등기 이후에는 대항요건을 상실하더라도 이미 취득한 대항력이나 우선변제권을 상실하지 아니한다.

2. 소액임차인의 최우선변제권 배제

임차권등기명령의 집행에 따른 임차권등기가 끝난 주택을 그 이후에 임차한 임차인은 제8조에 따른 우선변제를 받을 권리가 없다.

3. 동시이행관계에 있는지 여부

임차권등기는 기왕의 대항력이나 우선변제권을 유지하는 담보적 기능만을 주목적으로 하는 점 등에 비추어 볼 때, 임대인 甲의 임대차보증금의 반환의무가 임차인 乙의 임차권등기 말소의무보다 먼저 이행되어야 할 의무이다(2005다4529).

39 주택임대차보호법상 소액임차인의 최우선변제권(약술형, A)

01 의의

경매신청등기 전에 대항요건을 갖춘 주택임차인으로서 보증금액이 일정액 이하인 소액임차인은 보증금 중 일정액에 관하여 다른 선순위 담보물권자보다 우선변제를 받을 수 있다(주택임대차보호법 제8조).

02 적용대상 및 인정범위

서울시 기준으로 보증금액이 1억 6천 5백만 원 이하인 임차인에게 5천 5백만 원까지 최우선변제권을 인정한다(→ 2023. 2. 21. 시행령 개정).

03 취득요건

1. 사용·수익 목적의 임대차일 것

채권자가 채무자와 임대차계약을 체결하고 전입신고를 마친 다음 그곳에 거주하였다고 하더라도 주된 목적이 주택을 사용·수익하려는 것에 있는 것이 아니고, 소액임차인으로 보호받아 선순위 담보권자에 우선하여 채권을 회수하려는 것에 주된 목적이 있었던 경우에는 소액임차인으로 보호할 수 없다(2001다14733).

2. 경매신청등기 전에 대항요건을 갖출 것

3. 임차주택이 경매 또는 공매에 의해 매각되었을 것

4. 배당요구를 하였을 것

04 소액임차인의 최우선변제권과 확정일자에 의한 우선변제권과의 관계

대항요건과 확정일자를 갖춘 임차인이 동시에 소액임차인에 해당하는 경우, 먼저 소액임차인으로서 보호받는 일정액을 최우선으로 배당받고 난 후 나머지 임차보증금채권에 대하여는 대항요건과 확정일자를 갖춘 순위에 따라 배당을 받는다.

40 주택임대차보호법상 계약갱신요구권 (약술형, A)

01 의의

주택임차인의 임차권의 존속을 보장하자는 취지에서, 주택임대차보호법은 임대인은 임차인이 임대차기간이 끝나기 6개월 전부터 2개월 전까지의 기간 이내에 계약갱신을 요구할 경우 정당한 사유 없이 거절하지 못한다고 규정하고 있다(주택임대차보호법 제6조의3).

02 임대인의 계약갱신거절사유

1. 임차인이 계약갱신을 요구할 경우에 임대인은 정당한 사유가 있으면 계약갱신을 거절할 수 있다(제6조의3 제1항 단서).

2. 임대인이 임차인의 계약갱신요구를 거절할 수 있는 사유

(1) 임차인이 2기의 차임액에 해당하는 금액에 이르도록 차임을 연체한 사실이 있는 경우

(2) 임차인이 거짓이나 그 밖의 부정한 방법으로 임차한 경우

(3) 서로 합의하여 임대인이 임차인에게 상당한 보상을 제공한 경우

(4) 임차인이 임대인의 동의 없이 목적 주택의 전부 또는 일부를 전대한 경우

(5) 임차인이 임차한 주택의 전부 또는 일부를 고의나 중대한 과실로 파손한 경우

(6) 임차한 주택의 전부 또는 일부가 멸실되어 임대차의 목적을 달성하지 못할 경우

(7) 임대인이 다음 각 목의 어느 하나에 해당하는 사유로 목적 주택의 전부 또는 대부분을 철거하거나 재건축하기 위하여 목적 주택의 점유를 회복할 필요가 있는 경우
   가. 임대차계약 체결 당시 공사시기 및 소요기간 등을 포함한 철거 또는 재건축 계획을 임차인에게 구체적으로 고지하고 그 계획에 따르는 경우
   나. 건물이 노후·훼손 또는 일부 멸실되는 등 안전사고의 우려가 있는 경우
   다. 다른 법령에 따라 철거 또는 재건축이 이루어지는 경우

(8) 임대인(임대인의 직계존속·직계비속을 포함한다)이 목적 주택에 실제 거주하려는 경우

(9) 그 밖에 임차인이 임차인으로서의 의무를 현저히 위반하거나 임대차를 계속하기 어려운 중대한 사유가 있는 경우

03 효력

1. 갱신횟수 및 갱신기간

임차인은 계약갱신요구권을 1회에 한하여 행사할 수 있다. 이 경우 갱신되는 임대차의 존속기간은 2년으로 본다(제6조의3 제2항).

2. 갱신내용

갱신되는 임대차는 전 임대차와 동일한 조건으로 다시 계약된 것으로 본다. 다만, 차임과 보증금은 제7조의 범위에서 증감할 수 있다. 이때 증액청구는 차임이나 보증금의 20분의 1의 금액을 초과하지 못한다.

3. 갱신되는 임대차의 해지

임차인은 언제든지 임대인에게 계약해지를 통지할 수 있고 임대인이 그 통지를 받은 날부터 3개월이 지나면 그 효력이 발생한다.

4. 법 위반과 손해배상책임

(1) 임대인이 제1항 제8호의 사유로 갱신을 거절하였음에도 불구하고 갱신요구가 거절되지 아니하였더라면 갱신되었을 기간이 만료되기 전에 정당한 사유 없이 제3자에게 목적 주택을 임대한 경우 임대인은 갱신거절로 인하여 임차인이 입은 손해를 배상하여야 한다(제6조의3 제5항).

(2) 제5항에 따른 손해배상액은 거절 당시 당사자 간에 손해배상액의 예정에 관한 합의가 이루어지지 않는 한 다음 각 호의 금액 중 큰 금액으로 한다(제6조의3 제6항).
① 갱신거절 당시 월차임(차임 외에 보증금이 있는 경우에는 그 보증금을 제7조의2 각 호 중 낮은 비율에 따라 월 단위의 차임으로 전환한 금액을 포함한다. 이하 "환산월차임"이라 한다)의 3개월분에 해당하는 금액
② 임대인이 제3자에게 임대하여 얻은 환산월차임과 갱신거절 당시 환산월차임 간 차액의 2년분에 해당하는 금액
③ 제1항 제8호의 사유로 인한 갱신거절로 인하여 임차인이 입은 손해액

상가건물임대차보호법상 대항력 (약술형, B)

01 대항력의 의의

상가건물임대차는 그 등기가 없는 경우에도 임차인이 건물의 인도와 사업자등록을 신청하면 그 다음 날부터 제3자에 대하여 대항할 수 있다.

02 대항력의 발생요건

1. 건물의 인도

임차인이 건물을 인도받아야 한다.

2. 사업자등록 신청

사업자등록은 대항력 취득 시에만 요구되는 것이 아니라, 그것이 계속 존속하는 한도에서만 대항력이 유지된다.

03 대항력의 내용

1. 양수인에 대한 관계

임차인이 대항력을 갖춘 경우, 임차건물의 양수인은 임대인의 지위를 승계한 것으로 본다. 이 경우에 임대차보증금반환채무도 부동산의 소유권과 결합하여 일체로서 이전하는 것이므로 양도인의 임대인으로서의 지위나 보증금반환채무는 소멸한다.

2. 저당권자 등 제3자에 대한 관계

저당권은 경매를 통한 매각으로 모두 소멸하므로 최선순위 저당권과의 선후를 기준으로 우열이 정해진다. 따라서 ① 최선순위 저당권자보다 먼저 대항력을 취득한 경우에는 매각대금이 완납되어도 임차권은 소멸하지 않고, 임차인은 매각받은 자에게 임차권을 주장할 수 있다. ② 최선순위 저당권자보다 나중에 대항력을 취득한 경우에는 매각대금이 완납되면 임차권은 소멸하고, 임차인은 경매절차에서 배당을 받는 수밖에 없다.

42 상가건물임대차보호법상 보증금의 우선변제권(약술형, B)

01 의의

대항요건과 임대차계약증서상의 확정일자를 갖춘 임차인은 경매 또는 공매를 할 때에 임차건물(대지를 포함한다)의 환가대금에서 후순위권리자나 그 밖의 채권자보다 우선하여 보증금을 변제받을 권리가 있다(상가건물임대차보호법 제5조 제2항).

02 취득요건

1. 대항요건과 확정일자를 갖출 것

2. 임차건물이 경매 또는 공매에 의해 매각되었을 것

3. 배당요구를 하였을 것

03 보증금의 수령요건

임차인은 임차건물을 양수인에게 인도하지 아니하면 우선변제에 따른 보증금을 받을 수 없다(상가건물임대차보호법 제5조 제3항).

04 경매신청의 특칙

임차인이 임차건물에 대하여 보증금반환청구소송의 확정판결이나 그 밖에 이에 준하는 집행권원에 따라서 경매를 신청하는 경우에는 반대의무의 이행이나 이행의 제공을 집행개시의 요건으로 하지 아니한다(상가건물임대차보호법 제5조 제1항).

05 우선변제권의 승계

금융기관 등이 우선변제권을 취득한 임차인의 보증금반환채권을 계약으로 양수한 경우에는 양수한 금액의 범위에서 우선변제권을 승계한다(상가건물임대차보호법 제5조 제7항).

06 경매에 의한 임차권의 소멸

임차권은 임차건물에 대하여 경매가 실시된 경우에는 그 임차건물이 매각되면 소멸한다. 다만, 보증금이 전액 변제되지 아니한, 대항력이 있는 임차권은 그러하지 아니하다(상가건물임대차보호법 제8조).

43 상가건물임대차보호법상 임차권등기명령(약술형, B)

01 의의

상가건물임대차보호법은, 임대차가 종료된 후 보증금을 반환받지 못한 임차인이 법원에 임차권등기명령을 신청할 수 있는 것으로 규정한다(상가건물임대차보호법 제6조).

02 신청

1. 임대차가 끝난 후 보증금이 반환되지 아니한 경우 임차인은 임차건물의 소재지를 관할하는 법원에 임차권등기명령을 신청할 수 있다.

2. 임차인은 임차권등기명령의 신청과 그에 따른 임차권등기와 관련하여 든 비용을 임대인에게 청구할 수 있다.

03 효력

1. 대항력과 우선변제권의 취득 및 유지

임차인은 임차권등기명령의 집행에 따른 임차권등기를 마치면 대항력과 우선변제권을 취득한다. 다만, 임차인이 임차권등기 이전에 이미 대항력이나 우선변제권을 취득한 경우에는 그 대항력이나 우선변제권은 그대로 유지되며, 임차권등기 이후에는 대항요건을 상실하더라도 이미 취득한 대항력이나 우선변제권을 상실하지 아니한다(상가건물임대차보호법 제6조 제5항).

2. 소액임차인의 최우선변제권 배제

임차권등기명령의 집행에 따른 임차권등기가 끝난 건물을 그 이후에 임차한 임차인은 제14조에 따른 우선변제를 받을 권리가 없다(상가건물임대차보호법 제6조 제6항).

3. 동시이행관계에 있는지 여부

임차권등기는 기왕의 대항력이나 우선변제권을 유지하도록 해 주는 담보적 기능만을 주목적으로 하는 점 등에 비추어 볼 때, 임대인의 임대차보증금의 반환의무가 임차인의 임차권등기 말소의무보다 먼저 이행되어야 할 의무이다.

상가건물임대차보호법상 소액임차인의 최우선변제권(약술형, B)

01 의의

경매신청등기 전에 대항요건을 갖춘 상가건물임차인으로서 보증금액이 일정액 이하인 소액임차인은 보증금 중 일정액에 관하여 다른 선순위 담보물권자보다 우선변제를 받을 수 있다 (상가건물임대차보호법 제14조).

02 적용대상 및 인정범위

(보증금 이외에 차임이 있는 경우에는 그 차임액에 대통령령으로 정한 비율을 곱하여 환산한 금액을 포함하여) 서울시 기준으로 보증금액이 6천 5백만 원 이하인 임차인에게 2천 2백만 원까지 최우선변제권을 인정한다.

03 취득요건

1. 경매신청등기 전에 대항요건을 갖출 것

2. 임차건물이 경매 또는 공매에 의해 매각되었을 것

3. 배당요구를 하였을 것

04 소액임차인의 최우선변제권과 확정일자에 의한 우선변제권의 관계

대항요건과 확정일자를 갖춘 임차인이 동시에 소액임차인에 해당하는 경우, 먼저 소액임차인으로서 보호받는 일정액을 최우선으로 배당받고 난 후 나머지 임차보증금채권에 대하여는 대항요건과 확정일자를 갖춘 순위에 따라 배당을 받는다.

45 상가건물임대차보호법상 계약갱신요구권(약술형, A)

01 의의

상가임차인의 임차권의 존속을 보장하자는 취지에서, 상가건물 임대차보호법은 임대인은 임차인이 임대차기간이 만료되기 6개월 전부터 1개월 전까지 사이에 계약갱신을 요구할 경우 정당한 사유 없이 거절하지 못한다고 규정하고 있다(상가건물임대차보호법 제10조).

02 임대인의 계약갱신거절사유

1. 임차인이 계약갱신을 요구할 경우에 임대인은 정당한 사유가 있으면 계약갱신을 거절할 수 있다(제10조 제1항).

2. 임대인이 임차인의 계약갱신요구를 거절할 수 있는 사유

(1) 임차인이 3기의 차임액에 해당하는 금액에 이르도록 차임을 연체한 사실이 있는 경우

(2) 임차인이 거짓이나 그 밖의 부정한 방법으로 임차한 경우

(3) 서로 합의하여 임대인이 임차인에게 상당한 보상을 제공한 경우

(4) 임차인이 임대인의 동의 없이 목적 건물의 전부 또는 일부를 전대한 경우

(5) 임차인이 임차한 건물의 전부 또는 일부를 고의나 중대한 과실로 파손한 경우

(6) 임차한 건물의 전부 또는 일부가 멸실되어 임대차의 목적을 달성하지 못할 경우

(7) 임대인이 다음 각 목의 어느 하나에 해당하는 사유로 목적 건물의 전부 또는 대부분을 철거하거나 재건축하기 위하여 목적건물의 점유를 회복할 필요가 있는 경우
가. 임대차계약 체결 당시 공사시기 및 소요기간 등을 포함한 철거 또는 재건축 계획을 임차인에게 구체적으로 고지하고 그 계획에 따르는 경우
나. 건물이 노후·훼손 또는 일부 멸실되는 등 안전사고의 우려가 있는 경우
다. 다른 법령에 따라 철거 또는 재건축이 이루어지는 경우

(8) 그 밖에 임차인이 임차인으로서의 의무를 현저히 위반하거나 임대차를 계속하기 어려운 중대한 사유가 있는 경우

03 효력

1. 갱신기간

임차인의 계약갱신요구권은 최초의 임대차기간을 포함한 전체 임대차기간이 10년을 초과하지 아니하는 범위에서만 행사할 수 있다(제10조 제2항).

2. 갱신내용

갱신되는 임대차는 전 임대차와 동일한 조건으로 다시 계약된 것으로 본다. 다만, 차임과 보증금은 제11조에 따른 범위에서 증감할 수 있다. 이때 증액청구는 차임 또는 보증금의 100분의 5의 금액을 초과하지 못한다.

04 계약갱신의 특례

제2조 제1항 단서에 따른 보증금액을 초과하는 임대차의 계약갱신의 경우에는 당사자는 상가건물에 관한 조세, 공과금, 주변 상가건물의 차임 및 보증금, 그 밖의 부담이나 경제사정의 변동 등을 고려하여 차임과 보증금의 증감을 청구할 수 있다(제10조의2).

05 전대차관계에 대한 적용

임대인의 동의를 받고 전대차계약을 체결한 전차인은 임차인의 계약갱신요구권 행사기간 이내에 임차인을 대위하여 임대인에게 계약갱신요구권을 행사할 수 있다(제13조 제2항).

45-1 [기출 9회 4문]
상가건물 임대차보호법상 임차인의 계약갱신요구권에 관하여 설명하시오.
(20점)

01 의의

상가건물 임대차보호법상 임대인은 임차인이 임대차기간이 만료되기 6개월 전부터 1개월 전까지 사이에 계약갱신을 요구할 경우 정당한 사유 없이 거절하지 못한다.

02 임대인의 계약갱신거절사유

1. 임차인이 계약갱신을 요구할 경우에 임대인은 정당한 사유가 있으면 계약갱신을 거절할 수 있다(제10조 제1항).

2. 임대인이 임차인의 계약갱신요구를 거절할 수 있는 사유

(1) 임차인이 3기의 차임액에 해당하는 금액에 이르도록 차임을 연체한 사실이 있는 경우

(2) 임차인이 거짓이나 그 밖의 부정한 방법으로 임차한 경우

(3) 서로 합의하여 임대인이 임차인에게 상당한 보상을 제공한 경우

(4) 임차인이 임대인의 동의 없이 목적 건물의 전부 또는 일부를 전대한 경우

(5) 임차인이 임차한 건물의 전부 또는 일부를 고의나 중대한 과실로 파손한 경우

(6) 임차한 건물의 전부 또는 일부가 멸실되어 임대차의 목적을 달성하지 못할 경우

(7) 임대인이 다음 각 목의 어느 하나에 해당하는 사유로 목적 건물의 전부 또는 대부분을 철거하거나 재건축하기 위하여 목적건물의 점유를 회복할 필요가 있는 경우

(8) 그 밖에 임차인이 임차인으로서의 의무를 현저히 위반하거나 임대차를 계속하기 어려운 중대한 사유가 있는 경우

03 효력

1. 갱신기간

임차인의 계약갱신요구권은 최초의 임대차기간을 포함한 전체 임대차기간이 10년을 초과하지 아니하는 범위에서만 행사할 수 있다(제10조 제2항).

2. 갱신내용

갱신되는 임대차는 전 임대차와 동일한 조건으로 다시 계약된 것으로 본다. 다만, 차임과 보증금은 100분의 5 범위에서 증감할 수 있다(제10조 제3항).

04 계약갱신의 특례

제2조 제1항 단서에 따른 보증금액을 초과하는 임대차의 계약갱신의 경우에는 당사자는 상가건물에 관한 조세, 공과금, 주변 상가건물의 차임 및 보증금, 그 밖의 부담이나 경제사정의 변동 등을 고려하여 차임과 보증금의 증감을 청구할 수 있다(제10조의2).

45-2 [기출 12회 1-(1)문]

甲은 자신 소유의 X상가건물에서 음식점을 운영해 오다가 2008. 5. 6. 丙에게 X건물을 매도하면서, 丙으로부터 X건물을 보증금 3,000만 원, 월 차임 200만 원, 계약기간 2008. 6. 5.부터 1년으로 정하여 임대차계약을 체결하였다. 이후 甲과 丙의 임대차계약은 묵시적으로 갱신되어 왔다. 乙은 2023. 5. 11. 丙으로부터 X건물을 매수하고 소유권이전등기를 마친 후, 2024. 1. 24. 甲에게 2024. 6. 4.자로 X건물에 대한 임대차가 종료됨을 통지하였다. 다음 물음에 답하시오.

(1) 乙의 임대차 종료 통지에 대하여 甲은 임대차계약의 갱신을 요구하였다. 이와 관련하여 상가건물임대차보호법상 계약갱신요구권을 약술하고, 甲의 계약갱신요구의 인정여부, 甲과 乙의 임대차계약의 존속여부에 관하여 검토하시오. (20점)

01 의의

상가건물임대차보호법상 임대인은 임차인이 임대차기간이 만료되기 6개월 전부터 1개월 전까지 사이에 계약갱신을 요구할 경우 정당한 사유 없이 거절하지 못한다.

02 갱신거절사유

임대인은 임차인이 3기의 차임액을 연체한 사실이 있는 경우, 합의하여 임차인에게 상당한 보상을 제공한 경우, 임대인의 동의 없이 전대한 경우, 임차 건물을 고의나 중과실로 파손한 경우, 일정 사유로 철거나 재건축하기 위한 경우 등 정당한 사유가 있으면 계약갱신을 거절할 수 있다.

03 갱신내용

갱신되는 임대차는 전 임대차와 동일한 조건으로 다시 계약된 것으로 본다. 다만, 차임과 보증금은 제11조의 범위에서 증감할 수 있다. 이때 증액청구는 5%를 초과하지 못한다.

04 甲의 계약갱신요구의 인정여부

1. 2018. 10. 16. 갱신요구권 행사기간이 5년에서 10년으로 개정되었다. 이 개정규정은 이 법 시행 후 최초로 체결되거나 갱신되는 임대차부터 적용한다(부칙 제2조). 이는 2018. 10. 16. 이후 처음으로 체결된 임대차 또는 2018. 10. 16. 이전에 체결되었지만 2018. 10. 16. 이후 그 이전에 인정되던 계약 갱신 사유에 따라 갱신되는 임대차를 가리킨다. 따라서 임차인 甲처럼 2018. 10. 16. 이전에 체결되었지만 2018. 10. 16. 이후 묵시적 갱신되는 경우에도 개정법이 적용된다.

2. 임차인의 계약갱신요구권은 최초의 임대차기간을 포함한 전체 임대차기간이 10년을 초과하지 아니하는 범위에서만 행사할 수 있다.

3. 임대인, 즉 상가건물 소유자가 변동된 경우에도 해당 상가건물에 최초로 체결된 임대차계약의 기산일부터 10년 동안만 행사할 수 있다.

4. 임차인 甲의 최초 임대차계약의 기산일은 2008. 6. 5.이고 2024년 현재 10년이 경과하였으므로 甲의 계약갱신요구는 인정되지 않는다.

05 甲과 乙의 임대차계약의 존속여부

임대인 乙이 임대차기간이 만료되기 6개월 전부터 1개월 전까지의 기간 내인 2024. 1. 24. 갱신거절을 통지하였으므로, 더 이상 묵시적 갱신은 인정되지 않고 甲과 乙의 임대차계약은 2024. 6. 4.에 종료된다.

상가건물임대차보호법상 권리금 회수기회 보호(약술형, A)

01 의의

1. 권리금

권리금이란 임대차 목적물인 상가건물에서 영업을 하는 자 또는 영업을 하려는 자가 영업시설·비품, 거래처, 신용, 영업상의 노하우, 상가건물의 위치에 따른 영업상의 이점 등 유형·무형의 재산적 가치의 양도 또는 이용대가로서 임대인, 임차인에게 보증금과 차임 이외에 지급하는 금전 등의 대가를 말한다.

2. 권리금계약

권리금 계약이란 신규임차인이 되려는 자가 임차인에게 권리금을 지급하기로 하는 계약을 말한다.

02 적용 범위

권리금회수 보호규정은 제2조 제1항 단서에 따른 보증금액을 초과하는 임대차에 대하여도 적용한다. 다만 유통산업발전법에 따른 대규모점포 또는 준대규모점포의 일부인 경우나 국·공유재산인 경우에는 적용하지 아니한다.

03 임대인의 방해행위 금지

1. 임대인은 임대차기간이 끝나기 6개월 전부터 임대차 종료 시까지 다음 각 호의 어느 하나에 해당하는 행위를 함으로써 권리금 계약에 따라 임차인이 주선한 신규임차인이 되려는 자로부터 권리금을 지급받는 것을 방해하여서는 아니 된다. 다만, 제10조 제1항 각 호의 어느 하나에 해당하는 사유(계약갱신요구권이 배제되는 사유)가 있는 경우에는 그러하지 아니하다.

(1) 임차인이 주선한 신규임차인이 되려는 자에게 <u>권리금을 요구</u>하거나 임차인이 주선한 신규임차인이 되려는 자로부터 <u>권리금을 수수</u>하는 행위

(2) 임차인이 주선한 신규임차인이 되려는 자로 하여금 임차인에게 <u>권리금을 지급하지 못하게 하는 행위</u>

(3) 임차인이 주선한 신규임차인이 되려는 자에게 상가건물에 관한 조세, 공과금, 주변 상가건물의 차임 및 보증금, 그 밖의 부담에 따른 금액에 비추어 <u>현저히 고액의 차임과 보증금을 요구하는 행위</u>

(4) 그 밖에 <u>정당한 사유 없이</u> 임대인이 임차인이 주선한 신규임차인이 되려는 자와 <u>임대차계약의 체결을 거절하는 행위</u>

2. 다음 각 호의 어느 하나에 해당하는 경우에는 제1항 제4호의 정당한 사유가 있는 것으로 본다.

(1) 임차인이 주선한 신규임차인이 되려는 자가 <u>보증금 또는 차임을 지급할 자력이 없는 경우</u>

(2) 임차인이 주선한 신규임차인이 되려는 자가 <u>임차인으로서의 의무를 위반할 우려</u>가 있거나 그 밖에 임대차를 유지하기 어려운 상당한 사유가 있는 경우

(3) 임대차 목적물인 상가건물을 <u>1년 6개월 이상 영리목적으로 사용하지 아니한 경우</u>

(4) <u>임대인이 선택한 신규임차인이 임차인과 권리금 계약을 체결하고 그 권리금을 지급한 경우</u>

04 위반의 효과

1. <u>임대인이 방해행위 금지규정을 위반하여 임차인에게 손해를 발생하게 한 때에는 그 손해를 배상할 책임</u>이 있다. 이 경우 그 손해배상액은 <u>신규임차인이 임차인에게 지급하기로 한 권리금과 임대차 종료 당시의 권리금 중 낮은 금액</u>을 넘지 못한다.

2. 이러한 손해배상청구권은 <u>임대차가 종료한 날부터 3년 이내</u>에 행사하지 아니하면 시효의 완성으로 소멸한다.

46-1 [기출 7회 3문]
상가건물 임대차보호법상 권리금의 의의와 임차인의 권리금 회수기회보호규정에 관하여 설명하시오. (20점)

01 권리금의 의의

권리금이란 임대차 목적물인 상가건물에서 영업을 하는 자 또는 영업을 하려는 자가 영업시설·비품, 거래처, 신용, 영업상의 노하우, 상가건물의 위치에 따른 영업상의 이점 등 유형·무형의 재산적 가치의 양도 또는 이용대가로서 임대인, 임차인에게 보증금과 차임 이외에 지급하는 금전 등의 대가를 말한다.

02 임대인의 방해행위 금지

1. 임대인은 임대차기간이 끝나기 6개월 전부터 임대차 종료 시까지 다음 각 호의 어느 하나에 해당하는 행위를 함으로써 권리금 계약에 따라 임차인이 주선한 신규임차인이 되려는 자로부터 권리금을 지급받는 것을 방해하여서는 아니 된다. 다만, 제10조 제1항 각 호의 어느 하나에 해당하는 사유(계약갱신요구권이 배제되는 사유)가 있는 경우에는 그러하지 아니하다.

(1) 임차인이 주선한 신규임차인이 되려는 자에게 권리금을 요구하거나 임차인이 주선한 신규임차인이 되려는 자로부터 권리금을 수수하는 행위

(2) 임차인이 주선한 신규임차인이 되려는 자로 하여금 임차인에게 권리금을 지급하지 못하게 하는 행위

(3) 임차인이 주선한 신규임차인이 되려는 자에게 상가건물에 관한 조세, 공과금, 주변 상가건물의 차임 및 보증금, 그 밖의 부담에 따른 금액에 비추어 현저히 고액의 차임과 보증금을 요구하는 행위

(4) 그 밖에 정당한 사유 없이 임대인이 임차인이 주선한 신규임차인이 되려는 자와 임대차계약의 체결을 거절하는 행위

2. 다음 각 호의 어느 하나에 해당하는 경우에는 제1항 제4호의 정당한 사유가 있는 것으로 본다.

(1) 임차인이 주선한 신규임차인이 되려는 자가 보증금 또는 차임을 지급할 자력이 없는 경우

(2) 임차인이 주선한 신규임차인이 되려는 자가 임차인으로서의 의무를 위반할 우려가 있거나 그 밖에 임대차를 유지하기 어려운 상당한 사유가 있는 경우

(3) 임대차 목적물인 상가건물을 1년 6개월 이상 영리목적으로 사용하지 아니한 경우

(4) 임대인이 선택한 신규임차인이 임차인과 권리금 계약을 체결하고 그 권리금을 지급한 경우

03 위반의 효과

1. 임대인이 방해행위 금지규정을 위반하여 임차인에게 손해를 발생하게 한 때에는 그 손해를 배상할 책임이 있다. 이 경우 그 손해배상액은 신규임차인이 임차인에게 지급하기로 한 권리금과 임대차 종료 당시의 권리금 중 낮은 금액을 넘지 못한다.

2. 이러한 손해배상청구권은 임대차가 종료한 날부터 3년 이내에 행사하지 아니하면 시효의 완성으로 소멸한다.

46-2 [기출 12회 1-(2)문]

甲은 자신 소유의 X상가건물에서 음식점을 운영해 오다가 2008. 5. 6. 丙에게 X건물을 매도하면서, 丙으로부터 X건물을 보증금 3,000만 원, 월 차임 200만 원, 계약기간 2008. 6. 5.부터 1년으로 정하여 임대차계약을 체결하였다. 이후 甲과 丙의 임대차계약은 묵시적으로 갱신되어 왔다. 乙은 2023. 5. 11. 丙으로부터 X건물을 매수하고 소유권이전등기를 마친 후, 2024. 1. 24. 甲에게 2024. 6. 4.자로 X건물에 대한 임대차가 종료됨을 통지하였다. 다음 물음에 답하시오.

(2) 甲은 2024. 3. 9. 丁과 X건물에 관하여 5,000만 원의 권리금계약을 체결한 다음, 2024. 3. 22. 乙에게 신규 임차인으로 丁을 주선하며 임대차계약 체결을 요구하였다. 그러나 乙은 자신이 X건물에서 직접 샌드위치 가게를 운영할 계획이라는 이유로 甲의 요구를 거절하였다. 임대인의 권리금 회수기회 보호제도에 관하여 약술하고, 甲의 권리금회수방안에 관하여 검토하시오. (20점)

01 임차인의 권리금회수기회 보호제도

1. 임대인은 임대차기간이 끝나기 6개월 전부터 임대차 종료 시까지 다음 각 호의 행위를 함으로써 임차인이 주선한 신규임차인이 되려는 자로부터 권리금을 지급받는 것을 방해하여서는 아니 된다. 다만, 계약갱신요구권이 배제되는 사유가 있는 경우에는 그러하지 아니하다.

(1) 신규임차인이 되려는 자에게 권리금을 요구하거나 권리금을 수수하는 행위

(2) 신규임차인이 되려는 자로 하여금 권리금을 지급하지 못하게 하는 행위

(3) 현저히 고액의 차임과 보증금을 요구하는 행위

(4) 정당한 사유 없이 임대차계약의 체결을 거절하는 행위

2. 다음 각 호에 해당하는 경우에는 정당한 사유가 있는 것으로 본다.

(1) 신규임차인이 되려는 자가 보증금 또는 차임을 지급할 자력이 없는 경우

(2) 신규임차인이 되려는 자가 임차인으로서의 의무를 위반할 우려가 있는 경우

(3) 1년 6개월 이상 영리목적으로 사용하지 아니한 경우

(4) 임대인이 선택한 신규임차인이 권리금을 지급한 경우

3. 임대인이 스스로 영업할 계획이라는 이유만으로 임차인이 주선한 신규 임차인이 되려는 자와 임대차계약의 체결을 거절한 것에는 제10조의4 제1항 제4호에서 정한 정당한 사유가 있다고 볼 수 없다(2018다261124).

02 임대인의 방해행위 금지규정 위반의 효과

1. 임대인이 방해행위 금지규정을 위반한 때에는 그 손해를 배상할 책임이 있다. 손해배상액은 신규임차인이 임차인에게 지급하기로 한 권리금과 임대차 종료 당시의 권리금 중 낮은 금액을 넘지 못한다.

2. 손해배상청구권은 임대차가 종료한 날부터 3년 이내에 행사하지 아니하면 시효의 완성으로 소멸한다.

03 계약갱신요구권과 권리금회수기회 보호제도의 관계

사안처럼 전체 임대차기간이 10년을 초과하여 임차인이 계약갱신요구권을 행사할 수 없는 경우에도 임대인은 권리금회수기회 보호의무를 부담한다(2017다225312).

04 甲의 권리금회수방안

1. 임차인 甲이 임대차기간이 끝나기 6개월 전부터 임대차 종료 시까지의 기간 내인 2024. 3. 22. 신규 임차인으로 丁을 주선하며 임대차계약 체결을 요구한 데 대하여 임대인 乙이 정당한 사유 없이 甲의 요구를 거절한 사안이다.

2. 임대인 乙이 방해행위 금지규정을 위반한 때에는 임차인 甲은 손해배상을 청구할 수 있다. 손해배상액은 신규임차인이 임차인에게 지급하기로 한 권리금과 임대차 종료 당시의 권리금 중 낮은 금액을 넘지 못한다.

상가건물임대차보호법 종합
(사례형, 20분)

[기본적 사실관계]

A는 2017. 1. 15. B에게 이 사건 상가건물을 임대차보증금 2,000만 원, 차임 월 50만 원(매월 말일 납부), 임대차기간 2017. 2. 1.부터 2019. 1. 31.까지로 정하여 임대하였다. B는 2017. 2. 1. A에게 보증금 2,000만 원을 지급하고 사업자등록을 마친 후 이 사건 상가건물에서 편의점을 운영하고 있다. 위와 같은 사실관계를 전제로 아래 각 문항에 답하시오(각 설문은 상호관련성 없음).

(1) (위 기본사실에 추가하여) 이 사건 임대차 계약 체결 당시 A와 B는 특약사항으로 "임대인은 임차인이 월세를 2회 이상 연체하는 때(반드시 연속적인 연체가 아니라도 해당)에는 계약을 해제할 수 있다."고 정하였다. B는 A에게 차임으로 2017. 6. 30. 30만 원, 2017. 7. 31. 50만 원, 2017. 8. 31. 20만 원을 각 지급하였고, 2017. 9. 30. 차임 50만 원을 지급하였으나, 2017. 10. 31. 차임을 전혀 지급하지 않았다. 2017. 11. 1. 현재 A가 이 사건 임대차계약을 해지할 수 있는지 여부를 밝히고 그 이유를 설명하시오.

(2) (위 기본사실에 추가하여) B는 A에게 2017. 6. 30. 및 2017. 12. 31. 차임을 지급하지 못하였다. 한편, A는 2018. 1. 15. C에게 이 사건 상가를 매도하고 2018. 2. 15. 매매를 원인으로 한 소유권이전등기를 마쳐 주었다. B는 2018. 2. 28.부터는 C에게 차임을 지급하다가 2018. 6. 30. 차임을 지급하지 못하였다. 2018. 7. 1. 현재 C가 B의 차임 연체를 이유로 이 사건 임대차계약을 해지하려면 어떤 요건이 필요한지 설명하시오(해지권 행사방법의 요건 구비 여부는 논외로 함).

01 문제 1-(1)

1. 상임법의 적용 여부

환산보증금이 7,000만 원이므로 지역을 불문하고 상임법의 적용대상이 된다.

2. A가 임대차계약을 해지할 수 있는지 여부

(1) 상임법상 차임연체로 인한 해지

임차인의 차임연체액이 3기의 차임액에 달하는 때에는 임대인은 계약을 해지할 수 있다(상임법 제10조의8).

(2) A, B간의 특약의 유효성

상임법 제10조의8은 편면적 강행규정이므로 이에 위반된 약정으로서 임차인에게 불리한 것은 효력이 없다(상임법 제15조). A, B 간의 특약은 2회 연체만으로도 해지할 수 있으므로 임차인에게 불리한 약정으로 무효이다.

(3) 사안에의 적용

B의 차임연체액은 2017. 11. 1. 현재 100만 원(6월 미지급 20만 원 + 8월 미지급 30만 원 + 10월 미지급 50만 원)이므로 3기의 차임액에 달하지 않는다. 따라서 A는 임대차계약을 해지할 수 없다.

02 문제 1-(2)

1. C가 임대인 지위를 승계하는지 여부

(1) 상임법상 대항력

임대차는 그 등기가 없는 경우에도 임차인이 건물의 인도와 사업자등록을 신청하면 그 다음 날부터 제3자에 대하여 효력이 생긴다. 이때 임차건물의 양수인은 임대인의 지위를 승계한 것으로 본다.

(2) 사안에의 적용

임차인 B는 2017. 2. 1. 사업자등록을 마친 후 인도받아 편의점을 운영하고 있으므로 2017. 2. 2. 오전 0시에 대항력을 취득하였다. 따라서 2018. 2. 15. 소유권이전등기를 마친 양수인 C는 임대인 A의 지위를 승계한다.

2. C가 차임연체를 이유로 해지하기 위한 요건

(1) 상임법상 차임연체로 인한 해지

임차인의 차임연체액이 3기의 차임액에 달하는 때에는 임대인은 계약을 해지할 수 있다(상임법 제10조의8).

(2) 차임연체가 상가건물의 양수 전후에 걸쳐 이루어진 경우(임대인 지위를 승계한 양수인이 승계 이전의 차임연체를 이유로 임대차계약을 해지할 수 있는지 여부)

임대인 지위가 양수인에게 승계된 경우 이미 발생한 연체차임채권은 따로 채권양도의 요건을 갖추지 않는 한 승계되지 않고, 따라서 양수인이 연체차임채권을 양수받지 않은 이상 승계 이후의 연체차임액이 3기 이상의 차임액에 달하여야만 비로소 임대차계약을 해지할 수 있다(2008다3022).

(3) 사안에의 적용

임차인 B가 건물의 양수인 C에게 연체한 차임은 2018. 6. 30. 미지급한 50만 원에 불과하다. 따라서 C가 차임연체를 이유로 계약을 해지하기 위해서는 종전 임대인 A의 B에 대한 2017. 6. 30. 및 2017. 12. 31에 미지급된 100만 원 연체차임채권의 양수가 필요하다. 이를 위해 A와 C가 연체차임의 채권양도계약을 체결하고 채권양도의 대항요건으로서 채무자 B에게 통지하거나 채무자 B의 승낙을 받으면 된다.

48 고용

01 의의

고용은 당사자 일방이 상대방에 대하여 노무를 제공할 것을 약정하고 상대방이 이에 대하여 보수를 지급할 것을 약정함으로써 성립하는 계약이다. 고용은 유상·쌍무·낙성·불요식 계약이다.

02 고용의 효력

1. 노무자의 의무

노무자는 계약에서 약정한 노무를 스스로 제공할 의무를 진다. 노무자는 사용자의 동의 없이 제3자로 하여금 자기에 갈음하여 노무를 제공하게 하지 못한다. 노무자가 이에 위반한 때에는 사용자는 계약을 해지할 수 있다.

2. 사용자의 의무

(1) 보수지급의무

① 보수 또는 보수액의 약정이 없는 때에는 관습에 의하여 지급하여야 한다.
② 보수는 약정한 시기에 지급하여야 하며 시기의 약정이 없으면 관습에 의하고 관습이 없으면 약정한 노무를 종료한 후 지체 없이 지급하여야 한다.

(2) 보호의무

사용자는 근로계약에 수반되는 신의칙상의 부수적 의무로서 피용자가 노무를 제공하는 과정에서 생명·신체·건강을 해치는 일이 없도록 인적·물적 환경을 정비하는 등 필요한 조치를 강구하여야 할 보호의무를 부담한다.

03 고용의 종료

1. 고용기간의 만료와 묵시의 갱신(제662조)

(1) 당사자가 고용기간을 정한 경우에는 그 기간의 만료로 고용은 종료한다.

(2) 고용기간이 만료한 후 노무자가 계속하여 그 노무를 제공하는 경우에 사용자가 상당한 기간 내에 이의를 하지 아니한 때에는 전 고용과 동일한 조건으로 다시 고용한 것으로 본다. 그러나 당사자는 제660조의 규정에 의하여 해지의 통고를 할 수 있다.

(3) 이러한 묵시의 갱신의 경우에는 전 고용에 대하여 제3자가 제공한 담보는 기간의 만료로 인하여 소멸한다.

2. 해지통고

(1) 기간의 약정이 없는 경우(제660조)

① 고용기간의 약정이 없는 때에는 당사자는 언제든지 계약해지의 통고를 할 수 있다.

② 이 경우에는 상대방이 해지의 통고를 받은 날로부터 1월이 경과하면 해지의 효력이 생긴다.

③ 기간으로 보수를 정한 때에는 상대방이 해지의 통고를 받은 당기 후의 1기를 경과함으로써 해지의 효력이 생긴다.

(2) 기간의 약정이 있는 경우(제659조)

① 고용의 약정기간이 3년을 넘거나 당사자의 일방 또는 제3자의 종신까지로 된 때에는 각 당사자는 3년을 경과한 후 언제든지 계약해지의 통고를 할 수 있다.

② 이 경우에는 상대방이 해지의 통고를 받은 날로부터 3월이 경과하면 해지의 효력이 생긴다.

3. 해지

(1) 권리의무의 전속성과 해지(제657조)

① 사용자는 노무자의 동의 없이 그 권리를 제3자에게 양도하지 못한다.

② 노무자는 사용자의 동의 없이 제3자로 하여금 자기에 갈음하여 노무를 제공하게 하지 못한다.

③ 당사자 일방이 이러한 규정에 위반한 때에는 상대방은 계약을 해지할 수 있다.

(2) 노무의 내용과 해지(제658조)

① 사용자가 노무자에 대하여 약정하지 아니한 노무의 제공을 요구한 때에는 노무자는 계약을 해지할 수 있다.

② 약정한 노무가 특수한 기능을 요하는 경우에 노무자가 그 기능이 없는 때에는 사용자는 계약을 해지할 수 있다.

(3) 부득이한 사유와 해지(제661조)

고용기간의 약정이 있는 경우에도 부득이한 사유 있는 때에는 각 당사자는 계약을 해지할 수 있다. 그러나 그 사유가 당사자 일방의 과실로 인하여 생긴 때에는 상대방에 대하여 손해를 배상하여야 한다.

(4) 사용자의 파산과 해지(제663조)

① 사용자가 파산선고를 받은 경우에는 고용기간의 약정이 있는 때에도 노무자 또는 파산관재인은 계약을 해지할 수 있다.

② 이 경우에는 각 당사자는 계약해지로 인한 손해의 배상을 청구하지 못한다.

49 ＞ 도급

01 의의

도급은 당사자 일방이 <u>어느 일을 완성할 것을 약정</u>하고 <u>상대방이 그 일의 결과에 대하여 보수를 지급할 것을 약정</u>함으로써 성립하는 계약이다. 도급은 유상·쌍무·낙성·불요식 계약이다.

02 제작물공급계약(<u>약술형, B</u>)

1. 의의

당사자의 일방이 <u>상대방의 주문에 따라서 자기의 소유에 속하는 재료를 사용하여 만든 물건을 공급할 것을 약정</u>하고, 이에 대하여 상대방이 대가를 지급하기로 약정하는 계약이다.

2. 법적 성질

제작물공급계약은, 제작의 측면에서는 도급의 성질이 있고 공급의 측면에서는 매매의 성질이 있어, 그 적용 법률은 제작 공급하여야 할 물건이 <u>대체물인 경우에는 매매</u>로 보아서 매매에 관한 규정이 적용된다고 할 것이나, 물건이 <u>부대체물인 경우에는 도급</u>의 성질을 띠는 것이다 (94다42976).

03 도급의 성립

1. 일의 완성

(1) 도급은 일의 완성을 목적으로 한다. 일이라 함은 노무에 의하여 생기는 결과를 말하며, 건물의 건축 등과 유형적인 결과뿐만 아니라, 출판·운송 등과 같은 무형적인 결과도 포함한다.

(2) 일의 완성이 있으면 되므로 반드시 수급인의 노무에 의하여 이루어질 것을 요구하지는 않는다.

2. 보수의 지급

일의 완성과 보수의 지급은 대가관계에 있다. 따라서 수급인이 노무를 제공하더라도 일의 완성이 없으면 도급인은 보수를 지급할 의무를 지지 않는다는 점에 있어서 위임과 구별된다.

04 도급의 효력(약술형, B)

1. 수급인의 의무

(1) 일을 완성할 의무

수급인은 약정된 기한 내에 계약의 내용에 좇아 일을 완성할 의무를 진다. 도급인은 그 일의 결과에 대하여 보수를 지급할 의무가 있는 것이므로, 수급인이 그 기한 내에 일을 완성하지 못하면 채무불이행책임을 진다.

(2) 완성물 인도의무

① 도급에서 완성된 일의 결과가 물건인 때에는 수급인은 그 목적물을 도급인에게 인도하여야 한다.
② 도급계약에서 일의 완성에 관한 주장·입증책임은 일의 결과에 대한 보수의 지급을 청구하는 수급인에게 있다.
③ 완성물의 소유권귀속
  ㉠ 판례에 따르면 도급인이 재료의 전부 또는 주요부분을 공급한 경우에는 도급인에게, 수급인이 제공한 때에는 수급인에게 각각 소유권이 귀속한다.
  ㉡ 다만 수급인이 자기의 노력과 재료를 들여 건물을 완성하더라도, 완성된 건물의 소유권을 도급인에게 귀속시키기로 하는 특약이 있는 때에는, 그 건물의 소유권은 원시적으로 도급인에게 귀속한다(91다25505).

(3) 수급인의 담보책임(문제 49-1 참조)

2. 도급인의 의무

(1) 보수지급의무

보수는 그 완성된 목적물의 인도와 동시에 지급하여야 한다. 그러나 목적물의 인도를 요하지 아니하는 경우에는 그 일을 완성한 후 지체 없이 지급하여야 한다(제665조 제1항).

(2) 부동산공사 수급인의 저당권설정청구권

부동산공사의 수급인은 전조의 보수에 관한 채권을 담보하기 위하여 그 부동산을 목적으로 한 저당권의 설정을 청구할 수 있다(제666조).

3. 도급에서의 위험부담

(1) 의의

도급계약은 쌍무계약이므로 제537조 및 제538조에서 정하는 위험부담의 법리가 원칙적으로 적용된다.

(2) 일의 완성 전에 목적물이 멸실 · 훼손된 경우

① 당사자 쌍방의 귀책사유 없이 목적물이 멸실 · 훼손된 경우에는 일을 완성할 수급인의 의무는 소멸하며, 수급인은 지출한 비용과 보수도 청구하지 못한다(제537조).
② 그러나 도급인의 귀책사유로 급부불능이 된 경우에는, 수급인은 보수를 청구할 수 있고, 다만 수급인이 면하게 된 노력이나 비용은 도급인에게 상환하여야 한다(제538조).

(3) 일의 완성 후에 목적물이 멸실 · 훼손된 경우

일의 완성 후라도 검수 전에는 여전히 위험부담 규정이 적용되므로 검수 전에 목적물이 쌍방의 귀책사유 없이 멸실 · 훼손된 경우에는 수급인이 위험을 부담한다(제537조). 그러나 검수 전에 도급인의 귀책사유로 급부불능이 되거나 도급인의 수령지체 중에 쌍방의 귀책사유 없이 급부불능이 된 경우에는 도급인이 위험을 부담하므로, 수급인은 보수를 청구할 수 있다(제538조).

05 도급의 종료

1. 완성 전의 도급인의 해제

수급인이 일을 완성하기 전에는 도급인은 손해를 배상하고 계약을 해제할 수 있다(제673조).

2. 도급인의 파산과 수급인 또는 파산관재인의 해제

(1) 도급인이 파산선고를 받은 때에는 수급인 또는 파산관재인은 계약을 해제할 수 있다. 이 경우에는 수급인은 일의 완성된 부분에 대한 보수 및 보수에 포함되지 아니한 비용에 대하여 파산재단의 배당에 가입할 수 있다(제674조 제1항).

(2) 각 당사자는 상대방에 대하여 계약해제로 인한 손해의 배상을 청구하지 못한다(제674조 제2항).

> **제664조【도급의 의의】** 도급은 당사자 일방이 어느 일을 완성할 것을 약정하고 상대방이 그 일의 결과에 대하여 보수를 지급할 것을 약정함으로써 그 효력이 생긴다.
>
> **제665조【보수의 지급시기】** ① 보수는 그 완성된 목적물의 인도와 동시에 지급하여야 한다. 그러나 목적물의 인도를 요하지 아니하는 경우에는 그 일을 완성한 후 지체없이 지급하여야 한다.
> ② 전항의 보수에 관하여는 제656조제2항의 규정을 준용한다.
>
> **제666조【수급인의 목적부동산에 대한 저당권설정청구권】** 부동산공사의 수급인은 전조의 보수에 관한 채권을 담보하기 위하여 그 부동산을 목적으로 한 저당권의 설정을 청구할 수 있다.
>
> **제673조【완성전의 도급인의 해제권】** 수급인이 일을 완성하기 전에는 도급인은 손해를 배상하고 계약을 해제할 수 있다.
>
> **제674조【도급인의 파산과 해제권】** ① 도급인이 파산선고를 받은 때에는 수급인 또는 파산관재인은 계약을 해제할 수 있다. 이 경우에는 수급인은 일의 완성된 부분에 대한 보수 및 보수에 포함되지 아니한 비용에 대하여 파산재단의 배당에 가입할 수 있다.
> ② 전항의 경우에는 각 당사자는 상대방에 대하여 계약해제로 인한 손해의 배상을 청구하지 못한다.

49-1 수급인의 담보책임(약술형, A)

01 담보책임의 의의

민법은 도급의 특성을 고려하여 수급인의 담보책임에 관하여 매도인의 담보책임과 별도로 규정하고 있다(제667조~제672조).

02 담보책임의 요건

1. 완성된 목적물 또는 완성 전의 성취된 부분에 하자가 있어야 한다(제667조).

2. 수급인의 귀책사유는 요하지 않는다.

3. 담보책임면제의 특약이 없어야 한다(제672조).

03 담보책임의 효과(내용)

1. 하자보수청구권

(1) 완성된 목적물 또는 완성 전의 성취된 부분에 하자가 있는 때에는 도급인은 수급인에 대하여 상당한 기간을 정하여 그 하자의 보수를 청구할 수 있다(제667조 제1항 본문).

(2) 그러나 하자가 중요하지 아니하면서 동시에 보수에 과다한 비용을 요할 때에는 하자의 보수나 하자의 보수에 갈음하는 손해배상을 청구할 수 없고 하자로 인하여 입은 손해의 배상만을 청구할 수 있다(97다54376).

2. 손해배상청구권

(1) 도급인은 하자의 보수에 갈음하여 또는 보수와 함께 손해배상을 청구할 수 있다(제667조 제2항).

(2) 도급인의 손해배상청구권과 수급인의 보수청구권은 동시이행의 관계에 있다(제667조 제3항).

3. 계약해제권

(1) 도급인이 완성된 목적물의 하자로 인하여 계약의 목적을 달성할 수 없는 때에는 계약을 해제할 수 있다(제668조 본문).

(2) 그러나 완성된 목적물이 건물 기타 토지의 공작물인 경우에는 아무리 중대한 하자가 있더라도 해제할 수 없다(제668조 단서).

(3) 다만 집합건물의 소유 및 관리에 관한 법률 제9조 제1항이 적용되는 집합건물의 분양계약에 있어서는 민법 제668조 단서가 준용되지 않고 따라서 수분양자는 집합건물의 완공 후에도 분양목적물의 하자로 인하여 계약의 목적을 달성할 수 없는 때에는 분양계약을 해제할 수 있다(2002다2485).

(4) 건축공사도급계약이 수급인의 채무불이행을 이유로 해제될 당시 공사가 상당한 정도로 진척되어 이를 원상회복하는 것이 중대한 사회적·경제적 손실을 초래하고 완성된 부분이 도급인에게 이익이 된다면, 해당 도급계약은 미완성 부분에 대하여만 실효되어 수급인은 해제한 상태 그대로 건물을 도급인에게 인도하고 도급인은 특별한 사정이 없는 한 인도받은 미완성 건물에 대한 보수를 지급하여야 하는 권리의무관계가 성립한다(2016다24284).

04 담보책임의 면책 및 면제특약

1. 목적물의 하자가 도급인이 제공한 재료의 성질 또는 도급인의 지시에 기인한 때에는 수급인은 원칙적으로 담보책임을 지지 않는다(제669조).

2. 담보책임면제의 특약이 있는 경우에도 수급인은 알고 고지하지 아니한 사실에 대하여는 그 책임을 면하지 못한다(제672조).

05 담보책임의 존속기간

1. 하자의 보수, 손해배상의 청구 및 계약의 해제는 목적물의 인도를 받은 날 또는 일의 종료한 날로부터 1년 내에 하여야 한다(제670조).

2. 토지, 건물 기타 공작물의 수급인은 목적물 또는 지반공사의 하자에 대하여 인도 후 5년간 담보의 책임이 있다. 그러나 목적물이 석조, 석회조, 연와조, 금속 기타 이와 유사한 재료로 조성된 것인 때에는 그 기간을 10년으로 한다(제671조).

제667조【수급인의 담보책임】 ① 완성된 목적물 또는 완성전의 성취된 부분에 하자가 있는 때에는 도급인은 수급인에 대하여 상당한 기간을 정하여 그 하자의 보수를 청구할 수 있다. 그러나 하자가 중요하지 아니한 경우에 그 보수에 과다한 비용을 요할 때에는 그러하지 아니하다.

② 도급인은 하자의 보수에 갈음하여 또는 보수와 함께 손해배상을 청구할 수 있다.

③ 전항의 경우에는 제536조의 규정을 준용한다.

제668조【동전-도급인의 해제권】 도급인이 완성된 목적물의 하자로 인하여 계약의 목적을 달성할 수 없는 때에는 계약을 해제할 수 있다. 그러나 건물 기타 토지의 공작물에 대하여는 그러하지 아니하다.

제669조【동전-하자가 도급인의 제공한 재료 또는 지시에 기인한 경우의 면책】 전2조의 규정은 목적물의 하자가 도급인이 제공한 재료의 성질 또는 도급인의 지시에 기인한 때에는 적용하지 아니한다. 그러나 수급인이 그 재료 또는 지시의 부적당함을 알고 도급인에게 고지하지 아니한 때에는 그러하지 아니하다.

제670조【담보책임의 존속기간】 ① 전3조의 규정에 의한 하자의 보수, 손해배상의 청구 및 계약의 해제는 목적물의 인도를 받은 날로부터 1년내에 하여야 한다.

② 목적물의 인도를 요하지 아니하는 경우에는 전항의 기간은 일의 종료한 날로부터 기산한다.

제671조【수급인의 담보책임-토지, 건물 등에 대한 특칙】 ① 토지, 건물 기타 공작물의 수급인은 목적물 또는 지반공사의 하자에 대하여 인도후 5년간 담보의 책임이 있다. 그러나 목적물이 석조, 석회조, 연와조, 금속 기타 이와 유사한 재료로 조성된 것인 때에는 그 기간을 10년으로 한다.

② 전항의 하자로 인하여 목적물이 멸실 또는 훼손된 때에는 도급인은 그 멸실 또는 훼손된 날로부터 1년내에 제667조의 권리를 행사하여야 한다.

제672조【담보책임면제의 특약】 수급인은 제667조, 제668조의 담보책임이 없음을 약정한 경우에도 알고 고지하지 아니한 사실에 대하여는 그 책임을 면하지 못한다.

49-2 [기출 1회 2문]
수급인이 재료의 전부를 조달하여 '완성한 물건의 소유권귀속'에 관하여 약술하시오. (20점)

01 문제의 소재

도급은 당사자 일방이 어느 일을 완성할 것을 약정하고 상대방이 그 일의 결과에 대하여 보수를 지급할 것을 약정함으로써 성립하는 계약이다. 수급인은 약정된 기한 내에 계약의 내용에 좇아 일을 완성할 의무를 진다. 만약 완성된 일의 결과가 물건인 때에는 수급인은 그 목적물을 도급인에게 인도하여야 한다.

02 완성한 물건의 소유권귀속

1. 도급인이 재료의 전부 또는 주요부분을 공급한 경우

도급인이 재료의 전부 또는 주요부분을 공급한 경우에는, 완성물의 소유권은 동산이든 부동산이든 모두 원시적으로 도급인에게 속한다는 것이 통설·판례이다.

2. 수급인이 재료의 전부 또는 주요부분을 공급한 경우

(1) 학설
① 수급인귀속설 : 동산이든 부동산이든 수급인이 원시취득한다는 견해이다.
② 도급인귀속설 : 동산은 원시적으로 수급인에게 속하나, 부동산은 도급인이 원시취득한다는 견해이다.

(2) 판례
특약이 없는 한 수급인귀속설을 따른다. 즉, 수급인이 자기의 재료와 노력으로 건물을 건축한 경우에 특별한 의사표시가 없는 한 도급인이 도급대금을 지급하고 건물의 인도를 받기까지는 그 소유권은 수급인에게 있다. 다만 완성된 건물의 소유권을 도급인에게 귀속시키기로 하는 특약이 있는 때에는 그 건물의 소유권은 원시적으로 도급인에게 귀속한다(91다25505).

49-3 [기출 2회 1-(2)문]

甲은 자신의 토지 위에 5층짜리 상가건물을 신축하기 위하여 乙과 공사기간 1년, 공사대금 30억 원으로 하는 도급계약을 체결하였다. 각각의 독립된 질문에 대하여 답하시오.

(2) 乙이 공사일정에 맞춰 기초공사를 마쳤으나 일부 경미한 하자가 발견된 상태에서 甲이 같은 토지 위에 10층짜리 주상복합건물을 대체 신축할 목적으로 위 도급계약을 해제한 경우, 甲과 乙의 법률관계를 논하시오. (20점)

01 문제의 소재

본 사안은 도급계약체결 후 공사 도중에 도급인에 사정변경이 생겨서 그 일의 완성이 필요 없게 되어 도급인이 계약을 해제한 경우이다. 이러한 해제의 경우에 도급인 甲과 수급인 乙의 관계를 검토하기로 한다.

02 일의 완성 전의 도급인의 임의해제

1. 의의

수급인이 일을 완성하기 전에는 도급인은 손해를 배상하고 도급계약을 해제할 수 있다(제673조). 이는 담보책임이나 채무불이행과는 관계없는 도급의 특유한 법정해제권이다.

2. 요건

(1) 수급인이 일을 완성하기 전에 한해 해제할 수 있다.

(2) 완성할 일이 물건인 경우, 일을 완성한 때에는 아직 인도를 하지 않았더라도 제673조에 의한 해제는 인정되지 않는다.

3. 효과

(1) 도급인이 본 조에 의해 계약을 해제하는 때에는 수급인에게 그 손해를 배상하여야 한다.

(2) 손해배상은 수급인이 이미 지출한 비용과 일을 완성하였더라면 얻었을 이익을 합한 금액을 전부배상하게 하는 것이므로, 이때 과실상계나 손해배상액예정액 감액을 주장할 수는 없고, 다만 손익상계만 인정된다(2000다37296·37302).

03 사안의 해결

본 사안은 일의 완성 전에 도급인이 임의해제를 한 경우로서, 도급인 甲은 수급인 乙에게 손해를 배상해 주어야 한다. 이때 도급인 甲은 과실상계나 손해배상예정액 감액을 주장할 수는 없고, 손익상계를 주장할 수는 있다.

49-4 [기출 8회 1-(1)문]

2018. 10. 10. 甲은 그 소유의 X토지 위에 특수한 기능과 외관을 가진 Y단독주택을 신축하기로 건축업자 乙과 약정하면서(총 공사대금은 10억 원, 공사기간은 계약체결일부터 6개월), 같은 날 계약금의 명목으로 총 공사대금의 10%만 지급하였고, 나머지 공사대금은 완공 이후에 甲의 검수를 거친 뒤 지급하기로 하였다. 그런데 Y단독주택에 관한 건축허가와 소유권보존등기는 甲 명의로 하기로 乙과 약정하였다. 다음 물음에 답하시오.

(1) Y단독주택을 신축하기 위하여 甲과 乙 사이에 체결된 계약의 법적 성질을 설명하고, Y단독주택이 완성된 경우 그 소유권이 누구에게 귀속하는지에 관하여 설명하시오. (20점)

01 문제의 소재

甲은 자신 소유의 X토지 위에 주택을 신축하기로 건축업자 乙과 약정하였다. 이러한 계약의 법적성질과 완성된 주택의 소유권 귀속이 문제된다.

02 甲과 乙 사이에 체결된 계약의 법적 성질

1. 제작물공급계약은 당사자의 일방이 상대방의 주문에 따라서 자기의 소유에 속하는 재료를 사용하여 만든 물건을 공급할 것을 약정하고, 이에 대하여 상대방이 대가를 지급하기로 약정하는 계약이다.

2. 판례에 따르면 제작물공급계약에 있어 제작 공급하여야 할 물건이 대체물인 경우에는 매매로 보아서 매매에 관한 규정이 적용된다고 할 것이나, 물건이 특정 주문자의 수요를 만족시키기 위한 부대체물인 경우에는 당해 물건의 공급과 함께 그 제작이 계약의 주목적이 되어 도급의 성질을 띠는 것이다(94다42976).

3. 사안에서 Y단독주택은 부대체물이므로 토지 소유자 甲과 건축업자 乙 사이의 계약은 도급에 해당한다.

03 도급에 있어서 완성물의 소유권 귀속

1. 판례에 따르면 도급인이 재료의 전부 또는 주요부분을 공급한 경우에는 도급인에게, 수급인이 제공한 때에는 수급인에게 각각 소유권이 귀속한다. 다만 수급인이 자기의 노력과 재료를 들여 건물을 완성하더라도, 완성된 건물의 소유권을 도급인에게 귀속시키기로 하는 특약이 있는 때에는, 그 건물의 소유권은 원시적으로 도급인에게 귀속한다(91다25505).

2. 문제의 사안은 수급인 乙이 자기의 노력과 재료를 들여 건물을 완성하였지만, 도급인 甲 명의로 건축허가를 받아 소유권보존등기를 하기로 하는 등 완성된 건물의 소유권을 도급인 甲에게 귀속시키기로 합의한 경우이므로, 그 건물의 소유권은 도급인 甲에게 원시적으로 귀속된다.

49-5 [기출 11회 2문]
승강기 제조업자인 甲은 乙 소유의 X신축건물에 특유한 승강기를 제작·설치하는 계약을 乙과 체결하였다. 이 계약의 법적 성질은 무엇이며, 만일 승강기가 완성되어 설치되었다면 그 승강기의 소유권은 누구에게 귀속하는지에 관하여 설명하시오. (20점)

01 승강기 제작·설치계약의 법적 성질

1. 제작물공급계약은 당사자의 일방이 상대방의 주문에 따라서 자기의 소유에 속하는 재료를 사용하여 만든 물건을 공급할 것을 약정하고, 이에 대하여 상대방이 대가를 지급하기로 약정하는 계약이다.

2. 제작물공급계약은 제작의 측면에서는 도급의 성질이 있고 공급의 측면에서는 매매의 성질이 있어, 그 적용 법률은 제작 공급하여야 할 물건이 대체물인 경우에는 매매로 보아서 매매에 관한 규정이 적용된다고 할 것이나, 물건이 부대체물인 경우에는 도급의 성질을 띠는 것이다 (94다42976).

3. 甲은 乙 소유의 X신축건물에 특유한 승강기를 제작·설치하는 것이므로, 이는 부대체물에 해당하여 사안의 승강기 제작·설치계약은 도급계약이다.

02 승강기의 소유권 귀속

1. 도급에 있어 완성물의 소유권 귀속

판례에 따르면 도급인이 재료의 전부 또는 주요부분을 공급한 경우에는 도급인에게, 수급인이 제공한 때에는 수급인에게 각각 소유권이 귀속한다. 다만 수급인이 자기의 노력과 재료를 들여 완성하더라도 소유권을 도급인에게 귀속시키기로 하는 특약이 있는 때에는 특약에 따라 그 소유권은 도급인에게 귀속한다.

2. 제작물공급계약은 수급인이 자기의 소유에 속하는 재료를 사용하여 만든 물건을 공급하는 것이므로, 특약이 없는 한 승강기의 소유권은 수급인 甲에게 귀속한다.

49-6 [기출 8회 1-(2)문]

2018. 10. 10. 甲은 그 소유의 X토지 위에 특수한 기능과 외관을 가진 Y단독주택을 신축하기로 건축업자 乙과 약정하면서(총 공사대금은 10억 원, 공사기간은 계약체결일부터 6개월), 같은 날 계약금의 명목으로 총 공사대금의 10%만 지급하였고, 나머지 공사대금은 완공 이후에 甲의 검수를 거친 뒤 지급하기로 하였다. 그런데 Y단독주택에 관한 건축허가와 소유권보존등기는 甲 명의로 하기로 乙과 약정하였다. 다음 물음에 답하시오.

(2) Y단독주택이 약정한 공사기간 내에 완성되어 甲에게 인도되었으나 2020. 5. 6. 그 주택의 붕괴가 우려되는 정도의 하자가 발견된 경우, 甲은 乙을 상대로 계약을 해제할 수 있는지 여부와 Y단독주택의 철거 및 신축에 필요한 비용에 상응하는 금액을 손해배상으로 청구할 수 있는지 여부에 관하여 설명하시오.

(20점)

01 문제의 소재

도급계약에 따라 완공된 Y단독주택에 붕괴가 우려되는 정도의 하자가 발견된 경우에 도급인 甲이 수급인 乙에게 추궁할 수 있는 담보책임의 내용이 문제된다.

02 도급인 甲의 계약해제권 여부

1. 도급인이 완성된 목적물의 하자로 인하여 계약의 목적을 달성할 수 없는 때에는 계약을 해제할 수 있다. 그러나 완성된 목적물이 건물 기타 토지의 공작물인 경우에는 아무리 중대한 하자가 있더라도 해제할 수 없다(제668조 참조).

2. 사안은 건물신축도급계약이므로 제668조 단서에 해당하여 도급인 甲은 계약을 해제할 수 없다.

03 도급인 甲의 손해배상청구권 행사 범위

1. 도급인은 하자의 보수에 갈음하여 또는 보수와 함께 손해배상을 청구할 수 있다(제667조 제2항). 이때 하자의 보수에 갈음하는 손해배상은 '실제로 보수에 필요한 비용'이다.

2. 판례에 따르면 완성된 건물 기타 토지의 공작물에 중대한 하자가 있고 이로 인하여 건물 등이 무너질 위험성이 있어서 보수가 불가능하고 다시 건축할 수밖에 없는 경우에는, 특별한 사정이 없는 한 건물 등을 철거하고 다시 건축하는 데 드는 비용 상당액을 하자로 인한 손해배상으로 청구할 수 있다(2014다31691).

3. 사안에서 도급인 甲은 수급인 乙을 상대로 Y단독주택의 철거 및 신축에 필요한 비용에 상응하는 금액을 손해배상으로 청구할 수 있다.

4. 담보책임의 존속기간

건물의 수급인은 목적물의 하자에 대하여 인도 후 5년 또는 10년간 담보의 책임이 있다(제671조 참조). 사안은 약정한 공사기간 내(계약체결일인 2018. 10. 10.부터 6개월)에 완성되어 인도되었으나 2020. 5. 6. 하자가 발견된 경우이므로 제671조의 제척기간 경과문제는 없는 것으로 보인다.

50 ⟩ 여행계약(약술형, B)

01 의의

여행계약은 당사자 한쪽이 상대방에게 운송, 숙박, 관광 또는 그 밖의 여행 관련 용역을 결합하여 제공하기로 약정하고 상대방이 그 대금을 지급하기로 약정함으로써 성립하는 계약이다 (제674조의2).

02 여행계약의 효력

1. 여행주최자의 담보책임

(1) 시정청구권 및 대금감액청구권

① 여행에 하자가 있는 경우에는 여행자는 여행주최자에게 하자의 시정 또는 대금의 감액을 청구할 수 있다. 다만, 그 시정에 지나치게 많은 비용이 들거나 그 밖에 시정을 합리적으로 기대할 수 없는 경우에는 시정을 청구할 수 없다.

② 시정 청구는 상당한 기간을 정하여 하여야 한다. 다만, 즉시 시정할 필요가 있는 경우에는 그러하지 아니하다.

(2) 손해배상청구권

여행자는 시정 청구, 감액 청구를 갈음하여 손해배상을 청구하거나 시정 청구, 감액 청구와 함께 손해배상을 청구할 수 있다.

(3) 계약해지권

① 여행자는 여행에 중대한 하자가 있는 경우에 그 시정이 이루어지지 아니하거나 계약의 내용에 따른 이행을 기대할 수 없는 경우에는 계약을 해지할 수 있다.

② 계약이 해지된 경우에는 여행주최자는 대금청구권을 상실한다. 다만, 여행자가 실행된 여행으로 이익을 얻은 경우에는 그 이익을 여행주최자에게 상환하여야 한다.

③ 여행주최자는 계약의 해지로 인하여 필요하게 된 조치를 할 의무를 지며, 계약상 귀환운송 의무가 있으면 여행자를 귀환운송하여야 한다. 이 경우 상당한 이유가 있는 때에는 여행주최자는 여행자에게 그 비용의 일부를 청구할 수 있다.

(4) 담보책임의 존속기간

여행자의 시정청구권, 대금감액청구권, 손해배상청구권, 계약해지권은 여행 기간 중에도 행사할 수 있으며, 계약에서 정한 여행 종료일부터 6개월 내에 행사하여야 한다(제674조의8).

2. 여행자의 의무

여행자는 약정한 시기에 대금을 지급하여야 하며, 그 시기의 약정이 없으면 관습에 따르고, 관습이 없으면 여행의 종료 후 지체 없이 지급하여야 한다(제674조의5).

03 여행계약의 종료

1. 여행 개시 전의 계약 해제

여행자는 여행을 시작하기 전에는 <u>언제든지 계약을 해제</u>할 수 있다. 다만, 여행자는 상대방에게 발생한 <u>손해를 배상</u>하여야 한다(제674조의3).

2. 부득이한 사유로 인한 계약 해지

(1) 부득이한 사유가 있는 경우에는 각 당사자는 계약을 해지할 수 있다. 다만, 그 사유가 당사자 한쪽의 과실로 인하여 생긴 경우에는 상대방에게 손해를 배상하여야 한다(제674조의4 제1항).

(2) 계약이 해지된 경우에도 계약상 귀환운송 의무가 있는 여행주최자는 여행자를 귀환운송할 의무가 있다(제674조의4 제2항).

(3) 해지로 인하여 발생하는 추가 비용은 그 해지 사유가 어느 당사자의 사정에 속하는 경우에는 그 당사자가 부담하고, 누구의 사정에도 속하지 아니하는 경우에는 각 당사자가 절반씩 부담한다(제674조의4 제3항).

제674조의2 【여행계약의 의의】 여행계약은 당사자 한쪽이 상대방에게 운송, 숙박, 관광 또는 그 밖의 여행 관련 용역을 결합하여 제공하기로 약정하고 상대방이 그 대금을 지급하기로 약정함으로써 효력이 생긴다.

제674조의3 【여행 개시 전의 계약 해제】 여행자는 여행을 시작하기 전에는 언제든지 계약을 해제할 수 있다. 다만, 여행자는 상대방에게 발생한 손해를 배상하여야 한다.

제674조의4 【부득이한 사유로 인한 계약 해지】 ① 부득이한 사유가 있는 경우에는 각 당사자는 계약을 해지할 수 있다. 다만, 그 사유가 당사자 한쪽의 과실로 인하여 생긴 경우에는 상대방에게 손해를 배상하여야 한다.

② 제1항에 따라 계약이 해지된 경우에도 계약상 귀환운송(歸還運送) 의무가 있는 여행주최자는 여행자를 귀환운송할 의무가 있다.

③ 제1항의 해지로 인하여 발생하는 추가 비용은 그 해지 사유가 어느 당사자의 사정에 속하는 경우에는 그 당사자가 부담하고, 누구의 사정에도 속하지 아니하는 경우에는 각 당사자가 절반씩 부담한다.

제674조의5 【대금의 지급시기】 여행자는 약정한 시기에 대금을 지급하여야 하며, 그 시기의 약정이 없으면 관습에 따르고, 관습이 없으면 여행의 종료 후 지체 없이 지급하여야 한다.

제674조의6 【여행주최자의 담보책임】 ① 여행에 하자가 있는 경우에는 여행자는 여행주최자에게 하자의 시정 또는 대금의 감액을 청구할 수 있다. 다만, 그 시정에 지나치게 많은 비용이 들거나 그 밖에 시정을 합리적으로 기대할 수 없는 경우에는 시정을 청구할 수 없다.

② 제1항의 시정 청구는 상당한 기간을 정하여 하여야 한다. 다만, 즉시 시정할 필요가 있는 경우에는 그러하지 아니하다.

③ 여행자는 시정 청구, 감액 청구를 갈음하여 손해배상을 청구하거나 시정 청구, 감액 청구와 함께 손해배상을 청구할 수 있다.

제674조의7 【여행주최자의 담보책임과 여행자의 해지권】 ① 여행자는 여행에 중대한 하자가 있는 경우에 그 시정이 이루어지지 아니하거나 계약의 내용에 따른 이행을 기대할 수 없는 경우에는 계약을 해지할 수 있다.

② 계약이 해지된 경우에는 여행주최자는 대금청구권을 상실한다. 다만, 여행자가 실행된 여행으로 이익을 얻은 경우에는 그 이익을 여행주최자에게 상환하여야 한다.

③ 여행주최자는 계약의 해지로 인하여 필요하게 된 조치를 할 의무를 지며, 계약상 귀환운송 의무가 있으면 여행자를 귀환운송하여야 한다. 이 경우 상당한 이유가 있는 때에는 여행주최자는 여행자에게 그 비용의 일부를 청구할 수 있다.

제674조의8 【담보책임의 존속기간】 제674조의6과 제674조의7에 따른 권리는 여행 기간 중에도 행사할 수 있으며, 계약에서 정한 여행 종료일부터 6개월 내에 행사하여야 한다.

제674조의9 【강행규정】 제674조의3, 제674조의4 또는 제674조의6부터 제674조의8까지의 규정을 위반하는 약정으로서 여행자에게 불리한 것은 효력이 없다.

50-1 [기출 7회 2문]
甲은 2019년 8월 중순경 乙여행사와 여행기간 5박 6일, 여행지 동남아 X국으로 정하여 기획여행계약을 체결하였다. 이 계약에서 여행주최자 乙의 의무와 담보 책임을 설명하시오. (20점)

01 여행계약의 의의

여행계약은 당사자 한쪽이 상대방에게 운송, 숙박, 관광 또는 그 밖의 여행 관련 용역을 결합하여 제공하기로 약정하고 상대방이 그 대금을 지급하기로 약정함으로써 성립하는 계약이다.

02 여행주최자의 의무

1. 여행 관련 급부의무

여행주최자는 여행자에게 여행계약에 따른 급부를 이행할 의무가 있다. 즉, 계약상 운송·숙박·관광 또는 그 밖의 여행 관련 용역을 제공하여야 한다.

2. 부득이한 사유로 인한 계약 해지와 귀환운송의무

부득이한 사유가 있는 경우에는 각 당사자는 계약을 해지할 수 있다. 계약이 해지된 경우에도 계약상 귀환운송 의무가 있는 여행주최자는 여행자를 귀환운송할 의무가 있다.

03 여행주최자의 담보책임

1. 시정청구권 및 대금감액청구권

(1) 여행에 하자가 있는 경우 여행자는 여행주최자에게 하자의 시정 또는 대금의 감액을 청구할 수 있다. 다만, 그 시정에 지나치게 많은 비용이 들거나 그 밖에 시정을 합리적으로 기대할 수 없는 경우에는 시정을 청구할 수 없다.

(2) 시정 청구는 상당한 기간을 정하여 하여야 한다. 다만, 즉시 시정할 필요가 있는 경우에는 그러하지 아니하다.

2. 손해배상청구권

여행자는 시정 청구, 감액 청구를 갈음하여 손해배상을 청구하거나 시정 청구, 감액 청구와 함께 손해배상을 청구할 수 있다.

3. 계약해지권

(1) 여행자는 여행에 중대한 하자가 있는 경우에 그 시정이 이루어지지 아니하거나 계약의 내용에 따른 이행을 기대할 수 없는 때에는 계약을 해지할 수 있다.

(2) 계약이 해지된 경우에는 여행주최자는 대금청구권을 상실한다. 다만, 여행자가 실행된 여행으로 이익을 얻은 경우에는 그 이익을 여행주최자에게 상환하여야 한다.

(3) 여행주최자는 계약의 해지로 인하여 필요하게 된 조치를 할 의무를 지며, 계약상 귀환운송의무가 있으면 여행자를 귀환운송하여야 한다. 이 경우 상당한 이유가 있는 때에는 여행주최자는 여행자에게 그 비용의 일부를 청구할 수 있다.

4. 담보책임의 존속기간

여행자의 시정청구권, 대금감액청구권, 손해배상청구권, 계약해지권은 여행 기간 중에도 행사할 수 있으며, 계약에서 정한 여행 종료일부터 6개월 내에 행사하여야 한다.

51 현상광고(약술형, B)

01 의의

현상광고는 광고자가 어느 행위를 한 자에게 일정한 보수를 지급할 의사를 표시하고 이에 응한 자가 그 광고에 정한 행위를 완료함으로써 성립하는 계약이다. 현상광고는 유상·편무·요물계약이다.

02 현상광고의 성립

1. 광고

(1) 광고란 어떤 지정된 행위를 한 자에게 일정한 보수를 지급한다는 내용을 불특정 다수인에게 하는 청약의 의사표시이다.

(2) 광고에서는 상대방이 하여야 할 행위가 무엇인지를 지정하여야 한다.

2. 지정행위의 완료

광고에 응한 자가 광고에서 정한 행위를 완료하여야 한다.

3. 현상광고의 철회

(1) 광고에 그 지정한 행위의 완료기간을 정한 때에는 그 기간 만료 전에 광고를 철회하지 못한다.

(2) 광고에 행위의 완료기간을 정하지 아니한 때에는 그 행위를 완료한 자가 있기 전에는 그 광고와 동일한 방법으로 광고를 철회할 수 있다.

03 현상광고의 효력

1. 광고자의 보수지급의무

(1) 광고에 정한 행위를 완료한 자가 수인인 경우에는 먼저 그 행위를 완료한 자가 보수를 받을 권리가 있다.

(2) 수인이 동시에 완료한 경우에는 각각 균등한 비율로 보수를 받을 권리가 있다.

2. 광고부지의 경우

광고 있음을 알지 못하고 광고에 정한 행위를 완료한 자도 보수청구권이 있다.

04 우수현상광고(약술형, B)

1. 의의

(1) 건축설계의 공모처럼 광고에서 정한 행위에 그 우열이 있는 경우, 응모기간을 정하여 그 기간 내에 응모한 자 중에서 우수한 자로 판정된 자에게만 보수를 지급하기로 하는 내용의 현상광고를 말한다.

(2) 보통의 현상광고는 지정행위의 완료로써 보수청구권을 취득하는 데 비해, 우수현상광고는 우수의 판정을 거쳐야 하는 점에서 차이가 있다.

2. 성립요건

(1) 광고

우수현상광고는 응모기간을 정한 때에 한하여 효력이 있다. 따라서 우수현상광고는 광고자가 이를 철회할 수도 없다.

(2) 응모

광고에서 정한 바에 따라 응모기간 내에 응모하여야 한다.

(3) 판정

① 우수의 판정은 광고 중에 정한 자가 한다.
② 우수한 자 없다는 판정은 원칙적으로 할 수 없다.
③ 응모자는 판정에 대하여 이의를 하지 못한다.

3. 효과

(1) 보수청구권

판정에 의해 우수한 자로 정해지면 광고자는 그에게 보수를 지급하여야 한다.

(2) 수인의 행위가 동등으로 판정된 때

보수가 가분이면 균등한 비율로 나누어 가지고, 불가분이면 추첨으로 보수를 받을 자를 결정한다.

제675조【현상광고의 의의】 현상광고는 광고자가 어느 행위를 한 자에게 일정한 보수를 지급할 의사를 표시하고 이에 응한 자가 그 광고에 정한 행위를 완료함으로써 그 효력이 생긴다.

제676조【보수수령권자】 ① 광고에 정한 행위를 완료한 자가 수인인 경우에는 먼저 그 행위를 완료한 자가 보수를 받을 권리가 있다.

② 수인이 동시에 완료한 경우에는 각각 균등한 비율로 보수를 받을 권리가 있다. 그러나 보수가 그 성질상 분할할 수 없거나 광고에 1인만이 보수를 받을 것으로 정한 때에는 추첨에 의하여 결정한다.

제677조【광고부지의 행위】 전조의 규정은 광고있음을 알지 못하고 광고에 정한 행위를 완료한 경우에 준용한다.

제678조【우수현상광고】 ① 광고에 정한 행위를 완료한 자가 수인인 경우에 그 우수한 자에 한하여 보수를 지급할 것을 정하는 때에는 그 광고에 응모기간을 정한 때에 한하여 그 효력이 생긴다.

② 전항의 경우에 우수의 판정은 광고 중에 정한 자가 한다. 광고 중에 판정자를 정하지 아니한 때에는 광고자가 판정한다.

③ 우수한 자 없다는 판정은 이를 할 수 없다. 그러나 광고 중에 다른 의사표시가 있거나 광고의 성질상 판정의 표준이 정하여져 있는 때에는 그러하지 아니하다.

④ 응모자는 전2항의 판정에 대하여 이의를 하지 못한다.

⑤ 수인의 행위가 동등으로 판정된 때에는 제676조제2항의 규정을 준용한다.

제679조【현상광고의 철회】 ① 광고에 그 지정한 행위의 완료기간을 정한 때에는 그 기간만료전에 광고를 철회하지 못한다.

② 광고에 행위의 완료기간을 정하지 아니한 때에는 그 행위를 완료한 자 있기 전에는 그 광고와 동일한 방법으로 광고를 철회할 수 있다.

③ 전광고와 동일한 방법으로 철회할 수 없는 때에는 그와 유사한 방법으로 철회할 수 있다. 이 철회는 철회한 것을 안 자에 대하여만 그 효력이 있다.

52 위임(약술형, B)

01 의의

위임은 당사자 일방이 상대방에 대하여 사무의 처리를 위탁하고 상대방이 이를 승낙함으로써 성립하는 계약이다. 위임은 편무·무상이 원칙이나, 유상특약이 있으면 유상·쌍무계약이 된다.

02 위임의 효력

1. 수임인의 의무(약술형, B)

(1) 위임사무 처리의무

① 선관의무 : 수임인은 위임의 본지에 따라 선량한 관리자의 주의로써 위임사무를 처리하여야 한다.

② 복임권의 제한 : 수임인은 위임인의 승낙이나 부득이한 사유 없이 제3자로 하여금 자기에 갈음하여 위임사무를 처리하게 하지 못한다.

(2) 부수적 의무

① 보고의무 : 수임인은 위임인의 청구가 있는 때에는 위임사무의 처리상황을 보고하고 위임이 종료한 때에는 지체 없이 그 전말을 보고하여야 한다.

② 취득물 등의 인도·이전의무 : 수임인은 위임사무의 처리로 인하여 받은 금전 기타의 물건 및 그 수취한 과실을 위임인에게 인도하여야 한다. 수임인이 위임인을 위하여 자기의 명의로 취득한 권리는 위임인에게 이전하여야 한다.

③ 금전소비의 책임 : 수임인이 위임인에게 인도할 금전 또는 위임인의 이익을 위하여 사용할 금전을 자기를 위하여 소비한 때에는 소비한 날 이후의 이자를 지급하여야 하며 그 외에 손해가 있으면 배상하여야 한다.

2. 위임인의 의무(수임인의 권리, <u>약술형</u>, B)

(1) 보수지급의무(보수지급청구권)

① 수임인은 특별한 약정이 없으면 위임인에 대하여 보수를 청구하지 못한다.

② 수임인이 보수를 받을 경우에는 위임사무를 완료한 후가 아니면 이를 청구하지 못한다. 그러나 기간으로 보수를 정한 때에는 그 기간이 경과한 후에 이를 청구할 수 있다.

③ 수임인이 위임사무를 처리하는 중에 수임인의 책임 없는 사유로 인하여 위임이 종료된 때에는 수임인은 이미 처리한 사무의 비율에 따른 보수를 청구할 수 있다.

(2) 비용선급의무(비용선급청구권)

위임사무의 처리에 비용을 요하는 때에는 위임인은 수임인의 청구에 의하여 이를 선급하여야 한다.

(3) 필요비상환의무(필요비상환청구권)

수임인이 위임사무의 처리에 관하여 필요비를 지출한 때에는 위임인에 대하여 지출한 날 이후의 이자를 청구할 수 있다.

(4) 채무대변제의무 및 담보제공의무(채무대변제청구권, 담보제공청구권)

수임인이 위임사무의 처리에 필요한 채무를 부담한 때에는 위임인에게 자기에 갈음하여 이를 변제하게 할 수 있고, 그 채무가 변제기에 있지 아니한 때에는 상당한 담보를 제공하게 할 수 있다.

(5) 손해배상의무(손해배상청구권)

수임인이 위임사무의 처리를 위하여 과실 없이 손해를 받은 때에는 위임인에 대하여 그 배상을 청구할 수 있다.

03 위임의 종료(<u>약술형</u>, B)

1. 위임의 종료사유

(1) 해지

① 위임계약은 각 당사자가 언제든지 해지할 수 있다(제689조 제1항).

② 당사자 일방이 부득이한 사유 없이 상대방의 불리한 시기에 계약을 해지한 때에는 그 손해를 배상하여야 한다(제689조 제2항).

③ 이때 배상할 손해는 위임이 해지되었다는 사실로부터 생기는 손해가 아니라, 적당한 시기에 해지되었더라면 입지 아니하였을 손해에 한한다.

(2) 당사자의 사망·파산 및 수임인의 성년후견개시

위임은 당사자 한쪽의 사망이나 파산으로 종료된다. 수임인이 성년후견개시의 심판을 받은 경우에도 이와 같다(제690조).

2. 위임종료 시의 특칙

(1) 수임인 측의 긴급처리의무

위임종료의 경우에 급박한 사정이 있는 때에는 수임인, 그 상속인이나 법정대리인은 위임인, 그 상속인이나 법정대리인이 위임사무를 처리할 수 있을 때까지 그 사무의 처리를 계속하여야 한다. 이 경우에는 위임의 존속과 동일한 효력이 있다(제691조).

(2) 위임종료의 대항요건

위임종료의 사유는 이를 상대방에게 통지하거나 상대방이 이를 안 때가 아니면 이로써 상대방에게 대항하지 못한다(제692조).

제680조 【위임의 의의】 위임은 당사자 일방이 상대방에 대하여 사무의 처리를 위탁하고 상대방이 이를 승낙함으로써 그 효력이 생긴다.

제681조 【수임인의 선관의무】 수임인은 위임의 본지에 따라 선량한 관리자의 주의로써 위임사무를 처리하여야 한다.

제682조 【복임권의 제한】 ① 수임인은 위임인의 승낙이나 부득이한 사유없이 제삼자로 하여금 자기에 갈음하여 위임사무를 처리하게 하지 못한다.
② 수임인이 전항의 규정에 의하여 제삼자에게 위임사무를 처리하게 한 경우에는 제121조, 제123조의 규정을 준용한다.

제683조 【수임인의 보고의무】 수임인은 위임인의 청구가 있는 때에는 위임사무의 처리상황을 보고하고 위임이 종료한 때에는 지체없이 그 전말을 보고하여야 한다.

제684조 【수임인의 취득물 등의 인도, 이전의무】 ① 수임인은 위임사무의 처리로 인하여 받은 금전 기타의 물건 및 그 수취한 과실을 위임인에게 인도하여야 한다.
② 수임인이 위임인을 위하여 자기의 명의로 취득한 권리는 위임인에게 이전하여야 한다.

제685조 【수임인의 금전소비의 책임】 수임인이 위임인에게 인도할 금전 또는 위임인의 이익을 위하여 사용할 금전을 자기를 위하여 소비한 때에는 소비한 날 이후의 이자를 지급하여야 하며 그 외의 손해가 있으면 배상하여야 한다.

제686조【수임인의 보수청구권】 ① 수임인은 특별한 약정이 없으면 위임인에 대하여 보수를 청구하지 못한다.

② 수임인이 보수를 받을 경우에는 위임사무를 완료한 후가 아니면 이를 청구하지 못한다. 그러나 기간으로 보수를 정한 때에는 그 기간이 경과한 후에 이를 청구할 수 있다.

③ 수임인이 위임사무를 처리하는 중에 수임인의 책임없는 사유로 인하여 위임이 종료된 때에는 수임인은 이미 처리한 사무의 비율에 따른 보수를 청구할 수 있다.

제687조【수임인의 비용선급청구권】 위임사무의 처리에 비용을 요하는 때에는 위임인은 수임인의 청구에 의하여 이를 선급하여야 한다.

제688조【수임인의 비용상환청구권 등】 ① 수임인이 위임사무의 처리에 관하여 필요비를 지출한 때에는 위임인에 대하여 지출한 날 이후의 이자를 청구할 수 있다.

② 수임인이 위임사무의 처리에 필요한 채무를 부담한 때에는 위임인에게 자기에 갈음하여 이를 변제하게 할 수 있고 그 채무가 변제기에 있지 아니한 때에는 상당한 담보를 제공하게 할 수 있다.

③ 수임인이 위임사무의 처리를 위하여 과실없이 손해를 받은 때에는 위임인에 대하여 그 배상을 청구할 수 있다.

제689조【위임의 상호해지의 자유】 ① 위임계약은 각 당사자가 언제든지 해지할 수 있다.

② 당사자 일방이 부득이한 사유없이 상대방의 불리한 시기에 계약을 해지한 때에는 그 손해를 배상하여야 한다.

제690조【사망·파산 등과 위임의 종료】 위임은 당사자 한쪽의 사망이나 파산으로 종료된다. 수임인이 성년후견개시의 심판을 받은 경우에도 이와 같다.

제691조【위임종료시의 긴급처리】 위임종료의 경우에 급박한 사정이 있는 때에는 수임인, 그 상속인이나 법정대리인은 위임인, 그 상속인이나 법정대리인이 위임사무를 처리할 수 있을 때까지 그 사무의 처리를 계속하여야 한다. 이 경우에는 위임의 존속과 동일한 효력이 있다.

제692조【위임종료의 대항요건】 위임종료의 사유는 이를 상대방에게 통지하거나 상대방이 이를 안 때가 아니면 이로써 상대방에게 대항하지 못한다.

52-1 [기출 1회 4문]
위임계약에서 '수임인의 의무'에 관하여 약술하시오. (20점)

01 위임의 의의

위임은 당사자 일방이 상대방에 대하여 사무의 처리를 위탁하고 상대방이 이를 승낙함으로써 성립하는 계약이다.

02 수임인의 의무

1. 위임사무 처리의무

(1) 선관의무

수임인은 위임의 본지에 따라 선량한 관리자의 주의로써 위임사무를 처리하여야 한다(제681조).

(2) 복임권의 제한

수임인은 위임인의 승낙이나 부득이한 사유 없이 제3자로 하여금 자기에 갈음하여 위임사무를 처리하게 하지 못한다(제682조 제1항).

2. 부수적 의무

(1) 보고의무

수임인은 위임인의 청구가 있는 때에는 위임사무의 처리상황을 보고하고 위임이 종료한 때에는 지체 없이 그 전말을 보고하여야 한다(제683조).

(2) 취득물 등의 인도 · 이전의무

수임인은 위임사무의 처리로 인하여 받은 금전 기타의 물건 및 그 수취한 과실을 위임인에게 인도하여야 한다. 수임인이 위임인을 위하여 자기의 명의로 취득한 권리는 위임인에게 이전하여야 한다(제684조).

(3) 금전소비의 책임

수임인이 위임인에게 인도할 금전 또는 위임인의 이익을 위하여 사용할 금전을 자기를 위하여 소비한 때에는 소비한 날 이후의 이자를 지급하여야 하며 그 외의 손해가 있으면 배상하여야 한다(제685조).

53 ▷ 임치

01 의의

임치는 당사자 일방이 상대방에 대하여 금전이나 유가증권 기타 물건의 보관을 위탁하고 상대방이 이를 승낙함으로써 성립하는 계약이다(제693조). 임치는 편무·무상이 원칙이나, 유상특약이 있으면 유상·쌍무계약이 된다.

02 임치의 효력

1. 수치인의 의무

(1) 임치물 보관의무

① 보수 없이 임치를 받은 자는 임치물을 자기재산과 동일한 주의로 보관하여야 한다(제695조).
② 수치인은 임치인의 동의 없이 임치물을 사용하지 못한다(제694조).

(2) 부수적 의무

① 통지의무 : 임치물에 대한 권리를 주장하는 제3자가 수치인에 대하여 소를 제기하거나 압류한 때에는 수치인은 지체 없이 임치인에게 이를 통지하여야 한다.
② 수임인에 준하는 의무 : 위임의 제682조(수임인의 복임권의 제한), 제684조(수임인의 취득물 등의 인도·이전의무)와 제685조(수임인의 금전소비의 책임)의 규정이 준용되는 결과(제701조), 수치인은 그러한 의무를 진다.
③ 임치물반환의무 : 임치물은 그 보관한 장소에서 반환하여야 한다. 그러나 수치인이 정당한 사유로 인하여 그 물건을 전치한 때에는 현존하는 장소에서 반환할 수 있다(제700조).

2. 임치인의 의무

(1) 위임인에 준하는 의무

제686조(수임인의 보수청구권), 제687조(수임인의 비용선급청구권) 및 제688조 제1항(수임인의 비용상환청구권), 제2항(수임인의 채무대변제청구권·담보제공청구권)의 규정은 임치에 준용한다(제701조).

(2) 손해배상의무

임치인은 임치물의 성질 또는 하자로 인하여 생긴 손해를 수치인에게 배상하여야 한다. 그러나 수치인이 성질 또는 하자를 안 때에는 그러하지 아니하다(제697조).

03 임치의 종료

1. 기간의 약정 있는 임치의 해지

기간의 약정이 있는 때에는 수치인은 부득이한 사유 없이 그 기간 만료 전에 계약을 해지하지 못한다. 그러나 임치인은 언제든지 계약을 해지할 수 있다(제698조).

2. 기간의 약정 없는 임치의 해지

기간의 약정이 없는 때에는 각 당사자는 언제든지 계약을 해지할 수 있다(제699조).

04 소비임치

1. 의의

소비임치란 임치한 물건 자체를 반환하는 보통의 임치와 달리, 예컨대 예금계약처럼 당사자 간의 계약으로 수치인이 임치물을 소비하고 그와 같은 종류의 것으로 반환하는 것을 말한다.

2. 법적 성질

소비임치에서 목적물을 수치인에게 주는 것은 바로 보관을 위한 것이며, 수치인의 소비는 보관의 수단에 불과하므로, 임치의 일종으로 본다.

3. 성립

소비임치의 목적물은 대체물이어야 한다.

4. 효력

소비임치에는 소비대차에 관한 규정을 준용한다. 그러나 반환시기의 약정이 없는 때에는 임치인은 언제든지 그 반환을 청구할 수 있다(제702조).

제693조 【임치의 의의】 임치는 당사자 일방이 상대방에 대하여 금전이나 유가증권 기타 물건의 보관을 위탁하고 상대방이 이를 승낙함으로써 효력이 생긴다.

제694조 【수치인의 임치물사용금지】 수치인은 임치인의 동의없이 임치물을 사용하지 못한다.

제695조 【무상수치인의 주의의무】 보수없이 임치를 받은 자는 임치물을 자기재산과 동일한 주의로 보관하여야 한다.

제696조 【수치인의 통지의무】 임치물에 대한 권리를 주장하는 제삼자가 수치인에 대하여 소를 제기하거나 압류한 때에는 수치인은 지체없이 임치인에게 이를 통지하여야 한다.

제697조 【임치물의 성질, 하자로 인한 임치인의 손해배상의무】 임치인은 임치물의 성질 또는 하자로 인하여 생긴 손해를 수치인에게 배상하여야 한다. 그러나 수치인이 그 성질 또는 하자를 안 때에는 그러하지 아니하다.

제698조 【기간의 약정있는 임치의 해지】 임치기간의 약정이 있는 때에는 수치인은 부득이한 사유없이 그 기간만료전에 계약을 해지하지 못한다. 그러나 임치인은 언제든지 계약을 해지할 수 있다.

제699조 【기간의 약정없는 임치의 해지】 임치기간의 약정이 없는 때에는 각 당사자는 언제든지 계약을 해지할 수 있다.

제700조 【임치물의 반환장소】 임치물은 그 보관한 장소에서 반환하여야 한다. 그러나 수치인이 정당한 사유로 인하여 그 물건을 전치한 때에는 현존하는 장소에서 반환할 수 있다.

제701조 【준용규정】 제682조, 제684조 내지 제687조 및 제688조제1항, 제2항의 규정은 임치에 준용한다.

제702조 【소비임치】 수치인이 계약에 의하여 임치물을 소비할 수 있는 경우에는 소비대차에 관한 규정을 준용한다. 그러나 반환시기의 약정이 없는 때에는 임치인은 언제든지 그 반환을 청구할 수 있다.

54 조합

01 조합의 의의

조합계약이란 2인 이상이 서로 출자하여 공동사업을 경영할 것을 약정함으로써 성립하는 계약이다.

02 조합의 법적 성질

1. 동시이행의 항변권

출자청구를 하는 조합원이 이행을 하지 않은 경우에 청구를 받은 조합원은 동시이행의 항변이 가능하나, 다른 조합원의 출자의무불이행을 이유로 항변하는 것은 허용되지 않는다.

2. 위험부담

조합원 일인의 출자의무가 그의 책임 없는 사유로 후발적 불능이 된 경우에, 출자가 불능인 조합원은 조합원이 되지 못할 뿐이며 다른 조합원의 출자의무가 당연히 소멸하는 것은 아니라고 본다.

3. 조합계약의 해제 · 해지 여부

조합계약에 있어서는 조합의 해산청구를 하거나 조합으로부터 탈퇴를 하거나 또는 다른 조합원을 제명할 수 있을 뿐이지 조합계약을 해제하고 상대방에게 원상회복의 의무를 부담지울 수 없다(94다7157).

03 조합의 성립요건

1. 단체성

조합계약은 2인 이상이 상호 출자하여 공동사업을 경영할 것을 약정함으로써 성립하는 계약이다. 따라서 그 성립에는 2인 이상의 당사자를 필요로 한다.

2. 공동사업경영의 목적

조합의 사업은 공동의 것이어야 한다. 즉, 조합원 전원이 사업의 성공에 대해 이해관계를 가져야 하고, 이익은 조합원 모두에게 분배되어야 한다. 반면 어느 조합원만이 손실을 부담하는 것은 조합의 성질에 반하지 않는다.

3. 출자의무의 부담

모든 조합원이 출자의무를 부담하여야 한다. 출자의 종류에는 제한이 없다. 따라서 출자는 금전 기타 재산 또는 노무로 할 수 있다(제703조 제2항).

04 조합의 법률관계

1. 조합의 대내관계(약술형, A)

(1) 업무집행자를 정하지 않은 경우

① 업무집행은 조합원의 과반수로서 결정한다.
② 다만 조합의 통상사무는 각 조합원이 전행할 수 있다. 그러나 그 사무의 완료 전에 다른 조합원의 이의가 있는 때에는 즉시 중지하여야 한다.
③ 조합업무를 집행하는 조합원과 다른 조합원 간에 위임에 관한 규정을 준용한다.
④ 각 조합원은 언제든지 조합의 업무 및 재산상태를 검사할 수 있다.

(2) 업무집행자를 정한 경우

① 조합계약으로 업무집행자를 정하지 아니한 경우에는 조합원의 3분의 2 이상의 찬성으로써 이를 선임한다. 여기서 말하는 조합원은 조합원의 출자가액이나 지분이 아닌 조합원의 인원수를 뜻한다.
② 업무집행자가 수인인 때에는 업무집행자의 과반수로써 결정한다.
③ 다만 통상사무는 각 업무집행자가 전행할 수 있다. 그러나 그 사무의 완료 전에 다른 업무집행자의 이의가 있는 때에는 즉시 중지하여야 한다.
④ 업무집행자와 다른 조합원 간에는 위임에 관한 규정을 준용한다.
⑤ 각 조합원은 언제든지 조합의 업무 및 재산상태를 검사할 수 있다.
⑥ 업무집행자인 조합원은 정당한 사유 없이 사임하지 못하며, 다른 조합원의 일치가 아니면 해임하지 못한다(제708조).
⑦ 조합원이 아닌 제3자에게 조합의 업무집행을 위임한 경우에는 위임의 규정에 의해 규율된다.

2. 조합의 대외관계(약술형, B)

(1) 조합대리의 의의

조합은 법인격이 없으므로, 조합이 제3자와 법률행위를 할 때에는 조합원 전원의 이름으로 하여야 한다. 다만 거래의 편의를 위해 대리제도가 활용되는데, 이를 조합대리라고 한다.

(2) 조합대리의 내용

조합의 업무를 집행하는 조합원은 그 업무집행의 대리권 있는 것으로 추정한다. 따라서 업무집행자가 정해지지 않은 때에는 각 조합원이, 업무집행자가 정해진 때에는 그가 대리권이 있는 것으로 추정된다.

(3) 조합의 소송업무

민사소송법은 법인 아닌 사단이나 재단에 당사자능력을 인정하지만, 조합에는 그 적용이 없으므로 조합의 당사자능력은 인정되지 않는다. 따라서 조합원 전원의 공동명의로만 원고가 되고 피고가 될 수 있다.

05 조합의 재산관계

1. 조합재산(약술형, B)

(1) 의의

조합재산은 조합원이 출자한 재산, 조합을 경영하는 과정에서 취득한 재산, 조합재산에서 생긴 재산, 조합의 채무 등으로 구성된다.

(2) 합유관계

조합원의 출자 기타 조합재산은 조합원의 합유로 한다(제704조).

(3) 출자의무의 지체

금전을 출자의 목적으로 한 조합원이 출자시기를 지체한 때에는 연체이자를 지급하는 외에 손해를 배상하여야 한다(제705조).

(4) 조합재산과 조합원의 개인재산의 분리

① 조합원의 지분에 대한 압류는 그 조합원의 장래의 이익배당 및 지분의 반환을 받을 권리에 대하여 효력이 있다(제714조).
② 조합의 채무자는 그 채무와 조합원에 대한 채권으로 상계하지 못한다(제715조).

2. 조합채무에 대한 책임(약술형, A)

(1) 조합재산에 의한 조합원 모두의 공동책임

① 조합의 채권자는 채권 전액에 관해 조합재산으로부터 변제를 청구할 수 있다.

② 조합의 채권자는 조합원 모두를 상대로 하여 채권액 전부에 관한 이행의 소를 제기하고, 그 판결에 기해 조합재산에 대해 강제집행하게 된다.

(2) 각 조합원의 개인재산에 의한 개별책임

① 각 조합원은 손실부담의 비율에 따라 조합채무를 나눈 것에 대해 채무를 부담하지만, 조합채권자가 그 채권발생 당시에 조합원의 손실부담의 비율을 알지 못한 때에는 각 조합원에게 균분하여 그 권리를 행사할 수 있다(제712조).

② 조합원 중에 변제할 자력 없는 자가 있는 때에는 그 변제할 수 없는 부분은 다른 조합원이 균분하여 변제할 책임이 있다(제713조).

(3) 공동책임과 개별책임의 관계

양 책임은 공동책임을 통해 완제를 받지 못한 때에 개별책임을 묻는 보충적인 것이 아니라 병존적이므로, 조합의 채권자는 처음부터 개별책임을 물을 수도 있다.

3. 손익분배

(1) 손익분배의 비율은 조합계약에서 정할 수 있다. 조합계약에서 정하지 않은 경우에는 각 조합원의 출자가액에 비례하여 이를 정한다(제711조 제1항).

(2) 이익 또는 손실에 대하여 분배의 비율을 정한 때에는 그 비율은 이익과 손실에 공통된 것으로 추정한다(제711조 제2항).

(3) 조합원이 출자의무를 이행하지 않더라도, 조합은 출자의무의 불이행을 이유로 이익분배 자체를 거부할 수 없고, 그 조합원에게 지급할 이익분배금에서 출자금이나 연체이자를 당연히 공제할 수도 없다(2015다69990).

06 조합원의 변동(약술형, B)

1. 조합원의 탈퇴

(1) 탈퇴사유

① **임의탈퇴**: 조합계약으로 조합의 존속기간을 정하지 아니하거나 조합원의 종신까지 존속할 것을 정한 때에는 각 조합원은 언제든지 탈퇴할 수 있다. 그러나 부득이한 사유 없이 조합의 불리한 시기에 탈퇴하지 못한다. 조합의 존속기간을 정한 때에도 조합원은 부득이한 사유가 있으면 탈퇴할 수 있다.

② **비임의탈퇴**: 조합원은 사망, 파산, 성년후견의 개시, 제명 중 어느 하나에 해당하는 사유가 있으면 탈퇴된다.

(2) 탈퇴의 효과

탈퇴한 조합원과 다른 조합원 간의 계산은 탈퇴 당시의 조합재산상태에 의하여 한다. 탈퇴한 조합원의 지분은 그 출자의 종류 여하에 불구하고 금전으로 반환할 수 있다. 탈퇴 당시에 완결되지 아니한 사항에 대하여는 완결 후에 계산할 수 있다(제719조).

2. 조합원의 가입

(1) 조합원의 가입에 대해서 민법은 규정하고 있지 않으나, 탈퇴를 인정하는 이상 가입도 인정된다고 본다. 가입의 요건 및 방법은 조합계약에서 정한 바에 따르지만, 그 정함이 없는 때에는 조합의 본질과 탈퇴에 관한 규정을 유추해석한다.

(2) 조합 가입자는 가입 시부터 조합원의 지위를 취득한다. 따라서 가입 후의 조합 채무에 대해서는 조합원으로서 개별책임을 지게 되나, 가입 전의 조합채무에 대해서는 개별책임을 지지 않는다.

3. 조합원 지위의 양도

(1) 조합원의 지위를 양도하는 것에 관해 민법은 규정하고 있지 않으나, 양도할 수 있다는 것이 통설이다. 다만 조합계약의 당사자가 바뀌게 된다는 점에서 다른 조합원 모두의 동의가 필요하다.

(2) 조합원의 지위의 양도가 있으면, 양도인은 조합원으로서의 지위를 잃고, 양수인은 종전 조합원의 지위를 그대로 승계한다.

07 조합의 해산과 청산(약술형, B)

1. 조합의 해산

(1) 일반적 해산사유

민법에서 특별히 정하고 있지는 않으나, 일반적으로 존속기간의 만료 기타 조합계약에서 정한 사유의 발생, 조합원 전원의 합의, 조합의 목적인 사업의 성공 또는 성공불능 등의 경우에 조합은 해산하게 된다.

(2) 해산청구

① 부득이한 사유가 있는 때에는 각 조합원은 조합의 해산을 청구할 수 있다.
② 해산청구는 조합의 해지의 성질을 가지는 것이어서, 그 의사표시는 조합원 전원에 대해하여야 한다.

2. 조합의 청산

(1) 청산인

① 조합이 해산한 때에는 청산은 총조합원 공동으로 또는 그들이 선임한 자가 그 사무를 집행한다. 청산인의 선임은 조합원의 과반수로써 결정한다(제721조).
② 청산인이 수인인 때에는 업무집행은 그 과반수로써 결정한다(제722조).
③ 조합원 중에서 청산인을 정한 때에는 정당한 사유 없이 사임하지 못하며, 다른 조합원의 일치가 아니면 해임하지 못한다(제723조).

(2) 청산인의 직무 및 권한

청산인의 직무 및 권한에 관하여는 제87조를 준용한다(제724조 제1항). 따라서 청산인의 직무는 '현존사무의 종결, 채권의 추심 및 채무의 변제, 잔여재산의 인도'이며(제87조 제1항), 이 직무를 행하기 위해 필요한 모든 행위를 할 수 있다(제87조 제2항).

(3) 잔여재산의 분배

잔여재산은 각 조합원의 출자가액에 비례하여 이를 분배한다(제724조 제2항).

> **제703조 【조합의 의의】** ① 조합은 2인 이상이 상호출자하여 공동사업을 경영할 것을 약정함으로써 그 효력이 생긴다.
> ② 전항의 출자는 금전 기타 재산 또는 노무로 할 수 있다.
>
> **제704조 【조합재산의 합유】** 조합원의 출자 기타 조합재산은 조합원의 합유로 한다.
>
> **제705조 【금전출자지체의 책임】** 금전을 출자의 목적으로 한 조합원이 출자시기를 지체한 때에는 연체이자를 지급하는 외에 손해를 배상하여야 한다.

제706조【사무집행의 방법】 ① 조합계약으로 업무집행자를 정하지 아니한 경우에는 조합원의 3분의 2 이상의 찬성으로써 이를 선임한다.

② 조합의 업무집행은 조합원의 과반수로써 결정한다. 업무집행자 수인인 때에는 그 과반수로써 결정한다.

③ 조합의 통상사무는 전항의 규정에 불구하고 각 조합원 또는 각 업무집행자가 전행할 수 있다. 그러나 그 사무의 완료전에 다른 조합원 또는 다른 업무집행자의 이의가 있는 때에는 즉시 중지하여야 한다.

제707조【준용규정】 조합업무를 집행하는 조합원에는 제681조 내지 제688조의 규정을 준용한다.

제708조【업무집행자의 사임, 해임】 업무집행자인 조합원은 정당한 사유없이 사임하지 못하며 다른 조합원의 일치가 아니면 해임하지 못한다.

제709조【업무집행자의 대리권추정】 조합의 업무를 집행하는 조합원은 그 업무집행의 대리권있는 것으로 추정한다.

제710조【조합원의 업무, 재산상태검사권】 각 조합원은 언제든지 조합의 업무 및 재산상태를 검사할 수 있다.

제711조【손익분배의 비율】 ① 당사자가 손익분배의 비율을 정하지 아니한 때에는 각 조합원의 출자가액에 비례하여 이를 정한다.

② 이익 또는 손실에 대하여 분배의 비율을 정한 때에는 그 비율은 이익과 손실에 공통된 것으로 추정한다.

제712조【조합원에 대한 채권자의 권리행사】 조합채권자는 그 채권발생 당시에 조합원의 손실부담의 비율을 알지 못한 때에는 각 조합원에게 균분하여 그 권리를 행사할 수 있다.

제713조【무자력조합원의 채무와 타조합원의 변제책임】 조합원 중에 변제할 자력없는 자가 있는 때에는 그 변제할 수 없는 부분은 다른 조합원이 균분하여 변제할 책임이 있다.

제714조【지분에 대한 압류의 효력】 조합원의 지분에 대한 압류는 그 조합원의 장래의 이익배당 및 지분의 반환을 받을 권리에 대하여 효력이 있다.

제715조【조합채무자의 상계의 금지】 조합의 채무자는 그 채무와 조합원에 대한 채권으로 상계하지 못한다.

제716조【임의탈퇴】 ① 조합계약으로 조합의 존속기간을 정하지 아니하거나 조합원의 종신까지 존속할 것을 정한 때에는 각 조합원은 언제든지 탈퇴할 수 있다. 그러나 부득이한 사유없이 조합의 불리한 시기에 탈퇴하지 못한다.

② 조합의 존속기간을 정한 때에도 조합원은 부득이한 사유가 있으면 탈퇴할 수 있다.

제717조【비임의 탈퇴】 제716조의 경우 외에 조합원은 다음 각 호의 어느 하나에 해당하는 사유가 있으면 탈퇴된다.

1. 사망
2. 파산
3. 성년후견의 개시
4. 제명(除名)

제718조 【제명】 ① 조합원의 제명은 정당한 사유있는 때에 한하여 다른 조합원의 일치로써 이를 결정한다.

② 전항의 제명결정은 제명된 조합원에게 통지하지 아니하면 그 조합원에게 대항하지 못한다.

제719조 【탈퇴조합원의 지분의 계산】 ① 탈퇴한 조합원과 다른 조합원간의 계산은 탈퇴당시의 조합재산상태에 의하여 한다.

② 탈퇴한 조합원의 지분은 그 출자의 종류여하에 불구하고 금전으로 반환할 수 있다.

③ 탈퇴당시에 완결되지 아니한 사항에 대하여는 완결후에 계산할 수 있다.

제720조 【부득이한 사유로 인한 해산청구】 부득이한 사유가 있는 때에는 각 조합원은 조합의 해산을 청구할 수 있다.

제721조 【청산인】 ① 조합이 해산한 때에는 청산은 총조합원 공동으로 또는 그들이 선임한 자가 그 사무를 집행한다.

② 전항의 청산인의 선임은 조합원의 과반수로써 결정한다.

제722조 【청산인의 업무집행방법】 청산인이 수인인 때에는 제706조제2항 후단의 규정을 준용한다.

제723조 【조합원인 청산인의 사임, 해임】 조합원 중에서 청산인을 정한 때에는 제708조의 규정을 준용한다.

제724조 【청산인의 직무, 권한과 잔여재산의 분배】 ① 청산인의 직무 및 권한에 관하여는 제87조의 규정을 준용한다.

② 잔여재산은 각 조합원의 출자가액에 비례하여 이를 분배한다.

54-1 [기출 2회 4문]
조합채무에 대한 조합원의 책임 범위에 대하여 약술하시오. (20점)

01 조합채무의 의의

조합이란 2인 이상이 서로 출자하여 공동사업을 경영할 것을 약정함으로써 성립하는 계약이다. 조합채무는 전 조합원에게 합유적으로 귀속하며 조합재산으로 책임을 진다. 동시에 조합채무는 각 조합원의 채무이기도 하므로 각 조합원은 개인재산으로도 책임을 져야 한다.

02 조합채무에 대한 책임

1. 조합재산에 의한 조합원 모두의 공동책임

⑴ 조합의 채권자는 채권 전액에 관해 조합재산으로부터 변제를 청구할 수 있다.

⑵ 조합의 채권자는 조합원 모두를 상대로 하여 채권액 전부에 관한 이행의 소를 제기하고, 그 판결에 기해 조합재산에 대해 강제집행하게 된다.

2. 각 조합원의 개인재산에 의한 개별책임

⑴ 각 조합원은 손실부담의 비율에 따라 조합채무를 나눈 것에 대해 채무를 부담하지만, 조합채권자가 그 채권발생 당시에 조합원의 손실부담의 비율을 알지 못한 때에는 각 조합원에게 균분하여 그 권리를 행사할 수 있다(제712조).

⑵ 조합원 중에 변제할 자력 없는 자가 있는 때에는 그 변제할 수 없는 부분은 다른 조합원이 균분하여 변제할 책임이 있다(제713조).

3. 공동책임과 개별책임의 관계

양 책임의 관계는 공동책임을 통해 완제를 받지 못한 때에 개별책임을 묻는 보충적인 것이 아니라 병존적이므로, 조합의 채권자는 처음부터 개별책임을 물을 수도 있다.

54-2 [기출 9회 2문]
甲과 乙은 음식점 동업계약을 체결하면서 각각 현금 1억 원씩 투자하였고 음식점 운영으로 발생된 수익금은 50:50으로 나누어 분배하기로 하였다. 乙은 음식점의 운영방식 등에서 甲과 대립하던 중 위 동업계약에서 탈퇴하였다. 乙의 탈퇴로 인한 甲과 乙의 법률관계와 위 음식점에 식자재를 납품해 온 丙이 甲에 대하여 대금채무의 이행을 청구할 수 있는지에 관하여 검토하시오. (20점)

01 乙의 탈퇴로 인한 甲과 乙의 법률관계

1. 甲과 乙의 동업계약은 2인 이상이 서로 출자하여 공동사업을 경영할 것을 약정함으로써 성립하는 조합계약이다. 2인 조합에서 조합원 1인이 탈퇴하면 조합관계는 종료되지만 조합이 해산되지 아니하고, 조합원의 합유에 속하였던 재산은 남은 조합원의 단독소유에 속하게 되어 기존의 공동사업은 청산절차를 거치지 않고 잔존자가 계속 유지할 수 있다(2004다49693 · 49709). 이때 탈퇴자와 남은 자 사이에서 탈퇴로 인한 계산을 하여야 한다(98다54458).

2. 乙의 탈퇴로 인해 조합재산은 남은 조합원 甲의 단독소유에 속하고, 탈퇴자 乙과 남은 자 甲 사이에 탈퇴로 인한 계산을 하여야 한다.

02 丙이 甲에 대하여 대금채무의 이행을 청구할 수 있는지 여부

1. 두 사람으로 이루어진 조합관계에 있어 그중 1인이 탈퇴하면 조합원들의 합유에 속한 조합재산은 남은 조합원에게 귀속하게 되므로, 이 경우 조합채권자는 잔존 조합원에게 여전히 조합채무 전부에 대한 이행을 청구할 수 있다(99다1284).

2. 조합채권자 丙은 잔존 조합원 甲에게 식자재 대금채무 전부에 대한 이행을 청구할 수 있다.

54-3 [기출 10회 2문]
甲과 乙은 공동사업을 경영할 목적으로 각각 5천만 원씩을 출자하기로 하는 민법상 조합계약을 체결하면서 A조합을 설립하였다. 이후 乙은 A조합의 업무집행 조합원으로서 丙으로부터 1억 원의 조합운영자금을 차용하였는데, 그 후 乙은 교통사고로 사망하였다. 이러한 경우에 A조합의 존속 여부 및 甲이 丙에게 부담하는 조합채무의 범위에 관하여 설명하시오(단, 乙에게는 상속인이 없음을 전제로 함). (20점)

01 A조합의 존속여부

사안은 2인으로 구성된 조합에서 1인이 탈퇴한 경우이다. 조합원이 사망하면 조합관계에서 당연히 탈퇴된다(제717조 제1호). 甲과 乙 2인으로 구성된 조합에서 乙이 탈퇴되면 조합관계는 해산됨이 없이 종료되어 청산이 뒤따르지 아니하며, 조합원의 합유에 속한 조합재산은 남은 조합원 甲의 단독소유에 속한다(98다54458).

02 甲이 丙에게 부담하는 조합채무의 범위

이 경우 조합채권자 丙은 잔존 조합원 甲에게 그 조합채무 전부에 대한 이행을 청구할 수 있다(99다1284).

54-4 [기출 12회 4문]

甲·乙·丙은 공동이행방식의 공동수급체를 결성하여 丁과 건축공사도급계약을 체결하였으며, 업무집행자인 甲은 조합운영자금을 마련하기 위하여 A은행으로부터 1억 원을 차용하였다. 위 공사를 완공하여 공사대금채권을 취득한 甲·乙·丙은 위 대여금채무에 대하여 어떤 책임을 지는지 설명하시오. (20점)

01 문제의 소재

1. 甲·乙·丙이 공동이행방식의 공동수급체를 결성하여 도급인 丁으로부터 공사를 수급받는 경우에 공동수급체는 원칙적으로 민법상 조합에 해당한다.

2. 업무집행자인 甲이 A은행으로부터 조합운영자금 1억 원을 차용하였는바, 위 대여금채무가 조합채무인지 여부와 만일 조합채무라면 甲·乙·丙은 채권자 A은행에게 어떠한 책임을 지는지 검토한다.

02 사안의 채무가 조합채무에 해당하는지 여부

1. 업무집행자를 정한 경우에, 조합의 업무집행은 업무집행자의 과반수로써 결정한다. 다만 조합의 통상사무는 각 업무집행자가 전행할 수 있다.

2. 업무집행자가 1인만 있는 경우에는 단독으로 업무집행을 결정할 수 있으므로, 甲의 1억 원의 차용행위는 유효하다. 따라서 1억 원의 대여금채무는 조합채무이다.

03 조합채무에 대한 책임

1. 조합재산에 의한 조합원 모두의 공동책임

(1) 조합의 채권자는 채권 전액에 관해 조합재산으로부터 변제를 청구할 수 있다.

(2) A은행은 甲·乙·丙 모두를 상대로 하여 채권액 전부에 관한 이행의 소를 제기하고, 그 판결에 기해 조합재산에 대해 강제집행하게 된다.

2. 각 조합원의 개인재산에 의한 개별책임

(1) 각 조합원은 손실부담의 비율에 따라 개별책임을 진다. 다만 채권자 A은행이 그 채권발생 당시에 조합원의 손실부담의 비율을 알지 못한 때에는 각 조합원에게 균분하여 그 권리를 행사할 수 있다.

(2) 조합원 중에 변제할 자력 없는 자가 있는 때에는 그 변제할 수 없는 부분은 다른 조합원이 균분하여 변제할 책임이 있다.

3. 공동책임과 개별책임의 관계

조합채무는 조합재산에 의한 조합원 모두의 공동책임과 각 조합원의 개인재산에 의한 개별책임이 병존한다. 따라서 조합채권자 A은행은 조합재산에 대해 먼저 청구해야 하는 것은 아니며 바로 조합원 개인재산에 대하여 청구할 수도 있다.

54-5 [기출 13회 3문]

甲 · 乙 · 丙은 공동으로 법인을 설립하지 않고 각각 1억 원을 투자하여 목공예 공방 사업의 공동경영을 위한 민법상 조합을 결성하기로 하였으나, 丙이 출자의 무를 이행하지 않고 있다. 민법상 조합계약을 쌍무계약으로 보는 경우, 丙의 출 자의무 불이행을 이유로 생길 수 있는 문제와 조합계약의 성립요건에 관하여 설 명하고, 목공예 공방 사업의 결과 수익이 발생한 경우 이익분배는 어떻게 하여 야 하는지에 관하여 설명하시오. (20점)

01 조합원 丙의 출자의무 불이행

1. 조합재산의 합유

조합원의 출자 기타 조합재산은 조합원의 합유로 한다(제704조).

2. 금전출자지체의 책임

금전을 출자의 목적으로 한 조합원 丙이 출자시기를 지체한 때에는 연체이자를 지급하는 외에 손해를 배상하여야 한다(제705조).

3. 동시이행의 항변권

출자청구를 하는 조합원이 이행을 하지 않은 경우 청구를 받은 丙은 동시이행의 항변이 가능하나, 다른 조합원의 출자의무불이행을 이유로 항변하는 것은 허용되지 않는다.

4. 위험부담

조합원 丙의 출자의무가 그의 책임 없는 사유로 후발적 불능이 된 경우에, 출자가 불능인 조합원은 조합원이 되지 못할 뿐이며 다른 조합원의 출자의무가 당연히 소멸하는 것은 아니라고 본다.

5. 조합계약의 해제

조합계약에 있어서는 조합의 해산청구를 하거나 조합으로부터 탈퇴를 하거나 또는 다른 조합원을 제명할 수 있을 뿐이지 조합계약을 해제하고 상대방에게 원상회복의 의무를 부담지울 수 없다(94다7157).

02 조합계약의 성립요건

1. 단체성

조합계약은 2인 이상이 상호 출자하여 공동사업을 경영할 것을 약정함으로써 성립하는 계약이다. 따라서 그 성립에는 2인 이상의 당사자를 필요로 한다.

2. 공동사업경영의 목적

조합의 사업은 공동의 것이어야 한다. 즉, 조합원 전원이 사업의 성공에 대해 이해관계를 가져야 하고, 이익은 조합원 모두에게 분배되어야 한다. 반면 어느 조합원만이 손실을 부담하는 것은 조합의 성질에 반하지 않는다.

3. 출자의무의 부담

모든 조합원이 출자의무를 부담하여야 한다. 출자의 종류에는 제한이 없다. 따라서 출자는 금전 기타 재산 또는 노무로 할 수 있다(제703조 제2항).

03 조합원의 이익분배

1. 손익분배의 비율은 조합계약에서 정할 수 있다. 조합계약에서 정하지 않은 경우에는 각 조합원의 출자가액에 비례하여 이를 정한다(제711조 제1항).

2. 이익 또는 손실에 대하여 분배의 비율을 정한 때에는 그 비율은 이익과 손실에 공통된 것으로 추정한다(제711조 제2항).

3. 조합원이 출자의무를 이행하지 않더라도, 조합은 출자의무의 불이행을 이유로 이익분배 자체를 거부할 수 없고, 그 조합원에게 지급할 이익분배금에서 출자금이나 연체이자를 당연히 공제할 수도 없다(2015다69990).

4. 목공예 공방 사업의 결과 수익이 발생한 경우에, 사안은 조합계약에서 손익분배의 비율을 정하지 않았으므로, 甲·乙·丙은 출자가액에 비례하여 1/3씩 이익을 분배하여야 한다.

> **54-6** 조합의 재산관계(사례형, 20분)
>
> 甲, 乙, 丙 세 사람은 각자 재산을 출연하여 자동차정비업소를 공동으로 경영하기로 하는 조합을 결성하였다. 이를 토대로 아래 각 문항에 대하여 답하시오.
>
> ⑴ 업무집행자인 甲이 丁으로부터 조합운영자금 6,000만 원을 차용하였다. 이 경우 甲, 乙, 丙은 丁에게 어떠한 책임을 지는가?
>
> ⑵ 丁은 甲에 대하여 개인적으로 1억 원의 대여금채권을 가지고 있다. 그런데 甲은 조합에 대한 지분 이외에는 다른 재산이 없다. 이 경우 丁은 어떠한 방법으로 개인적인 채권을 회수할 수 있는가?

01 문제 1-(1)

1. 문제의 소재

업무집행자인 甲이 丁으로부터 조합운영자금 6,000만 원을 차용하였는바, 위 차용금채무가 조합채무인지 여부와 만일 조합채무라면 조합원 甲, 乙, 丙은 채권자 丁에게 어떠한 책임을 지는지 검토한다.

2. 사안의 채무가 조합채무에 해당하는지 여부

⑴ 업무집행자를 정한 경우에, 조합의 업무집행은 업무집행자의 과반수로써 결정한다. 다만 조합의 통상사무는 각 업무집행자가 전행할 수 있다(제706조 참조).

⑵ 사안의 경우, 甲은 단독의 업무집행자이므로 甲의 6,000만 원의 차용행위는 유효하다. 따라서 조합원 甲, 乙, 丙은 丁에 대하여 6,000만 원의 조합채무를 부담한다.

3. 조합채무에 대한 책임

⑴ 조합재산에 의한 조합원 모두의 공동책임

① 조합의 채권자는 채권 전액에 관해 조합재산으로부터 변제를 청구할 수 있다.

② 조합의 채권자는 조합원 모두를 상대로 하여 채권액 전부에 관한 이행의 소를 제기하고, 그 판결에 기해 조합재산에 대해 강제집행하게 된다.

(2) 각 조합원의 개인재산에 의한 개별책임

① 각 조합원은 손실부담의 비율에 따라 조합채무를 나눈 것에 대해 채무를 부담하지만, 조합채권자가 그 채권발생 당시에 조합원의 손실부담의 비율을 알지 못한 때에는 각 조합원에게 균분하여 그 권리를 행사할 수 있다(제712조).

② 조합원 중에 변제할 자력 없는 자가 있는 때에는 그 변제할 수 없는 부분은 다른 조합원이 균분하여 변제할 책임이 있다(제713조).

③ 조합채무는 조합재산에 의한 조합원 모두의 공동책임과 각 조합원의 개인재산에 의한 개별책임이 병존한다. 따라서 조합채권자는 조합재산에 대해 먼저 청구 및 집행해야 하는 것은 아니며, 바로 조합원 개인재산에 대하여 청구하여도 무방하다.

4. 사안의 해결

조합원 甲, 乙, 丙은 채권자 丁에게 조합재산에 의한 조합원 모두의 공동책임을 지고, 또한 각 조합원의 개인재산에 의한 개별책임을 병존적으로 진다.

02 문제 1-(2)

1. 문제의 소재

丁은 甲에 대하여 개인적으로 1억 원의 대여금채권을 가지고 있다. 이 경우 ① 丁이 甲의 합유지분을 압류할 수 있는지 여부, ② 甲이 조합을 탈퇴하는 경우 지분환급청구권이 발생하는 바 丁이 조합탈퇴권을 대위행사할 수 있는지 여부, ③ 별도로 조합재산에 대하여 강제집행할 수 있는지 여부가 문제된다.

2. 甲의 합유지분에 대한 압류

(1) 조합원 개인에 대한 채권자는 조합재산에 대하여는 조합원의 합유지분에 대하여만 압류할 수 있다. 이러한 조합원의 지분에 대한 압류는 그 조합원의 장래의 이익배당 및 지분의 반환을 받을 권리에 대하여 효력이 있다(제714조).

(2) 사안의 경우, 丁은 甲의 합유지분을 압류하여 甲의 이익배당금 및 지분반환권에 관하여 권리를 행사할 수 있다.

3. 甲의 조합탈퇴권의 대위행사

조합원은 조합의 존속기간이 정해져 있는 경우 등을 제외하고는 원칙적으로 언제든지 조합에서 탈퇴할 수 있고, 조합원이 탈퇴하면 그 당시의 조합재산상태에 따라 다른 조합원과 사이에 지분의 계산을 하여 지분환급청구권을 가지게 되는바, 이러한 조합탈퇴권은 성질상 조합계약의 해지권으로서 재산권의 일종이다. 따라서 지분을 압류한 채권자는, 존속기간이 정하여져 있다거나 기타 채무자 본인의 조합탈퇴가 허용되지 아니하는 것과 같은 특별한 사유가 있지 않은 한, 채권자대위권에 의하여 채무자의 조합탈퇴권을 대위행사하여 채권을 회수할수 있다(2005마1130).

4. 조합재산에 대한 강제집행 가능 여부

조합의 채권은 조합원 전원에 합유적으로 귀속하는 것이어서 조합원 중 1인에 대한 채권으로써 그 조합원 개인을 집행채무자로 하여 조합의 채권에 대해 강제집행할 수는 없다(2000다68924).

5. 사안의 해결

丁은 甲의 조합지분에 대한 압류와 甲의 조합탈퇴권의 대위행사를 통하여 자신의 개인적 채권을 회수할 수 있으나, 조합재산에 대한 강제집행은 할 수 없다.

55 종신정기금계약

01 종신정기금계약의 의의

종신정기금계약은 당사자 일방이 <u>자기, 상대방 또는 제3자의 종신까지 정기로 금전 기타의 물건을</u> 상대방 또는 제3자에게 <u>지급할 것을 약정</u>함으로써 성립하는 계약이다.

02 종신정기금계약의 효력

1. 종신정기금채권의 발생

종신정기금은 특정인의 사망으로 소멸한다. 이때 <u>종신정기금은 일수로 계산한다.</u>

2. 종신정기금계약의 해제

(1) <u>정기금채무자가 정기금채무의 원본을 받은 경우에 그 정기금채무의 지급을 해태하거나 기타 의무를 이행하지 아니한 때에는 정기금채권자는 원본의 반환을 청구할 수 있다</u>(제727조 제1항 본문).

(2) 정기금채권자가 위 해제를 하더라도 손해가 있는 때에는 그 배상을 청구할 수 있다.

(3) 종신정기금의 해제에 따라 각 당사자가 부담하는 의무는 동시이행의 관계에 있다.

3. 채무자귀책사유로 인한 사망과 채권존속선고

<u>사망이 정기금채무자의 책임 있는 사유로 인한 때에는 법원은 정기금채권자 또는 그 상속인의 청구에 의하여 상당한 기간 채권의 존속을 선고할 수 있다</u>(제729조 제1항).

56 > 화해(약술형, A)

01 화해의 의의

화해는 당사자가 상호 양보하여 당사자 간의 분쟁을 종지할 것을 약정함으로써 성립하는 계약이다. 유상·쌍무·낙성·불요식계약이다.

02 화해의 성립

1. 분쟁의 존재

분쟁이란 법률관계의 존부·범위·태양 등에 관하여 당사자가 서로 다르게 주장하는 것을 의미한다.

2. 당사자의 상호양보

여기서 양보는 진실한 권리관계를 기준으로 하는 것이 아니라 당사자의 주장을 기준으로 한다.

3. 당사자의 자격

화해는 처분행위이므로, 화해 당사자는 처분권한을 가지고 있어야 한다.

4. 분쟁을 끝내는 합의

이는 나중에 사실과 다르다는 것이 드러나도 구속된다는 뜻의 합의이다.

03 화해의 효력

1. 창설적 효력

화해계약은 당사자 일방이 양보한 권리가 소멸되고 상대방이 화해로 인하여 그 권리를 취득하는 효력이 있다(제732조).

2. 화해와 착오취소의 관계

화해계약은 착오를 이유로 하여 취소하지 못한다. 그러나 화해당사자의 자격 또는 화해의 목적인 분쟁 이외의 사항에 착오가 있는 때에는 취소할 수 있다(제733조).

3. 화해와 후발손해의 관계

불법행위로 인한 손해배상에 관하여 배상액의 합의를 한 때에는 그 이상의 후발손해에 대해서는 추가청구를 할 수 없는 것이 원칙이다. 그러나 예상 외의 후발손해에 대해서는 화해를 하지 않은 것으로 보아 추가청구를 할 수 있는 것으로 본다.

> 제731조 【화해의 의의】 화해는 당사자가 상호양보하여 당사자간의 분쟁을 종지할 것을 약정함으로써 그 효력이 생긴다.
>
> 제732조 【화해의 창설적효력】 화해계약은 당사자 일방이 양보한 권리가 소멸되고 상대방이 화해로 인하여 그 권리를 취득하는 효력이 있다.
>
> 제733조 【화해의 효력과 착오】 화해계약은 착오를 이유로 하여 취소하지 못한다. 그러나 화해당사자의 자격 또는 화해의 목적인 분쟁 이외의 사항에 착오가 있는 때에는 그러하지 아니하다.

56-1 [기출 4회 3문]

가해자 甲과 피해자 乙 쌍방의 과실로 교통사고가 발생하였음에도, 甲은 자신의 과실만으로 인해 그 교통사고가 발생한 것으로 잘못 알고 치료비 명목의 합의금에 관하여 乙과 화해계약을 체결하였다. 이러한 경우에 甲은 위 화해계약을 취소할 수 있는지 설명하시오. (20점)

01 문제의 소재

사안에서 甲과 乙은 교통사고로 인해 乙에게 발생한 손해를 배상함에 있어 치료비 명목의 합의금에 관하여 화해계약을 체결하였다. 그런데 가해자 甲은 실제로는 쌍방과실의 교통사고를 자신의 전적인 과실로 인한 것으로 잘못 알고 화해계약을 체결한 경우이다. 이때 그 화해계약을 화해의 목적인 분쟁 이외의 사항에 관하여 착오가 있음을 이유로 취소할 수 있는가가 문제된다.

02 화해의 성립요건

1. 분쟁의 존재

분쟁이란 법률관계의 존부·범위·태양 등에 관하여 당사자가 서로 다르게 주장하는 것을 의미한다.

2. 당사자의 상호양보

여기서 양보는 당사자의 주장을 기준으로 한다.

3. 당사자의 자격

화해는 처분행위이므로, 화해의 당사자는 처분권한을 가지고 있어야 한다.

4. 분쟁을 끝내는 합의

이는 나중에 사실과 다르다는 것이 드러나도 구속된다는 뜻의 합의이다.

03 화해의 효력

1. 법률관계를 확정하는 효력

화해계약이 성립하면 다툼이 있던 법률관계는 화해계약의 내용에 따라서 확정된다.

2. 창설적 효력

화해계약은 당사자 일방이 양보한 권리가 소멸되고 상대방이 화해로 인하여 그 권리를 취득하는 창설적 효력이 있다.

04 화해와 착오취소의 관계

1. 화해계약은 착오를 이유로 하여 취소하지 못한다. 그러나 화해당사자의 자격 또는 화해의 목적인 분쟁 이외의 사항에 착오가 있는 때에는 취소할 수 있다.

2. 여기서 화해의 목적인 분쟁 이외의 사항이라 함은 분쟁의 대상이 아니라 분쟁의 전제 또는 기초가 된 사항으로서, 쌍방 당사자가 예정한 것이어서 상호 양보의 내용으로 되지 않고 다툼이 없는 사실로 양해된 사항을 말한다.

05 문제의 해결

사안에서 교통사고가 가해자 甲의 전적인 과실로 발생하였다는 사실은 분쟁 이외의 사항이고, 실제로 쌍방과실이라는 것은 여기에 착오가 있는 경우이므로, 甲은 乙과의 화해계약을 착오를 이유로 취소할 수 있다.

56-2 [기출 13회 4문]

甲이 운전하던 오토바이와 乙의 차량이 충돌하여 甲이 의식불명 상태로 입원하
였다. 甲의 법정대리인인 부모는 사고가 오로지 甲의 과실에 의해 발생한 것으
로 오해하여 乙로부터 소액의 합의금을 받고 일체의 손해배상청구권을 포기하
기로 하는 화해계약을 체결하였다. 이 경우 그 화해계약의 성립요건 및 효력에
대하여 설명하고, 만약 사고에 乙의 과실이 경합한 경우 甲이 화해계약을 취소
할 수 있는지 여부에 관하여 설명하시오. (20점)

01 문제의 소재

화해계약은 당사자가 상호 양보하여 당사자 간의 분쟁을 종지할 것을 약정함으로써 성립하
는 계약이다. 甲의 부모는 쌍방 과실의 교통사고를 오로지 甲의 과실로 인한 것으로 잘못 알
고 화해계약을 체결하였다. 이때 화해계약을 분쟁 이외의 사항에 관하여 착오가 있음을 이유
로 취소할 수 있는가가 문제된다.

02 화해계약의 성립요건

1. 분쟁의 존재

분쟁이란 법률관계의 존부·범위·태양 등에 관하여 서로 다르게 주장하는 것이다.

2. 당사자의 상호양보

양보는 진실한 권리관계가 아니라 당사자의 주장을 기준으로 한다.

3. 당사자의 자격

화해는 처분행위이므로, 화해당사자는 처분권한을 가지고 있어야 한다.

4. 분쟁을 끝내는 합의

나중에 사실과 다르다는 것이 드러나도 구속된다는 뜻의 합의이다.

03 화해계약의 효력

1. 법률관계를 확정하는 효력

화해계약이 성립하면 다툼이 있던 법률관계는 화해계약의 내용에 따라서 확정된다.

2. 창설적 효력

화해계약은 당사자 일방이 양보한 권리가 소멸되고 상대방이 화해로 인하여 그 권리를 취득하는 효력이 있다(제732조).

04 甲이 화해계약을 취소할 수 있는지 여부

1. 화해계약과 착오취소

화해계약은 착오를 이유로 하여 취소하지 못한다. 그러나 화해당사자의 자격 또는 화해의 목적인 분쟁 이외의 사항에 착오가 있는 때에는 취소할 수 있다(제733조).

2. 화해의 목적인 분쟁 이외의 사항이라 함은 분쟁의 대상이 아니라 분쟁의 전제 또는 기초가 된 사항으로서, 쌍방 당사자가 예정한 것이어서 상호 양보의 내용으로 되지 않고 다툼이 없는 사실로 양해된 사항을 말한다.

3. 교통사고가 오로지 甲의 과실로 발생하였다는 것은 분쟁 이외의 사항이고, 실제로는 쌍방 과실이었다. 이는 분쟁 이외의 사항에 착오가 있는 것이다. 따라서 甲은 乙과의 화해계약을 착오를 이유로 취소할 수 있다.

부록

민법(계약) 관련 법령

민법

[시행 2026. 1. 1.]
[법률 제20432호, 2024. 9. 20., 일부개정]

제3편 채권

제2장 계약

제1절 총칙

제1관 계약의 성립

제527조【계약의 청약의 구속력】 계약의 청약은 이를 철회하지 못한다.

제528조【승낙기간을 정한 계약의 청약】 ① 승낙의 기간을 정한 계약의 청약은 청약자가 그 기간 내에 승낙의 통지를 받지 못한 때에는 그 효력을 잃는다. ② 승낙의 통지가 전항의 기간후에 도달한 경우에 보통 그 기간내에 도달할 수 있는 발송인 때에는 청약자는 지체없이 상대방에게 그 연착의 통지를 하여야 한다. 그러나 그 도달전에 지연의 통지를 발송한 때에는 그러하지 아니하다. ③ 청약자가 전항의 통지를 하지 아니한 때에는 승낙의 통지는 연착되지 아니한 것으로 본다.

제529조【승낙기간을 정하지 아니한 계약의 청약】 승낙의 기간을 정하지 아니한 계약의 청약은 청약자가 상당한 기간내에 승낙의 통지를 받지 못한 때에는 그 효력을 잃는다.

제530조【연착된 승낙의 효력】 전2조의 경우에 연착된 승낙은 청약자가 이를 새 청약으로 볼 수 있다.

제531조【격지자간의 계약성립시기】 격지자간의 계약은 승낙의 통지를 발송한 때에 성립한다.

제532조【의사실현에 의한 계약성립】 청약자의 의사표시나 관습에 의하여 승낙의 통지가 필요하지 아니한 경우에는 계약은 승낙의 의사표시로 인정되는 사실이 있는 때에 성립한다.

제533조【교차청약】 당사자간에 동일한 내용의 청약이 상호교차된 경우에는 양청약이 상대방에게 도달한 때에 계약이 성립한다.

제534조【변경을 가한 승낙】 승낙자가 청약에 대하여 조건을 붙이거나 변경을 가하여 승낙한 때에는 그 청약의 거절과 동시에 새로 청약한 것으로 본다.

제535조【계약체결상의 과실】 ① 목적이 불능한 계약을 체결할 때에 그 불능을 알았거나 알 수 있었을 자는 상대방이 그 계약의 유효를 믿었음으로 인하여 받은 손해를 배상하여야 한다. 그러나 그 배상액은 계약이 유효함으로 인하여 생길 이익액을 넘지 못한다. ② 전항의 규정은 상대방이 그 불능을 알았거나 알 수 있었을 경우에는 적용하지 아니한다.

제2관 계약의 효력

제536조【동시이행의 항변권】 ① 쌍무계약의 당사자 일방은 상대방이 그 채무이행을 제공할 때까지 자기의 채무이행을 거절할 수 있다. 그러나 상대방의 채무가 변제기에 있지 아니하는 때에는 그러하지 아니하다. ② 당사자 일방이 상대방에게 먼저 이행하여야 할 경우에 상대방의 이행이 곤란할 현저한 사유가 있는 때에는 전항 본문과 같다.

제537조【채무자위험부담주의】 쌍무계약의 당사자 일방의 채무가 당사자쌍방의 책임없는 사유로 이행할 수 없게 된 때에는 채무자는 상대방의 이행을 청구하지 못한다.

제538조【채권자귀책사유로 인한 이행불능】 ① 쌍무계약의 당사자 일방의 채무가 채권자의 책임있는 사유로 이행할 수 없게 된 때에는 채무자는 상대방의 이행을 청구할 수 있다. 채권자의 수령지체 중에 당사자쌍방의 책임없는 사유로 이행할 수 없게 된 때에도 같다. ② 전항의 경우에 채무자는 자기의 채무를 면함으로써 이익을 얻은 때에는 이를 채권자에게 상환하여야 한다.

제539조【제삼자를 위한 계약】 ① 계약에 의하여 당사자 일방이 제삼자에게 이행할 것을 약정한 때에는 그 제삼자는 채무자에게 직접 그 이행을 청구할 수 있다.
② 전항의 경우에 제삼자의 권리는 그 제삼자가 채무자에 대하여 계약의 이익을 받을 의사를 표시한 때에 생긴다.

제540조【채무자의 제삼자에 대한 최고권】 전조의 경우에 채무자는 상당한 기간을 정하여 계약의 이익의 향수여부의 확답을 제삼자에게 최고할 수 있다. 채무자가 그 기간내에 확답을 받지 못한 때에는 제삼자가 계약의 이익을 받을 것을 거절한 것으로 본다.

제541조【제삼자의 권리의 확정】 제539조의 규정에 의하여 제삼자의 권리가 생긴 후에는 당사자는 이를 변경 또는 소멸시키지 못한다.

제542조【채무자의 항변권】 채무자는 제539조의 계약에 기한 항변으로 그 계약의 이익을 받을 제삼자에게 대항할 수 있다.

제3관 계약의 해지, 해제

제543조【해지, 해제권】 ① 계약 또는 법률의 규정에 의하여 당사자의 일방이나 쌍방이 해지 또는 해제의 권리가 있는 때에는 그 해지 또는 해제는 상대방에 대한 의사표시로 한다.
② 전항의 의사표시는 철회하지 못한다.

제544조【이행지체와 해제】 당사자 일방이 그 채무를 이행하지 아니하는 때에는 상대방은 상당한 기간을 정하여 그 이행을 최고하고 그 기간내에 이행하지 아니한 때에는 계약을 해제할 수 있다. 그러나 채무자가 미리 이행하지 아니할 의사를 표시한 경우에는 최고를 요하지 아니한다.

제545조【정기행위와 해제】 계약의 성질 또는 당사자의 의사표시에 의하여 일정한 시일 또는 일정한 기간내에 이행하지 아니하면 계약의 목적을 달성할 수 없을 경우에 당사자 일방이 그 시기에 이행하지 아니한 때에는 상대방은 전조의 최고를 하지 아니하고 계약을 해제할 수 있다.

제546조【이행불능과 해제】 채무자의 책임있는 사유로 이행이 불능하게 된 때에는 채권자는 계약을 해제할 수 있다.

제547조【해지, 해제권의 불가분성】 ① 당사자의 일방 또는 쌍방이 수인인 경우에는 계약의 해지나 해제는 그 전원으로부터 또는 전원에 대하여 하여야 한다.
② 전항의 경우에 해지나 해제의 권리가 당사자 1인에 대하여 소멸한 때에는 다른 당사자에 대하여도 소멸한다.

제548조【해제의 효과, 원상회복의무】 ① 당사자 일방이 계약을 해제한 때에는 각 당사자는 그 상대방에 대하여 원상회복의 의무가 있다. 그러나 제삼자의 권리를 해하지 못한다.
② 전항의 경우에 반환할 금전에는 그 받은 날로부터 이자를 가하여야 한다.

제549조【원상회복의무와 동시이행】 제536조의 규정은 전조의 경우에 준용한다.

제550조【해지의 효과】 당사자 일방이 계약을 해지한 때에는 계약은 장래에 대하여 그 효력을 잃는다.

제551조【해지, 해제와 손해배상】 계약의 해지 또는 해제는 손해배상의 청구에 영향을 미치지 아니한다.

제552조【해제권행사여부의 최고권】 ① 해제권의 행사의 기간을 정하지 아니한 때에는 상대방은 상당한 기간을 정하여 해제권행사여부의 확답을 해제권자에게 최고할 수 있다.
② 전항의 기간내에 해제의 통지를 받지 못한 때에는 해제권은 소멸한다.

제553조【훼손 등으로 인한 해제권의 소멸】 해제권자의 고의나 과실로 인하여 계약의 목적물이 현저히 훼손되거나 이를 반환할 수 없게 된 때 또는 가공이나 개조로 인하여 다른 종류의 물건으로 변경된 때에는 해제권은 소멸한다.

제2절 증여

제554조【증여의 의의】 증여는 당사자 일방이 무상으로 재산을 상대방에 수여하는 의사를 표시하고 상대방이 이를 승낙함으로써 그 효력이 생긴다.

제555조【서면에 의하지 아니한 증여와 해제】증여의 의사가 서면으로 표시되지 아니한 경우에는 각 당사자는 이를 해제할 수 있다.

제556조【수증자의 행위와 증여의 해제】① 수증자가 증여자에 대하여 다음 각호의 사유가 있는 때에는 증여자는 그 증여를 해제할 수 있다.
1. 증여자 또는 그 배우자나 직계혈족에 대한 범죄행위가 있는 때
2. 증여자에 대하여 부양의무있는 경우에 이를 이행하지 아니하는 때
② 전항의 해제권은 해제원인있음을 안 날로부터 6월을 경과하거나 증여자가 수증자에 대하여 용서의 의사를 표시한 때에는 소멸한다.

제557조【증여자의 재산상태변경과 증여의 해제】증여계약후에 증여자의 재산상태가 현저히 변경되고 그 이행으로 인하여 생계에 중대한 영향을 미칠 경우에는 증여자는 증여를 해제할 수 있다.

제558조【해제와 이행완료부분】전3조의 규정에 의한 계약의 해제는 이미 이행한 부분에 대하여는 영향을 미치지 아니한다.

제559조【증여자의 담보책임】① 증여자는 증여의 목적인 물건 또는 권리의 하자나 흠결에 대하여 책임을 지지 아니한다. 그러나 증여자가 그 하자나 흠결을 알고 수증자에게 고지하지 아니한 때에는 그러하지 아니하다.
② 상대부담있는 증여에 대하여는 증여자는 그 부담의 한도에서 매도인과 같은 담보의 책임이 있다.

제560조【정기증여와 사망으로 인한 실효】정기의 급여를 목적으로 한 증여는 증여자 또는 수증자의 사망으로 인하여 그 효력을 잃는다.

제561조【부담부증여】상대부담있는 증여에 대하여는 본절의 규정외에 쌍무계약에 관한 규정을 적용한다.

제562조【사인증여】증여자의 사망으로 인하여 효력이 생길 증여에는 유증에 관한 규정을 준용한다.

제3절 매매
제1관 총칙

제563조【매매의 의의】매매는 당사자 일방이 재산권을 상대방에게 이전할 것을 약정하고 상대방이 그 대금을 지급할 것을 약정함으로써 그 효력이 생긴다.

제564조【매매의 일방예약】① 매매의 일방예약은 상대방이 매매를 완결할 의사를 표시하는 때에 매매의 효력이 생긴다.
② 전항의 의사표시의 기간을 정하지 아니한 때에는 예약자는 상당한 기간을 정하여 매매완결여부의 확답을 상대방에게 최고할 수 있다.
③ 예약자가 전항의 기간 내에 확답을 받지 못한 때에는 예약은 그 효력을 잃는다.

제565조【해약금】① 매매의 당사자 일방이 계약당시에 금전 기타 물건을 계약금, 보증금등의 명목으로 상대방에게 교부한 때에는 당사자간에 다른 약정이 없는 한 당사자의 일방이 이행에 착수할 때까지 교부자는 이를 포기하고 수령자는 그 배액을 상환하여 매매계약을 해제할 수 있다.
② 제551조의 규정은 전항의 경우에 이를 적용하지 아니한다.

제566조【매매계약의 비용의 부담】매매계약에 관한 비용은 당사자 쌍방이 균분하여 부담한다.

제567조【유상계약에의 준용】본절의 규정은 매매 이외의 유상계약에 준용한다. 그러나 그 계약의 성질이 이를 허용하지 아니하는 때에는 그러하지 아니하다.

제2관 매매의 효력

제568조【매매의 효력】① 매도인은 매수인에 대하여 매매의 목적이 된 권리를 이전하여야 하며 매수인은 매도인에게 그 대금을 지급하여야 한다.
② 전항의 쌍방의무는 특별한 약정이나 관습이 없으면 동시에 이행하여야 한다.

제569조【타인의 권리의 매매】매매의 목적이 된 권리가 타인에게 속한 경우에는 매도인은 그 권리를 취득하여 매수인에게 이전하여야 한다.

제570조【동전-매도인의 담보책임】전조의 경우에 매도인이 그 권리를 취득하여 매수인에게 이전할 수 없는 때에는 매수인은 계약을 해제할 수 있다. 그러나 매수인이 계약당시 그 권리가 매도인에게 속하지 아니함을 안 때에는 손해배상을 청구하지 못한다.

제571조【동전-선의의 매도인의 담보책임】① 매도인이 계약당시에 매매의 목적이 된 권리가 자기에게 속하지 아니함을 알지 못한 경우에 그 권리를 취득하여 매수인에게 이전할 수 없는 때에는 매도인은 손해를 배상하고 계약을 해제할 수 있다.
② 전항의 경우에 매수인이 계약당시 그 권리가 매도인에게 속하지 아니함을 안 때에는 매도인은 매수인에 대하여 그 권리를 이전할 수 없음을 통지하고 계약을 해제할 수 있다.

제572조【권리의 일부가 타인에게 속한 경우와 매도인의 담보책임】① 매매의 목적이 된 권리의 일부가 타인에게 속함으로 인하여 매도인이 그 권리를 취득하여 매수인에게 이전할 수 없는 때에는 매수인은 그 부분의 비율로 대금의 감액을 청구할 수 있다.
② 전항의 경우에 잔존한 부분만이면 매수인이 이를 매수하지 아니하였을 때에는 선의의 매수인은 계약전부를 해제할 수 있다.
③ 선의의 매수인은 감액청구 또는 계약해제외에 손해배상을 청구할 수 있다.

제573조【전조의 권리행사의 기간】전조의 권리는 매수인이 선의인 경우에는 사실을 안 날로부터, 악의인 경우에는 계약한 날로부터 1년내에 행사하여야 한다.

제574조【수량부족, 일부멸실의 경우와 매도인의 담보책임】전2조의 규정은 수량을 지정한 매매의 목적물이 부족되는 경우와 매매목적물의 일부가 계약당시에 이미 멸실된 경우에 매수인이 그 부족 또는 멸실을 알지 못한 때에 준용한다.

제575조【제한물권있는 경우와 매도인의 담보책임】① 매매의 목적물이 지상권, 지역권, 전세권, 질권 또는 유치권의 목적이 된 경우에 매수인이 이를 알지 못한 때에는 이로 인하여 계약의 목적을 달성할 수 없는 경우에 한하여 매수인은 계약을 해제할 수 있다. 기타의 경우에는 손해배상만을 청구할 수 있다.
② 전항의 규정은 매매의 목적이 된 부동산을 위하여 존재할 지역권이 없거나 그 부동산에 등기된 임대차계약이 있는 경우에 준용한다.
③ 전2항의 권리는 매수인이 그 사실을 안 날로부터 1년내에 행사하여야 한다.

제576조【저당권, 전세권의 행사와 매도인의 담보책임】① 매매의 목적이 된 부동산에 설정된 저당권 또는 전세권의 행사로 인하여 매수인이 그 소유권을 취득할 수 없거나 취득한 소유권을 잃은 때에는 매수인은 계약을 해제할 수 있다.
② 전항의 경우에 매수인의 출재로 그 소유권을 보존한 때에는 매도인에 대하여 그 상환을 청구할 수 있다.
③ 전2항의 경우에 매수인이 손해를 받은 때에는 그 배상을 청구할 수 있다.

제577조【저당권의 목적이 된 지상권, 전세권의 매매와 매도인의 담보책임】전조의 규정은 저당권의 목적이 된 지상권 또는 전세권이 매매의 목적이 된 경우에 준용한다.

제578조【경매와 매도인의 담보책임】① 경매의 경우에는 경락인은 전8조의 규정에 의하여 채무자에게 계약의 해제 또는 대금감액의 청구를 할 수 있다.
② 전항의 경우에 채무자가 자력이 없는 때에는 경락인은 대금의 배당을 받은 채권자에 대하여 그 대금전부나 일부의 반환을 청구할 수 있다.
③ 전2항의 경우에 채무자가 물건 또는 권리의 흠결을 알고 고지하지 아니하거나 채권자가 이를 알고 경매를 청구한 때에는 경락인은 그 흠결을 안 채무자나 채권자에 대하여 손해배상을 청구할 수 있다.

제579조【채권매매와 매도인의 담보책임】① 채권의 매도인이 채무자의 자력을 담보한 때에는 매매계약당시의 자력을 담보한 것으로 추정한다.
② 변제기에 도달하지 아니한 채권의 매도인이 채무자의 자력을 담보한 때에는 변제기의 자력을 담보한 것으로 추정한다.

제580조【매도인의 하자담보책임】① 매매의 목적물에 하자가 있는 때에는 제575조 제1항의 규정을 준용한다. 그러나 매수인이 하자있는 것을 알았거나 과실로 인하여 이를 알지 못한 때에는 그러하지 아니하다.

② 전항의 규정은 경매의 경우에 적용하지 아니한다.

제581조 【종류매매와 매도인의 담보책임】 ① 매매의 목적물을 종류로 지정한 경우에도 그 후 특정된 목적물에 하자가 있는 때에는 전조의 규정을 준용한다. ② 전항의 경우에 매수인은 계약의 해제 또는 손해배상의 청구를 하지 아니하고 하자없는 물건을 청구할 수 있다.

제582조 【전2조의 권리행사기간】 전2조에 의한 권리는 매수인이 그 사실을 안 날로부터 6월내에 행사하여야 한다.

제583조 【담보책임과 동시이행】 제536조의 규정은 제572조 내지 제575조, 제580조 및 제581조의 경우에 준용한다.

제584조 【담보책임면제의 특약】 매도인은 전15조에 의한 담보책임을 면하는 특약을 한 경우에도 매도인이 알고 고지하지 아니한 사실 및 제삼자에게 권리를 설정 또는 양도한 행위에 대하여는 책임을 면하지 못한다.

제585조 【동일기한의 추정】 매매의 당사자 일방에 대한 의무이행의 기한이 있는 때에는 상대방의 의무이행에 대하여도 동일한 기한이 있는 것으로 추정한다.

제586조 【대금지급장소】 매매의 목적물의 인도와 동시에 대금을 지급할 경우에는 그 인도장소에서 이를 지급하여야 한다.

제587조 【과실의 귀속, 대금의 이자】 매매계약있은 후에도 인도하지 아니한 목적물로부터 생긴 과실은 매도인에게 속한다. 매수인은 목적물의 인도를 받은 날로부터 대금의 이자를 지급하여야 한다. 그러나 대금의 지급에 대하여 기한이 있는 때에는 그러하지 아니하다.

제588조 【권리주장자가 있는 경우와 대금지급거절권】 매매의 목적물에 대하여 권리를 주장하는 자가 있는 경우에 매수인이 매수한 권리의 전부나 일부를 잃을 염려가 있는 때에는 매수인은 그 위험의 한도에서 대금의 전부나 일부의 지급을 거절할 수 있다. 그러나 매도인이 상당한 담보를 제공한 때에는 그러하지 아니하다.

제589조 【대금공탁청구권】 전조의 경우에 매도인은 매수인에 대하여 대금의 공탁을 청구할 수 있다.

제3관 환매

제590조 【환매의 의의】 ① 매도인이 매매계약과 동시에 환매할 권리를 보류한 때에는 그 영수한 대금 및 매수인이 부담한 매매비용을 반환하고 그 목적물을 환매할 수 있다.
② 전항의 환매대금에 관하여 특별한 약정이 있으면 그 약정에 의한다.
③ 전2항의 경우에 목적물의 과실과 대금의 이자는 특별한 약정이 없으면 이를 상계한 것으로 본다.

제591조 【환매기간】 ① 환매기간은 부동산은 5년, 동산은 3년을 넘지 못한다. 약정기간이 이를 넘는 때에는 부동산은 5년, 동산은 3년으로 단축한다.
② 환매기간을 정한 때에는 다시 이를 연장하지 못한다.
③ 환매기간을 정하지 아니한 때에는 그 기간은 부동산은 5년, 동산은 3년으로 한다.

제592조 【환매등기】 매매의 목적물이 부동산인 경우에 매매등기와 동시에 환매권의 보류를 등기한 때에는 제삼자에 대하여 그 효력이 있다.

제593조 【환매권의 대위행사와 매수인의 권리】 매도인의 채권자가 매도인을 대위하여 환매하고자 하는 때에는 매수인은 법원이 선정한 감정인의 평가액에서 매도인이 반환할 금액을 공제한 잔액으로 매도인의 채무를 변제하고 잉여액이 있으면 이를 매도인에게 지급하여 환매권을 소멸시킬 수 있다.

제594조 【환매의 실행】 ① 매도인은 기간내에 대금과 매매비용을 매수인에게 제공하지 아니하면 환매할 권리를 잃는다.
② 매수인이나 전득자가 목적물에 대하여 비용을 지출한 때에는 매도인은 제203조의 규정에 의하여 이를 상환하여야 한다. 그러나 유익비에 대하여는 법원은 매도인의 청구에 의하여 상당한 상환기간을 허여할 수 있다.

제595조【공유지분의 환매】 공유자의 1인이 환매할 권리를 보류하고 그 지분을 매도한 후 그 목적물의 분할이나 경매가 있는 때에는 매도인은 매수인이 받은 또는 받을 부분이나 대금에 대하여 환매권을 행사할 수 있다. 그러나 매도인에게 통지하지 아니한 매수인은 그 분할이나 경매로써 매도인에게 대항하지 못한다.

제4절 교환

제596조【교환의 의의】 교환은 당사자 쌍방이 금전 이외의 재산권을 상호이전할 것을 약정함으로써 그 효력이 생긴다.

제597조【금전의 보충지급의 경우】 당사자 일방이 전조의 재산권이전과 금전의 보충지급을 약정한 때에는 그 금전에 대하여는 매매대금에 관한 규정을 준용한다.

제5절 소비대차

제598조【소비대차의 의의】 소비대차는 당사자 일방이 금전 기타 대체물의 소유권을 상대방에게 이전할 것을 약정하고 상대방은 그와 같은 종류, 품질 및 수량으로 반환할 것을 약정함으로써 그 효력이 생긴다.

제599조【파산과 소비대차의 실효】 대주가 목적물을 차주에게 인도하기 전에 당사자 일방이 파산선고를 받은 때에는 소비대차는 그 효력을 잃는다.

제600조【이자계산의 시기】 이자있는 소비대차는 차주가 목적물의 인도를 받은 때로부터 이자를 계산하여야 하며 차주가 그 책임있는 사유로 수령을 지체할 때에는 대주가 이행을 제공한 때로부터 이자를 계산하여야 한다.

제601조【무이자소비대차와 해제권】 이자없는 소비대차의 당사자는 목적물의 인도전에는 언제든지 계약을 해제할 수 있다. 그러나 상대방에게 생긴 손해가 있는 때에는 이를 배상하여야 한다.

제602조【대주의 담보책임】 ① 이자있는 소비대차의 목적물에 하자가 있는 경우에는 제580조 내지 제582조의 규정을 준용한다.

② 이자없는 소비대차의 경우에는 차주는 하자있는 물건의 가액으로 반환할 수 있다. 그러나 대주가 그 하자를 알고 차주에게 고지하지 아니한 때에는 전항과 같다.

제603조【반환시기】 ① 차주는 약정시기에 차용물과 같은 종류, 품질 및 수량의 물건을 반환하여야 한다. ② 반환시기의 약정이 없는 때에는 대주는 상당한 기간을 정하여 반환을 최고하여야 한다. 그러나 차주는 언제든지 반환할 수 있다.

제604조【반환불능으로 인한 시가상환】 차주가 차용물과 같은 종류, 품질 및 수량의 물건을 반환할 수 없는 때에는 그때의 시가로 상환하여야 한다. 그러나 제376조 및 제377조제2항의 경우에는 그러하지 아니하다.

제605조【준소비대차】 당사자 쌍방이 소비대차에 의하지 아니하고 금전 기타의 대체물을 지급할 의무가 있는 경우에 당사자가 그 목적물을 소비대차의 목적으로 할 것을 약정한 때에는 소비대차의 효력이 생긴다.

제606조【대물대차】 금전대차의 경우에 차주가 금전에 갈음하여 유가증권 기타 물건의 인도를 받은 때에는 그 인도시의 가액으로써 차용액으로 한다. <개정 2014. 12. 30.>

제607조【대물반환의 예약】 차용물의 반환에 관하여 차주가 차용물에 갈음하여 다른 재산권을 이전할 것을 예약한 경우에는 그 재산의 예약당시의 가액이 차용액 및 이에 붙인 이자의 합산액을 넘지 못한다. <개정 2014. 12. 30.>

제608조【차주에 불이익한 약정의 금지】 전2조의 규정에 위반한 당사자의 약정으로서 차주에 불리한 것은 환매 기타 여하한 명목이라도 그 효력이 없다.

제6절 사용대차

제609조【사용대차의 의의】 사용대차는 당사자 일방이 상대방에게 무상으로 사용, 수익하게 하기 위하여 목적물을 인도할 것을 약정하고 상대방은 이를 사용, 수익한 후 그 물건을 반환할 것을 약정함으로써 그 효력이 생긴다.

제610조【차주의 사용, 수익권】① 차주는 계약 또는 그 목적물의 성질에 의하여 정하여진 용법으로 이를 사용, 수익하여야 한다.

② 차주는 대주의 승낙이 없으면 제삼자에게 차용물을 사용, 수익하게 하지 못한다.

③ 차주가 전2항의 규정에 위반한 때에는 대주는 계약을 해지할 수 있다.

제611조【비용의 부담】① 차주는 차용물의 통상의 필요비를 부담한다.

② 기타의 비용에 대하여는 제594조제2항의 규정을 준용한다.

제612조【준용규정】제559조, 제601조의 규정은 사용대차에 준용한다.

제613조【차용물의 반환시기】① 차주는 약정시기에 차용물을 반환하여야 한다.

② 시기의 약정이 없는 경우에는 차주는 계약 또는 목적물의 성질에 의한 사용, 수익이 종료한 때에 반환하여야 한다. 그러나 사용, 수익에 족한 기간이 경과한 때에는 대주는 언제든지 계약을 해지할 수 있다.

제614조【차주의 사망, 파산과 해지】차주가 사망하거나 파산선고를 받은 때에는 대주는 계약을 해지할 수 있다.

제615조【차주의 원상회복의무와 철거권】차주가 차용물을 반환하는 때에는 이를 원상에 회복하여야 한다. 이에 부속시킨 물건은 철거할 수 있다.

제616조【공동차주의 연대의무】수인이 공동하여 물건을 차용한 때에는 연대하여 그 의무를 부담한다.

제617조【손해배상, 비용상환청구의 기간】계약 또는 목적물의 성질에 위반한 사용, 수익으로 인하여 생긴 손해배상의 청구와 차주가 지출한 비용의 상환청구는 대주가 물건의 반환을 받은 날로부터 6월 내에 하여야 한다.

제7절 임대차

제618조【임대차의 의의】임대차는 당사자 일방이 상대방에게 목적물을 사용, 수익하게 할 것을 약정하고 상대방이 이에 대하여 차임을 지급할 것을 약정함으로써 그 효력이 생긴다.

제619조【처분능력, 권한없는 자의 할 수 있는 단기임대차】처분의 능력 또는 권한없는 자가 임대차를 하는 경우에는 그 임대차는 다음 각호의 기간을 넘지 못한다.

1. 식목, 채염 또는 석조, 석회조, 연와조 및 이와 유사한 건축을 목적으로 한 토지의 임대차는 10년
2. 기타 토지의 임대차는 5년
3. 건물 기타 공작물의 임대차는 3년
4. 동산의 임대차는 6월

제620조【단기임대차의 갱신】전조의 기간은 갱신할 수 있다. 그러나 그 기간만료전 토지에 대하여는 1년, 건물 기타 공작물에 대하여는 3월, 동산에 대하여는 1월내에 갱신하여야 한다.

제621조【임대차의 등기】① 부동산임차인은 당사자간에 반대약정이 없으면 임대인에 대하여 그 임대차등기절차에 협력할 것을 청구할 수 있다.

② 부동산임대차를 등기한 때에는 그때부터 제삼자에 대하여 효력이 생긴다.

제622조【건물등기있는 차지권의 대항력】① 건물의 소유를 목적으로 한 토지임대차는 이를 등기하지 아니한 경우에도 임차인이 그 지상건물을 등기한 때에는 제삼자에 대하여 임대차의 효력이 생긴다.

② 건물이 임대차기간만료전에 멸실 또는 후폐한 때에는 전항의 효력을 잃는다.

제623조【임대인의 의무】임대인은 목적물을 임차인에게 인도하고 계약존속중 그 사용, 수익에 필요한 상태를 유지하게 할 의무를 부담한다.

제624조【임대인의 보존행위, 인용의무】임대인이 임대물의 보존에 필요한 행위를 하는 때에는 임차인은 이를 거절하지 못한다.

제625조【임차인의 의사에 반하는 보존행위와 해지권】임대인이 임차인의 의사에 반하여 보존행위를 하는 경우에 임차인이 이로 인하여 임차의 목적을 달성할 수 없는 때에는 계약을 해지할 수 있다.

제626조【임차인의 상환청구권】① 임차인이 임차물의 보존에 관한 필요비를 지출한 때에는 임대인에 대하여 그 상환을 청구할 수 있다.

② 임차인이 유익비를 지출한 경우에는 임대인은 임대차종료시에 그 가액의 증가가 현존한 때에 한하여 임차인의 지출한 금액이나 그 증가액을 상환하여야 한다. 이 경우에 법원은 임대인의 청구에 의하여 상당한 상환기간을 허여할 수 있다.

제627조【일부멸실 등과 감액청구, 해지권】 ① 임차물의 일부가 임차인의 과실없이 멸실 기타 사유로 인하여 사용, 수익할 수 없는 때에는 임차인은 그 부분의 비율에 의한 차임의 감액을 청구할 수 있다.
② 전항의 경우에 그 잔존부분으로 임차의 목적을 달성할 수 없는 때에는 임차인은 계약을 해지할 수 있다.

제628조【차임증감청구권】 임대물에 대한 공과부담의 증감 기타 경제사정의 변동으로 인하여 약정한 차임이 상당하지 아니하게 된 때에는 당사자는 장래에 대한 차임의 증감을 청구할 수 있다.

제629조【임차권의 양도, 전대의 제한】 ① 임차인은 임대인의 동의없이 그 권리를 양도하거나 임차물을 전대하지 못한다.
② 임차인이 전항의 규정에 위반한 때에는 임대인은 계약을 해지할 수 있다.

제630조【전대의 효과】 ① 임차인이 임대인의 동의를 얻어 임차물을 전대한 때에는 전차인은 직접 임대인에 대하여 의무를 부담한다. 이 경우에 전차인은 전대인에 대한 차임의 지급으로써 임대인에게 대항하지 못한다.
② 전항의 규정은 임대인의 임차인에 대한 권리행사에 영향을 미치지 아니한다.

제631조【전차인의 권리의 확정】 임차인이 임대인의 동의를 얻어 임차물을 전대한 경우에는 임대인과 임차인의 합의로 계약을 종료한 때에도 전차인의 권리는 소멸하지 아니한다.

제632조【임차건물의 소부분을 타인에게 사용케 하는 경우】 전3조의 규정은 건물의 임차인이 그 건물의 소부분을 타인에게 사용하게 하는 경우에 적용하지 아니한다.

제633조【차임지급의 시기】 차임은 동산, 건물이나 대지에 대하여는 매월말에, 기타 토지에 대하여는 매년말에 지급하여야 한다. 그러나 수확기있는 것에 대하여는 그 수확후 지체없이 지급하여야 한다.

제634조【임차인의 통지의무】 임차물의 수리를 요하거나 임차물에 대하여 권리를 주장하는 자가 있는 때에는 임차인은 지체없이 임대인에게 이를 통지하여야 한다. 그러나 임대인이 이미 이를 안 때에는 그러하지 아니하다.

제635조【기간의 약정없는 임대차의 해지통고】 ① 임대차기간의 약정이 없는 때에는 당사자는 언제든지 계약해지의 통고를 할 수 있다.
② 상대방이 전항의 통고를 받은 날로부터 다음 각호의 기간이 경과하면 해지의 효력이 생긴다.
1. 토지, 건물 기타 공작물에 대하여는 임대인이 해지를 통고한 경우에는 6월, 임차인이 해지를 통고한 경우에는 1월
2. 동산에 대하여는 5일

제636조【기간의 약정있는 임대차의 해지통고】 임대차기간의 약정이 있는 경우에도 당사자일방 또는 쌍방이 그 기간내에 해지할 권리를 보류한 때에는 전조의 규정을 준용한다.

제637조【임차인의 파산과 해지통고】 ① 임차인이 파산선고를 받은 경우에는 임대차기간의 약정이 있는 때에도 임대인 또는 파산관재인은 제635조의 규정에 의하여 계약해지의 통고를 할 수 있다.
② 전항의 경우에 각 당사자는 상대방에 대하여 계약해지로 인하여 생긴 손해의 배상을 청구하지 못한다.

제638조【해지통고의 전차인에 대한 통지】 ① 임대차계약이 해지의 통고로 인하여 종료된 경우에 그 임대물이 적법하게 전대되었을 때에는 임대인은 전차인에 대하여 그 사유를 통지하지 아니하면 해지로써 전차인에게 대항하지 못한다.
② 전차인이 전항의 통지를 받은 때에는 제635조 제2항의 규정을 준용한다.

제639조【묵시의 갱신】 ① 임대차기간이 만료한 후 임차인이 임차물의 사용, 수익을 계속하는 경우에 임대인이 상당한 기간내에 이의를 하지 아니한 때에는 전임대차와 동일한 조건으로 다시 임대차한 것으로 본다. 그러나 당사자는 제635조의 규정에 의하여 해지의 통고를 할 수 있다.
② 전항의 경우에 전임대차에 대하여 제삼자가 제공한 담보는 기간의 만료로 인하여 소멸한다.

제640조 【차임연체와 해지】 건물 기타 공작물의 임대차에는 임차인의 차임연체액이 2기의 차임액에 달하는 때에는 임대인은 계약을 해지할 수 있다.

제641조 【동전】 건물 기타 공작물의 소유 또는 식목, 채염, 목축을 목적으로 한 토지임대차의 경우에도 전조의 규정을 준용한다.

제642조 【토지임대차의 해지와 지상건물 등에 대한 담보물권자에의 통지】 전조의 경우에 그 지상에 있는 건물 기타 공작물이 담보물권의 목적이 된 때에는 제288조의 규정을 준용한다.

제643조 【임차인의 갱신청구권, 매수청구권】 건물 기타 공작물의 소유 또는 식목, 채염, 목축을 목적으로 한 토지임대차의 기간이 만료한 경우에 건물, 수목 기타 지상시설이 현존한 때에는 제283조의 규정을 준용한다.

제644조 【전차인의 임대청구권, 매수청구권】 ① 건물 기타 공작물의 소유 또는 식목, 채염, 목축을 목적으로 한 토지임차인이 적법하게 그 토지를 전대한 경우에 임대차 및 전대차의 기간이 동시에 만료되고 건물, 수목 기타 지상시설이 현존한 때에는 전차인은 임대인에 대하여 전전대차와 동일한 조건으로 임대할 것을 청구할 수 있다.
② 전항의 경우에 임대인이 임대할 것을 원하지 아니하는 때에는 제283조제2항의 규정을 준용한다.

제645조 【지상권목적토지의 임차인의 임대청구권, 매수청구권】 전조의 규정은 지상권자가 그 토지를 임대한 경우에 준용한다.

제646조 【임차인의 부속물매수청구권】 ① 건물 기타 공작물의 임차인이 그 사용의 편익을 위하여 임대인의 동의를 얻어 이에 부속한 물건이 있는 때에는 임대차의 종료시에 임대인에 대하여 그 부속물의 매수를 청구할 수 있다.
② 임대인으로부터 매수한 부속물에 대하여도 전항과 같다.

제647조 【전차인의 부속물매수청구권】 ① 건물 기타 공작물의 임차인이 적법하게 전대한 경우에 전차인이 그 사용의 편익을 위하여 임대인의 동의를 얻어 이에 부속한 물건이 있는 때에는 전대차의 종료시에 임대인에 대하여 그 부속물의 매수를 청구할 수 있다.

② 임대인으로부터 매수하였거나 그 동의를 얻어 임차인으로부터 매수한 부속물에 대하여도 전항과 같다.

제648조 【임차지의 부속물, 과실 등에 대한 법정질권】 토지임대인이 임대차에 관한 채권에 의하여 임차지에 부속 또는 그 사용의 편익에 공용한 임차인의 소유동산 및 그 토지의 과실을 압류한 때에는 질권과 동일한 효력이 있다.

제649조 【임차지상의 건물에 대한 법정저당권】 토지임대인이 변제기를 경과한 최후 2년의 차임채권에 의하여 그 지상에 있는 임차인소유의 건물을 압류한 때에는 저당권과 동일한 효력이 있다.

제650조 【임차건물등의 부속물에 대한 법정질권】 건물 기타 공작물의 임대인이 임대차에 관한 채권에 의하여 그 건물 기타 공작물에 부속한 임차인소유의 동산을 압류한 때에는 질권과 동일한 효력이 있다.

제651조 삭제 <2016. 1. 6.>
[2016. 1. 6. 법률 제13710호에 의하여 2013. 12. 26. 헌법재판소에서 위헌결정 된 이 조를 삭제함.]

제652조 【강행규정】 제627조, 제628조, 제631조, 제635조, 제638조, 제640조, 제641조, 제643조 내지 제647조의 규정에 위반하는 약정으로 임차인이나 전차인에게 불리한 것은 그 효력이 없다.

제653조 【일시사용을 위한 임대차의 특례】 제628조, 제638조, 제640조, 제646조 내지 제648조, 제650조 및 전조의 규정은 일시사용하기 위한 임대차 또는 전대차인 것이 명백한 경우에는 적용하지 아니한다.

제654조 【준용규정】 제610조제1항, 제615조 내지 제617조의 규정은 임대차에 이를 준용한다.

제8절 고용

제655조 【고용의 의의】 고용은 당사자 일방이 상대방에 대하여 노무를 제공할 것을 약정하고 상대방이 이에 대하여 보수를 지급할 것을 약정함으로써 그 효력이 생긴다.

제656조 【보수액과 그 지급시기】 ① 보수 또는 보수액의 약정이 없는 때에는 관습에 의하여 지급하여야 한다.

② 보수는 약정한 시기에 지급하여야 하며 시기의 약정이 없으면 관습에 의하고 관습이 없으면 약정한 노무를 종료한 후 지체없이 지급하여야 한다.

제657조【권리의무의 전속성】① 사용자는 노무자의 동의없이 그 권리를 제삼자에게 양도하지 못한다.
② 노무자는 사용자의 동의없이 제삼자로 하여금 자기에 갈음하여 노무를 제공하게 하지 못한다. <개정 2014. 12. 30.>
③ 당사자 일방이 전2항의 규정에 위반한 때에는 상대방은 계약을 해지할 수 있다.

제658조【노무의 내용과 해지권】① 사용자가 노무자에 대하여 약정하지 아니한 노무의 제공을 요구한 때에는 노무자는 계약을 해지할 수 있다.
② 약정한 노무가 특수한 기능을 요하는 경우에 노무자가 그 기능이 없는 때에는 사용자는 계약을 해지할 수 있다.

제659조【3년 이상의 경과와 해지통고권】① 고용의 약정기간이 3년을 넘거나 당사자의 일방 또는 제삼자의 종신까지로 된 때에는 각 당사자는 3년을 경과한 후 언제든지 계약해지의 통고를 할 수 있다.
② 전항의 경우에는 상대방이 해지의 통고를 받은 날로부터 3월이 경과하면 해지의 효력이 생긴다.

제660조【기간의 약정이 없는 고용의 해지통고】① 고용기간의 약정이 없는 때에는 당사자는 언제든지 계약해지의 통고를 할 수 있다.
② 전항의 경우에는 상대방이 해지의 통고를 받은 날로부터 1월이 경과하면 해지의 효력이 생긴다.
③ 기간으로 보수를 정한 때에는 상대방이 해지의 통고를 받은 당기후의 일기를 경과함으로써 해지의 효력이 생긴다.

제661조【부득이한 사유와 해지권】고용기간의 약정이 있는 경우에도 부득이한 사유있는 때에는 각 당사자는 계약을 해지할 수 있다. 그러나 그 사유가 당사자 일방의 과실로 인하여 생긴 때에는 상대방에 대하여 손해를 배상하여야 한다.

제662조【묵시의 갱신】① 고용기간이 만료한 후 노무자가 계속하여 그 노무를 제공하는 경우에 사용자가 상당한 기간내에 이의를 하지 아니한 때에는 전고용과 동일한 조건으로 다시 고용한 것으로 본다. 그러나 당사자는 제660조의 규정에 의하여 해

지의 통고를 할 수 있다.
② 전항의 경우에는 전고용에 대하여 제삼자가 제공한 담보는 기간의 만료로 인하여 소멸한다.

제663조【사용자파산과 해지통고】① 사용자가 파산선고를 받은 경우에는 고용기간의 약정이 있는 때에도 노무자 또는 파산관재인은 계약을 해지할 수 있다.
② 전항의 경우에는 각 당사자는 계약해지로 인한 손해의 배상을 청구하지 못한다.

제9절 도급

제664조【도급의 의의】도급은 당사자 일방이 어느 일을 완성할 것을 약정하고 상대방이 그 일의 결과에 대하여 보수를 지급할 것을 약정함으로써 그 효력이 생긴다.

제665조【보수의 지급시기】① 보수는 그 완성된 목적물의 인도와 동시에 지급하여야 한다. 그러나 목적물의 인도를 요하지 아니하는 경우에는 그 일을 완성한 후 지체없이 지급하여야 한다.
② 전항의 보수에 관하여는 제656조제2항의 규정을 준용한다.

제666조【수급인의 목적부동산에 대한 저당권설정청구권】부동산공사의 수급인은 전조의 보수에 관한 채권을 담보하기 위하여 그 부동산을 목적으로 한 저당권의 설정을 청구할 수 있다.

제667조【수급인의 담보책임】① 완성된 목적물 또는 완성전의 성취된 부분에 하자가 있는 때에는 도급인은 수급인에 대하여 상당한 기간을 정하여 그 하자의 보수를 청구할 수 있다. 그러나 하자가 중요하지 아니한 경우에 그 보수에 과다한 비용을 요할 때에는 그러하지 아니하다.
② 도급인은 하자의 보수에 갈음하여 또는 보수와 함께 손해배상을 청구할 수 있다. <개정 2014. 12. 30.>
③ 전항의 경우에는 제536조의 규정을 준용한다.

제668조【동전-도급인의 해제권】도급인이 완성된 목적물의 하자로 인하여 계약의 목적을 달성할 수 없는 때에는 계약을 해제할 수 있다. 그러나 건물 기타 토지의 공작물에 대하여는 그러하지 아니하다.

제669조 【동전-하자가 도급인의 제공한 재료 또는 지시에 기인한 경우의 면책】 전2조의 규정은 목적물의 하자가 도급인이 제공한 재료의 성질 또는 도급인의 지시에 기인한 때에는 적용하지 아니한다. 그러나 수급인이 그 재료 또는 지시의 부적당함을 알고 도급인에게 고지하지 아니한 때에는 그러하지 아니하다.

제670조 【담보책임의 존속기간】 ① 전3조의 규정에 의한 하자의 보수, 손해배상의 청구 및 계약의 해제는 목적물의 인도를 받은 날로부터 1년내에 하여야 한다.
② 목적물의 인도를 요하지 아니하는 경우에는 전항의 기간은 일의 종료한 날로부터 기산한다.

제671조 【수급인의 담보책임-토지, 건물 등에 대한 특칙】 ① 토지, 건물 기타 공작물의 수급인은 목적물 또는 지반공사의 하자에 대하여 인도후 5년간 담보의 책임이 있다. 그러나 목적물이 석조, 석회조, 연와조, 금속 기타 이와 유사한 재료로 조성된 것인 때에는 그 기간을 10년으로 한다.
② 전항의 하자로 인하여 목적물이 멸실 또는 훼손된 때에는 도급인은 그 멸실 또는 훼손된 날로부터 1년내에 제667조의 권리를 행사하여야 한다.

제672조 【담보책임면제의 특약】 수급인은 제667조, 제668조의 담보책임이 없음을 약정한 경우에도 알고 고지하지 아니한 사실에 대하여는 그 책임을 면하지 못한다.

제673조 【완성전의 도급인의 해제권】 수급인이 일을 완성하기 전에는 도급인은 손해를 배상하고 계약을 해제할 수 있다.

제674조 【도급인의 파산과 해제권】 ① 도급인이 파산선고를 받은 때에는 수급인 또는 파산관재인은 계약을 해제할 수 있다. 이 경우에는 수급인은 일의 완성된 부분에 대한 보수 및 보수에 포함되지 아니한 비용에 대하여 파산재단의 배당에 가입할 수 있다.
② 전항의 경우에는 각 당사자는 상대방에 대하여 계약해제로 인한 손해의 배상을 청구하지 못한다.

제9절의2 여행계약 〈신설 2015. 2. 3.〉

제674조의2 【여행계약의 의의】 여행계약은 당사자 한쪽이 상대방에게 운송, 숙박, 관광 또는 그 밖의 여행 관련 용역을 결합하여 제공하기로 약정하고 상대방이 그 대금을 지급하기로 약정함으로써 효력이 생긴다.
[본조신설 2015. 2. 3.]

제674조의3 【여행 개시 전의 계약 해제】 여행자는 여행을 시작하기 전에는 언제든지 계약을 해제할 수 있다. 다만, 여행자는 상대방에게 발생한 손해를 배상하여야 한다.
[본조신설 2015. 2. 3.]

제674조의4 【부득이한 사유로 인한 계약 해지】 ① 부득이한 사유가 있는 경우에는 각 당사자는 계약을 해지할 수 있다. 다만, 그 사유가 당사자 한쪽의 과실로 인하여 생긴 경우에는 상대방에게 손해를 배상하여야 한다.
② 제1항에 따라 계약이 해지된 경우에도 계약상 귀환운송(歸還運送) 의무가 있는 여행주최자는 여행자를 귀환운송할 의무가 있다.
③ 제1항의 해지로 인하여 발생하는 추가 비용은 그 해지 사유가 어느 당사자의 사정에 속하는 경우에는 그 당사자가 부담하고, 누구의 사정에도 속하지 아니하는 경우에는 각 당사자가 절반씩 부담한다.
[본조신설 2015. 2. 3.]

제674조의5 【대금의 지급시기】 여행자는 약정한 시기에 대금을 지급하여야 하며, 그 시기의 약정이 없으면 관습에 따르고, 관습이 없으면 여행의 종료 후 지체 없이 지급하여야 한다.
[본조신설 2015. 2. 3.]

제674조의6 【여행주최자의 담보책임】 ① 여행에 하자가 있는 경우에는 여행자는 여행주최자에게 하자의 시정 또는 대금의 감액을 청구할 수 있다. 다만, 그 시정에 지나치게 많은 비용이 들거나 그 밖에 시정을 합리적으로 기대할 수 없는 경우에는 시정을 청구할 수 없다.
② 제1항의 시정 청구는 상당한 기간을 정하여 하여야 한다. 다만, 즉시 시정할 필요가 있는 경우에는 그러하지 아니하다.

③ 여행자는 시정 청구, 감액 청구를 갈음하여 손해배상을 청구하거나 시정 청구, 감액 청구와 함께 손해배상을 청구할 수 있다.
[본조신설 2015. 2. 3.]

제674조의7【여행주최자의 담보책임과 여행자의 해지권】 ① 여행자는 여행에 중대한 하자가 있는 경우에 그 시정이 이루어지지 아니하거나 계약의 내용에 따른 이행을 기대할 수 없는 경우에는 계약을 해지할 수 있다.
② 계약이 해지된 경우에는 여행주최자는 대금청구권을 상실한다. 다만, 여행자가 실행된 여행으로 이익을 얻은 경우에는 그 이익을 여행주최자에게 상환하여야 한다.
③ 여행주최자는 계약의 해지로 인하여 필요하게 된 조치를 할 의무를 지며, 계약상 귀환운송 의무가 있으면 여행자를 귀환운송하여야 한다. 이 경우 상당한 이유가 있는 때에는 여행주최자는 여행자에게 그 비용의 일부를 청구할 수 있다.
[본조신설 2015. 2. 3.]

제674조의8【담보책임의 존속기간】 제674조의6과 제674조의7에 따른 권리는 여행 기간 중에도 행사할 수 있으며, 계약에서 정한 여행 종료일부터 6개월 내에 행사하여야 한다.
[본조신설 2015. 2. 3.]

제674조의9【강행규정】 제674조의3, 제674조의4 또는 제674조의6부터 제674조의8까지의 규정을 위반하는 약정으로서 여행자에게 불리한 것은 효력이 없다.
[본조신설 2015. 2. 3.]

제10절 현상광고

제675조【현상광고의 의의】 현상광고는 광고자가 어느 행위를 한 자에게 일정한 보수를 지급할 의사를 표시하고 이에 응한 자가 그 광고에 정한 행위를 완료함으로써 그 효력이 생긴다.

제676조【보수수령권자】 ① 광고에 정한 행위를 완료한 자가 수인인 경우에는 먼저 그 행위를 완료한 자가 보수를 받을 권리가 있다.
② 수인이 동시에 완료한 경우에는 각각 균등한 비율로 보수를 받을 권리가 있다. 그러나 보수가 그 성질상 분할할 수 없거나 광고에 1인만이 보수를 받을 것으로 정한 때에는 추첨에 의하여 결정한다.

제677조【광고부지의 행위】 전조의 규정은 광고있음을 알지 못하고 광고에 정한 행위를 완료한 경우에 준용한다.

제678조【우수현상광고】 ① 광고에 정한 행위를 완료한 자가 수인인 경우에 그 우수한 자에 한하여 보수를 지급할 것을 정하는 때에는 그 광고에 응모기간을 정한 때에 한하여 그 효력이 생긴다.
② 전항의 경우에 우수의 판정은 광고 중에 정한 자가 한다. 광고 중에 판정자를 정하지 아니한 때에는 광고자가 판정한다.
③ 우수한 자 없다는 판정은 이를 할 수 없다. 그러나 광고 중에 다른 의사표시가 있거나 광고의 성질상 판정의 표준이 정하여져 있는 때에는 그러하지 아니하다.
④ 응모자는 전2항의 판정에 대하여 이의를 하지 못한다.
⑤ 수인의 행위가 동등으로 판정된 때에는 제676조제2항의 규정을 준용한다.

제679조【현상광고의 철회】 ① 광고에 그 지정한 행위의 완료기간을 정한 때에는 그 기간만료전에 광고를 철회하지 못한다.
② 광고에 행위의 완료기간을 정하지 아니한 때에는 그 행위를 완료한 자 있기 전에는 그 광고와 동일한 방법으로 광고를 철회할 수 있다.
③ 전광고와 동일한 방법으로 철회할 수 없는 때에는 그와 유사한 방법으로 철회할 수 있다. 이 철회는 철회한 것을 안 자에 대하여만 그 효력이 있다.

제11절 위임

제680조【위임의 의의】 위임은 당사자 일방이 상대방에 대하여 사무의 처리를 위탁하고 상대방이 이를 승낙함으로써 그 효력이 생긴다.

제681조【수임인의 선관의무】 수임인은 위임의 본지에 따라 선량한 관리자의 주의로써 위임사무를 처리하여야 한다.

제682조【복임권의 제한】① 수임인은 위임인의 승낙이나 부득이한 사유없이 제삼자로 하여금 자기에 갈음하여 위임사무를 처리하게 하지 못한다. <개정 2014. 12. 30.>
② 수임인이 전항의 규정에 의하여 제삼자에게 위임사무를 처리하게 한 경우에는 제121조, 제123조의 규정을 준용한다.

제683조【수임인의 보고의무】수임인은 위임인의 청구가 있는 때에는 위임사무의 처리상황을 보고하고 위임이 종료한 때에는 지체없이 그 전말을 보고하여야 한다.

제684조【수임인의 취득물 등의 인도, 이전의무】① 수임인은 위임사무의 처리로 인하여 받은 금전 기타의 물건 및 그 수취한 과실을 위임인에게 인도하여야 한다.
② 수임인이 위임인을 위하여 자기의 명의로 취득한 권리는 위임인에게 이전하여야 한다.

제685조【수임인의 금전소비의 책임】수임인이 위임인에게 인도할 금전 또는 위임인의 이익을 위하여 사용할 금전을 자기를 위하여 소비한 때에는 소비한 날 이후의 이자를 지급하여야 하며 그 외의 손해가 있으면 배상하여야 한다.

제686조【수임인의 보수청구권】① 수임인은 특별한 약정이 없으면 위임인에 대하여 보수를 청구하지 못한다.
② 수임인이 보수를 받을 경우에는 위임사무를 완료한 후가 아니면 이를 청구하지 못한다. 그러나 기간으로 보수를 정한 때에는 그 기간이 경과한 후에 이를 청구할 수 있다.
③ 수임인이 위임사무를 처리하는 중에 수임인의 책임없는 사유로 인하여 위임이 종료된 때에는 수임인은 이미 처리한 사무의 비율에 따른 보수를 청구할 수 있다.

제687조【수임인의 비용선급청구권】위임사무의 처리에 비용을 요하는 때에는 위임인은 수임인의 청구에 의하여 이를 선급하여야 한다.

제688조【수임인의 비용상환청구권 등】① 수임인이 위임사무의 처리에 관하여 필요비를 지출한 때에는 위임인에 대하여 지출한 날 이후의 이자를 청구할 수 있다.
② 수임인이 위임사무의 처리에 필요한 채무를 부담한 때에는 위임인에게 자기에 갈음하여 이를 변제하게 할 수 있고 그 채무가 변제기에 있지 아니한 때에는 상당한 담보를 제공하게 할 수 있다. <개정 2014. 12. 30.>
③ 수임인이 위임사무의 처리를 위하여 과실없이 손해를 받은 때에는 위임인에 대하여 그 배상을 청구할 수 있다.

제689조【위임의 상호해지의 자유】① 위임계약은 각 당사자가 언제든지 해지할 수 있다.
② 당사자 일방이 부득이한 사유없이 상대방의 불리한 시기에 계약을 해지한 때에는 그 손해를 배상하여야 한다.

제690조【사망·파산 등과 위임의 종료】위임은 당사자 한쪽의 사망이나 파산으로 종료된다. 수임인이 성년후견개시의 심판을 받은 경우에도 이와 같다. [전문개정 2011. 3. 7.]

제691조【위임종료시의 긴급처리】위임종료의 경우에 급박한 사정이 있는 때에는 수임인, 그 상속인이나 법정대리인은 위임인, 그 상속인이나 법정대리인이 위임사무를 처리할 수 있을 때까지 그 사무의 처리를 계속하여야 한다. 이 경우에는 위임의 존속과 동일한 효력이 있다.

제692조【위임종료의 대항요건】위임종료의 사유는 이를 상대방에게 통지하거나 상대방이 이를 안 때가 아니면 이로써 상대방에게 대항하지 못한다.

제12절 임치

제693조【임치의 의의】임치는 당사자 일방이 상대방에 대하여 금전이나 유가증권 기타 물건의 보관을 위탁하고 상대방이 이를 승낙함으로써 효력이 생긴다.

제694조【수치인의 임치물사용금지】수치인은 임치인의 동의없이 임치물을 사용하지 못한다.

제695조【무상수치인의 주의의무】보수없이 임치를 받은 자는 임치물을 자기재산과 동일한 주의로 보관하여야 한다.

제696조【수치인의 통지의무】임치물에 대한 권리를 주장하는 제삼자가 수치인에 대하여 소를 제기하거나 압류한 때에는 수치인은 지체없이 임치인에게 이를 통지하여야 한다.

제697조【임치물의 성질, 하자로 인한 임치인의 손해배상의무】임치인은 임치물의 성질 또는 하자로 인하여 생긴 손해를 수치인에게 배상하여야 한다. 그러나 수치인이 그 성질 또는 하자를 안 때에는 그러하지 아니하다.

제698조【기간의 약정있는 임치의 해지】임치기간의 약정이 있는 때에는 수치인은 부득이한 사유없이 그 기간만료전에 계약을 해지하지 못한다. 그러나 임치인은 언제든지 계약을 해지할 수 있다.

제699조【기간의 약정없는 임치의 해지】임치기간의 약정이 없는 때에는 각 당사자는 언제든지 계약을 해지할 수 있다.

제700조【임치물의 반환장소】임치물은 그 보관한 장소에서 반환하여야 한다. 그러나 수치인이 정당한 사유로 인하여 그 물건을 전치한 때에는 현존하는 장소에서 반환할 수 있다.

제701조【준용규정】제682조, 제684조 내지 제687조 및 제688조제1항, 제2항의 규정은 임치에 준용한다.

제702조【소비임치】수치인이 계약에 의하여 임치물을 소비할 수 있는 경우에는 소비대차에 관한 규정을 준용한다. 그러나 반환시기의 약정이 없는 때에는 임치인은 언제든지 그 반환을 청구할 수 있다.

제13절 조합

제703조【조합의 의의】① 조합은 2인 이상이 상호출자하여 공동사업을 경영할 것을 약정함으로써 그 효력이 생긴다.
② 전항의 출자는 금전 기타 재산 또는 노무로 할 수 있다.

제704조【조합재산의 합유】조합원의 출자 기타 조합재산은 조합원의 합유로 한다.

제705조【금전출자지체의 책임】금전을 출자의 목적으로 한 조합원이 출자시기를 지체한 때에는 연체이자를 지급하는 외에 손해를 배상하여야 한다.

제706조【사무집행의 방법】① 조합계약으로 업무집행자를 정하지 아니한 경우에는 조합원의 3분의 2 이상의 찬성으로써 이를 선임한다.
② 조합의 업무집행은 조합원의 과반수로써 결정한다. 업무집행자 수인인 때에는 그 과반수로써 결정한다.
③ 조합의 통상사무는 전항의 규정에 불구하고 각 조합원 또는 각 업무집행자가 전행할 수 있다. 그러나 그 사무의 완료전에 다른 조합원 또는 다른 업무집행자의 이의가 있는 때에는 즉시 중지하여야 한다.

제707조【준용규정】조합업무를 집행하는 조합원에는 제681조 내지 제688조의 규정을 준용한다.

제708조【업무집행자의 사임, 해임】업무집행자인 조합원은 정당한 사유없이 사임하지 못하며 다른 조합원의 일치가 아니면 해임하지 못한다.

제709조【업무집행자의 대리권추정】조합의 업무를 집행하는 조합원은 그 업무집행의 대리권있는 것으로 추정한다.

제710조【조합원의 업무, 재산상태검사권】각 조합원은 언제든지 조합의 업무 및 재산상태를 검사할 수 있다.

제711조【손익분배의 비율】① 당사자가 손익분배의 비율을 정하지 아니한 때에는 각 조합원의 출자가액에 비례하여 이를 정한다.
② 이익 또는 손실에 대하여 분배의 비율을 정한 때에는 그 비율은 이익과 손실에 공통된 것으로 추정한다.

제712조【조합원에 대한 채권자의 권리행사】조합채권자는 그 채권발생 당시에 조합원의 손실부담의 비율을 알지 못한 때에는 각 조합원에게 균분하여 그 권리를 행사할 수 있다.

제713조【무자력조합원의 채무와 타조합원의 변제책임】조합 중에 변제할 자력없는 자가 있는 때에는 그 변제할 수 없는 부분은 다른 조합원이 균분하여 변제할 책임이 있다.

제714조【지분에 대한 압류의 효력】조합원의 지분에 대한 압류는 그 조합원의 장래의 이익배당 및 지분의 반환을 받을 권리에 대하여 효력이 있다.

제715조【조합채무자의 상계의 금지】조합의 채무자는 그 채무와 조합원에 대한 채권으로 상계하지 못한다.

제716조【임의탈퇴】① 조합계약으로 조합의 존속기간을 정하지 아니하거나 조합원의 종신까지 존속할 것을 정한 때에는 각 조합원은 언제든지 탈퇴할 수 있다. 그러나 부득이한 사유없이 조합의 불리한 시기에 탈퇴하지 못한다.
② 조합의 존속기간을 정한 때에도 조합원은 부득이한 사유가 있으면 탈퇴할 수 있다.

제717조【비임의 탈퇴】제716조의 경우 외에 조합원은 다음 각 호의 어느 하나에 해당하는 사유가 있으면 탈퇴된다.
1. 사망
2. 파산
3. 성년후견의 개시
4. 제명(除名)
[전문개정 2011. 3. 7.]

제718조【제명】① 조합원의 제명은 정당한 사유있는 때에 한하여 다른 조합원의 일치로써 이를 결정한다.
② 전항의 제명결정은 제명된 조합원에게 통지하지 아니하면 그 조합원에게 대항하지 못한다.

제719조【탈퇴조합원의 지분의 계산】① 탈퇴한 조합원과 다른 조합원간의 계산은 탈퇴당시의 조합재산상태에 의하여 한다.
② 탈퇴한 조합원의 지분은 그 출자의 종류여하에 불구하고 금전으로 반환할 수 있다.
③ 탈퇴당시에 완결되지 아니한 사항에 대하여는 완결 후에 계산할 수 있다.

제720조【부득이한 사유로 인한 해산청구】부득이한 사유가 있는 때에는 각 조합원은 조합의 해산을 청구할 수 있다.

제721조【청산인】① 조합이 해산한 때에는 청산은 총조합원 공동으로 또는 그들이 선임한 자가 그 사무를 집행한다.
② 전항의 청산인의 선임은 조합원의 과반수로써 결정한다.

제722조【청산인의 업무집행방법】청산인이 수인인 때에는 제706조제2항 후단의 규정을 준용한다.

제723조【조합인 청산인의 사임, 해임】조합원 중에서 청산인을 정한 때에는 제708조의 규정을 준용한다.

제724조【청산인의 직무, 권한과 잔여재산의 분배】① 청산인의 직무 및 권한에 관하여는 제87조의 규정을 준용한다.
② 잔여재산은 각 조합원의 출자가액에 비례하여 이를 분배한다.

제14절 종신정기금

제725조【종신정기금계약의 의의】종신정기금계약은 당사자 일방이 자기, 상대방 또는 제삼자의 종신까지 정기로 금전 기타의 물건을 상대방 또는 제삼자에게 지급할 것을 약정함으로써 그 효력이 생긴다.

제726조【종신정기금의 계산】종신정기금은 일수로 계산한다.

제727조【종신정기금계약의 해제】① 정기금채무자가 정기금채무의 원본을 받은 경우에 그 정기금채무의 지급을 해태하거나 기타 의무를 이행하지 아니한 때에는 정기금채권자는 원본의 반환을 청구할 수 있다. 그러나 이미 지급을 받은 채무액에서 그 원본의 이자를 공제한 잔액을 정기금채무자에게 반환하여야 한다.
② 전항의 규정은 손해배상의 청구에 영향을 미치지 아니한다.

제728조【해제와 동시이행】제536조의 규정은 전조의 경우에 준용한다.

제729조【채무자귀책사유로 인한 사망과 채권존속선고】① 사망이 정기금채무자의 책임있는 사유로 인한 때에는 법원은 정기금채권자 또는 그 상속인의 청구에 의하여 상당한 기간 채권의 존속을 선고할 수 있다.
② 전항의 경우에도 제727조의 권리를 행사할 수 있다.

제730조【유증에 의한 종신정기금】본절의 규정은 유증에 의한 종신정기금채권에 준용한다.

제15절 화해

제731조【화해의 의의】 화해는 당사자가 상호양보하여 당사자간의 분쟁을 종지할 것을 약정함으로써 그 효력이 생긴다.

제732조【화해의 창설적효력】 화해계약은 당사자 일방이 양보한 권리가 소멸되고 상대방이 화해로 인하여 그 권리를 취득하는 효력이 있다.

제733조【화해의 효력과 착오】 화해계약은 착오를 이유로 하여 취소하지 못한다. 그러나 화해당사자의 자격 또는 화해의 목적인 분쟁 이외의 사항에 착오가 있는 때에는 그러하지 아니하다.

부칙 〈제20432호, 2024. 9. 20.〉

제1조【시행일】 이 법은 2025년 1월 31일부터 시행한다. 다만, 제1004조의2의 개정규정 및 부칙 제4조는 2026년 1월 1일부터 시행한다.

제2조【상속권 상실 선고에 관한 적용례】 제1004조의2의 개정규정은 2024년 4월 25일 이후 상속이 개시되는 경우로서 같은 개정규정 시행 전에 같은 조 제1항 또는 제3항 각 호에 해당하는 행위가 있었던 경우에 대해서도 적용한다.

제3조【상속권 상실 선고에 관한 특례】 2024년 4월 25일 이후 제1004조의2의 개정규정의 시행일인 2026년 1월 1일 전에 상속이 개시된 경우로서 제1004조의2제3항 각 호의 사유가 있는 사람이 상속인이 되었음을 같은 개정규정 시행 전에 안 공동상속인은 같은 조 제3항 각 호 외의 부분에도 불구하고 같은 개정규정 시행일부터 6개월 이내에 상속권 상실 청구를 할 수 있다. 같은 조 제4항에 따라 상속인이 될 사람 또한 같다.

제4조【다른 법률의 개정】 가사소송법 일부를 다음과 같이 개정한다.
제2조제1항제1호나목에 15)를 다음과 같이 신설한다.
15) 상속권 상실 선고
제2조제1항제2호가목에 29)를 다음과 같이 신설한다.
29) 「민법」 제1004조의2제7항에 따른 상속재산의 보존 및 관리를 위한 처분

주택임대차보호법

[시행 2026. 1. 2.]
[법률 제21065호, 2025. 10. 1., 타법개정]

제1조【목적】 이 법은 주거용 건물의 임대차(賃貸借)에 관하여 「민법」에 대한 특례를 규정함으로써 국민 주거생활의 안정을 보장함을 목적으로 한다.
[전문개정 2008. 3. 21.]

제2조【적용 범위】 이 법은 주거용 건물(이하 "주택"이라 한다)의 전부 또는 일부의 임대차에 관하여 적용한다. 그 임차주택(賃借住宅)의 일부가 주거 외의 목적으로 사용되는 경우에도 또한 같다.
[전문개정 2008. 3. 21.]

제3조【대항력 등】 ① 임대차는 그 등기(登記)가 없는 경우에도 임차인(賃借人)이 주택의 인도(引渡)와 주민등록을 마친 때에는 그 다음 날부터 제삼자에 대하여 효력이 생긴다. 이 경우 전입신고를 한 때에 주민등록이 된 것으로 본다.
② 주택도시기금을 재원으로 하여 저소득층 무주택자에게 주거생활 안정을 목적으로 전세임대주택을 지원하는 법인이 주택을 임차한 후 지방자치단체의 장 또는 그 법인이 선정한 입주자가 그 주택을 인도받고 주민등록을 마쳤을 때에는 제1항을 준용한다. 이 경우 대항력이 인정되는 법인은 대통령령으로 정한다. <개정 2015. 1. 6.>
③ 「중소기업기본법」 제2조에 따른 중소기업에 해당하는 법인이 소속 직원의 주거용으로 주택을 임차한 후 그 법인이 선정한 직원이 해당 주택을 인도받고 주민등록을 마쳤을 때에는 제1항을 준용한다. 임대차가 끝나기 전에 그 직원이 변경된 경우에는 그 법인이 선정한 새로운 직원이 주택을 인도받고 주민등록을 마친 다음 날부터 제삼자에 대하여 효력이 생긴다. <신설 2013. 8. 13.>
④ 임차주택의 양수인(讓受人)(그 밖에 임대할 권리를 승계한 자를 포함한다)은 임대인(賃貸人)의 지위를 승계한 것으로 본다. <개정 2013. 8. 13.>
⑤ 이 법에 따라 임대차의 목적이 된 주택이 매매나 경매의 목적물이 된 경우에는 「민법」 제575조 제1항·제3항 및 같은 법 제578조를 준용한다. <개정 2013. 8. 13.>
⑥ 제5항의 경우에는 동시이행의 항변권(抗辯權)에 관한 「민법」 제536조를 준용한다. <개정 2013. 8. 13.>
[전문개정 2008. 3. 21.]

제3조의2【보증금의 회수】 ① 임차인(제3조제2항 및 제3항의 법인을 포함한다. 이하 같다)이 임차주택에 대하여 보증금반환청구소송의 확정판결이나 그 밖에 이에 준하는 집행권원(執行權原)에 따라서 경매를 신청하는 경우에는 집행개시(執行開始) 요건에 관한 「민사집행법」 제41조에도 불구하고 반대의무(反對義務)의 이행이나 이행의 제공을 집행개시의 요건으로 하지 아니한다. <개정 2013. 8. 13.>
② 제3조제1항·제2항 또는 제3항의 대항요건(對抗要件)과 임대차계약증서(제3조제2항 및 제3항의 경우에는 법인과 임대인 사이의 임대차계약증서를 말한다)상의 확정일자(確定日字)를 갖춘 임차인은 「민사집행법」에 따른 경매 또는 「국세징수법」에 따른 공매(公賣)를 할 때에 임차주택(대지를 포함한다)의 환가대금(換價代金)에서 후순위권리자(後順位權利者)나 그 밖의 채권자보다 우선하여 보증금을 변제(辨濟)받을 권리가 있다. <개정 2013. 8. 13.>
③ 임차인은 임차주택을 양수인에게 인도하지 아니하면 제2항에 따른 보증금을 받을 수 없다.
④ 제2항 또는 제7항에 따른 우선변제의 순위와 보증금에 대하여 이의가 있는 이해관계인은 경매법원이나 체납처분청에 이의를 신청할 수 있다. <개정 2013. 8. 13.>
⑤ 제4항에 따라 경매법원에 이의를 신청하는 경우에는 「민사집행법」 제152조부터 제161조까지의 규정을 준용한다.
⑥ 제4항에 따라 이의신청을 받은 체납처분청은 이해관계인이 이의신청일부터 7일 이내에 임차인

또는 제7항에 따라 우선변제권을 승계한 금융기관 등을 상대로 소(訴)를 제기한 것을 증명하면 해당 소송이 끝날 때까지 이의가 신청된 범위에서 임차인 또는 제7항에 따라 우선변제권을 승계한 금융기관 등에 대한 보증금의 변제를 유보(留保)하고 남은 금액을 배분하여야 한다. 이 경우 유보된 보증금은 소송의 결과에 따라 배분한다. <개정 2013. 8. 13.>

⑦ 다음 각 호의 금융기관 등이 제2항, 제3조의3 제5항, 제3조의4제1항에 따른 우선변제권을 취득한 임차인의 보증금반환채권을 계약으로 양수한 경우에는 양수한 금액의 범위에서 우선변제권을 승계한다. <신설 2013. 8. 13., 2015. 1. 6., 2016. 5. 29.>

1. 「은행법」에 따른 은행
2. 「중소기업은행법」에 따른 중소기업은행
3. 「한국산업은행법」에 따른 한국산업은행
4. 「농업협동조합법」에 따른 농협은행
5. 「수산업협동조합법」에 따른 수협은행
6. 「우체국예금·보험에 관한 법률」에 따른 체신관서
7. 「한국주택금융공사법」에 따른 한국주택금융공사
8. 「보험업법」 제4조제1항제2호라목의 보증보험을 보험종목으로 허가받은 보험회사
9. 「주택도시기금법」에 따른 주택도시보증공사
10. 그 밖에 제1호부터 제9호까지에 준하는 것으로서 대통령령으로 정하는 기관

⑧ 제7항에 따라 우선변제권을 승계한 금융기관 등(이하 "금융기관등"이라 한다)은 다음 각 호의 어느 하나에 해당하는 경우에는 우선변제권을 행사할 수 없다. <신설 2013. 8. 13.>

1. 임차인이 제3조제1항·제2항 또는 제3항의 대항요건을 상실한 경우
2. 제3조의3제5항에 따른 임차권등기가 말소된 경우
3. 「민법」 제621조에 따른 임대차등기가 말소된 경우

⑨ 금융기관등은 우선변제권을 행사하기 위하여 임차인을 대리하거나 대위하여 임대차를 해지할 수 없다. <신설 2013. 8. 13.>

[전문개정 2008. 3. 21.]

제3조의3 【임차권등기명령】 ① 임대차가 끝난 후 보증금이 반환되지 아니한 경우 임차인은 임차주택의 소재지를 관할하는 지방법원·지방법원지원 또는 시·군 법원에 임차권등기명령을 신청할 수 있다. <개정 2013. 8. 13.>

② 임차권등기명령의 신청서에는 다음 각 호의 사항을 적어야 하며, 신청의 이유와 임차권등기의 원인이 된 사실을 소명(疎明)하여야 한다. <개정 2013. 8. 13.>

1. 신청의 취지 및 이유
2. 임대차의 목적인 주택(임대차의 목적이 주택의 일부분인 경우에는 해당 부분의 도면을 첨부한다)
3. 임차권등기의 원인이 된 사실(임차인이 제3조 제1항·제2항 또는 제3항에 따른 대항력을 취득하였거나 제3조의2제2항에 따른 우선변제권을 취득한 경우에는 그 사실)
4. 그 밖에 대법원규칙으로 정하는 사항

③ 다음 각 호의 사항 등에 관하여는 「민사집행법」 제280조제1항, 제281조, 제283조, 제285조, 제286조, 제288조제1항, 같은 조 제2항 본문, 제289조, 제290조제2항 중 제288조제1항에 대한 부분, 제291조, 제292조제3항 및 제293조를 준용한다. 이 경우 "가압류"는 "임차권등기"로, "채권자"는 "임차인"으로, "채무자"는 "임대인"으로 본다. <개정 2023. 4. 18.>

1. 임차권등기명령의 신청에 대한 재판
2. 임차권등기명령의 결정에 대한 임대인의 이의신청 및 그에 대한 재판
3. 임차권등기명령의 취소신청 및 그에 대한 재판
4. 임차권등기명령의 집행

④ 임차권등기명령의 신청을 기각(棄却)하는 결정에 대하여 임차인은 항고(抗告)할 수 있다.

⑤ 임차인은 임차권등기명령의 집행에 따른 임차권등기를 마치면 제3조제1항·제2항 또는 제3항에 따른 대항력과 제3조의2제2항에 따른 우선변제권을 취득한다. 다만, 임차인이 임차권등기 이전에 이미 대항력이나 우선변제권을 취득한 경우에는 그 대항력이나 우선변제권은 그대로 유지되며, 임차권등기 이후에는 제3조제1항·제2항 또는 제3항의 대항요건을 상실하더라도 이미 취득한 대항력이나 우선변제권을 상실하지 아니한다. <개정 2013. 8. 13.>

⑥ 임차권등기명령의 집행에 따른 임차권등기가 끝난 주택(임대차의 목적이 주택의 일부분인 경우에는 해당 부분으로 한정한다)을 그 이후에 임차한 임차인은 제8조에 따른 우선변제를 받을 권리가 없다.

⑦ 임차권등기의 촉탁(囑託), 등기관의 임차권등기 기입(記入) 등 임차권등기명령을 시행하는 데에 필요한 사항은 대법원규칙으로 정한다. <개정 2011. 4. 12.>

⑧ 임차인은 제1항에 따른 임차권등기명령의 신청과 그에 따른 임차권등기와 관련하여 든 비용을 임대인에게 청구할 수 있다.

⑨ 금융기관등은 임차인을 대위하여 제1항의 임차권등기명령을 신청할 수 있다. 이 경우 제3항·제4항 및 제8항의 "임차인"은 "금융기관등"으로 본다. <신설 2013. 8. 13.>

[전문개정 2008. 3. 21.]

제3조의4 【「민법」에 따른 주택임대차등기의 효력 등】

① 「민법」 제621조에 따른 주택임대차등기의 효력에 관하여는 제3조의3제5항 및 제6항을 준용한다.

② 임차인이 대항력이나 우선변제권을 갖추고 「민법」 제621조제1항에 따라 임대인의 협력을 얻어 임대차등기를 신청하는 경우에는 신청서에 「부동산등기법」 제74조제1호부터 제6호까지의 사항 외에 다음 각 호의 사항을 적어야 하며, 이를 증명할 수 있는 서면(임대차의 목적이 주택의 일부분인 경우에는 해당 부분의 도면을 포함한다)을 첨부하여야 한다. <개정 2011. 4. 12., 2020. 2. 4.>

1. 주민등록을 마친 날
2. 임차주택을 점유(占有)한 날
3. 임대차계약증서상의 확정일자를 받은 날

[전문개정 2008. 3. 21.]

제3조의5 【경매에 의한 임차권의 소멸】
임차권은 임차주택에 대하여 「민사집행법」에 따른 경매가 행하여진 경우에는 그 임차주택의 경락(競落)에 따라 소멸한다. 다만, 보증금이 모두 변제되지 아니한, 대항력이 있는 임차권은 그러하지 아니하다.

[전문개정 2008. 3. 21.]

제3조의6 【확정일자 부여 및 임대차 정보제공 등】

① 제3조의2제2항의 확정일자는 주택 소재지의 읍·면사무소, 동 주민센터 또는 시(특별시·광역시·특별자치시는 제외하고, 특별자치도는 포함한다)·군·구(자치구를 말한다)의 출장소, 지방법원 및 그 지원과 등기소 또는 「공증인법」에 따른 공증인(이하 이 조에서 "확정일자부여기관"이라 한다)이 부여한다.

② 확정일자부여기관은 해당 주택의 소재지, 확정일자 부여일, 차임 및 보증금 등을 기재한 확정일자부를 작성하여야 한다. 이 경우 전산처리정보조직을 이용할 수 있다.

③ 주택의 임대차에 이해관계가 있는 자는 확정일자부여기관에 해당 주택의 확정일자 부여일, 차임 및 보증금 등 정보의 제공을 요청할 수 있다. 이 경우 요청을 받은 확정일자부여기관은 정당한 사유 없이 이를 거부할 수 없다.

④ 임대차계약을 체결하려는 자는 임대인의 동의를 받아 확정일자부여기관에 제3항에 따른 정보제공을 요청할 수 있다.

⑤ 제1항·제3항 또는 제4항에 따라 확정일자를 부여받거나 정보를 제공받으려는 자는 수수료를 내야 한다.

⑥ 확정일자부에 기재하여야 할 사항, 주택의 임대차에 이해관계가 있는 자의 범위, 확정일자부여기관에 요청할 수 있는 정보의 범위 및 수수료, 그 밖에 확정일자부여사무와 정보제공 등에 필요한 사항은 대통령령 또는 대법원규칙으로 정한다.

[본조신설 2013. 8. 13.]

제3조의7 【임대인의 정보 제시 의무】
임대차계약을 체결할 때 임대인은 다음 각 호의 사항을 임차인에게 제시하여야 한다.

1. 제3조의6제3항에 따른 해당 주택의 확정일자 부여일, 차임 및 보증금 등 정보. 다만, 임대인이 임대차계약을 체결하기 전에 제3조의6제4항에 따라 동의함으로써 이를 갈음할 수 있다.

2. 「국세징수법」 제108조에 따른 납세증명서 및 「지방세징수법」 제5조제2항에 따른 납세증명서. 다만, 임대인이 임대차계약을 체결하기 전에 「국세징수법」 제109조제1항에 따른 미납국

행정사 조민기 민법(계약)
핵심요약집

세와 체납액의 열람 및 「지방세징수법」 제6조 제1항에 따른 미납지방세의 열람에 각각 동의함으로써 이를 갈음할 수 있다.

[본조신설 2023. 4. 18.]

제4조【임대차기간 등】 ① 기간을 정하지 아니하거나 2년 미만으로 정한 임대차는 그 기간을 2년으로 본다. 다만, 임차인은 2년 미만으로 정한 기간이 유효함을 주장할 수 있다.

② 임대차기간이 끝난 경우에도 임차인이 보증금을 반환받을 때까지는 임대차관계가 존속되는 것으로 본다.

[전문개정 2008. 3. 21.]

제5조 삭제 <1989. 12. 30.>

제6조【계약의 갱신】 ① 임대인이 임대차기간이 끝나기 6개월 전부터 2개월 전까지의 기간에 임차인에게 갱신거절(更新拒絶)의 통지를 하지 아니하거나 계약조건을 변경하지 아니하면 갱신하지 아니한다는 뜻의 통지를 하지 아니한 경우에는 그 기간이 끝난 때에 전 임대차와 동일한 조건으로 다시 임대차한 것으로 본다. 임차인이 임대차기간이 끝나기 2개월 전까지 통지하지 아니한 경우에도 또한 같다. <개정 2020. 6. 9.>

② 제1항의 경우 임대차의 존속기간은 2년으로 본다. <개정 2009. 5. 8.>

③ 2기(期)의 차임액(借賃額)에 달하도록 연체하거나 그 밖에 임차인으로서의 의무를 현저히 위반한 임차인에 대하여는 제1항을 적용하지 아니한다.

[전문개정 2008. 3. 21.]

제6조의2【묵시적 갱신의 경우 계약의 해지】 ① 제6조제1항에 따라 계약이 갱신된 경우 같은 조 제2항에도 불구하고 임차인은 언제든지 임대인에게 계약해지(契約解止)를 통지할 수 있다. <개정 2009. 5. 8.>

② 제1항에 따른 해지는 임대인이 그 통지를 받은 날부터 3개월이 지나면 그 효력이 발생한다.

[전문개정 2008. 3. 21.]

제6조의3【계약갱신 요구 등】 ① 제6조에도 불구하고 임대인은 임차인이 제6조제1항 전단의 기간 이내에 계약갱신을 요구할 경우 정당한 사유 없이 거절하지 못한다. 다만, 다음 각 호의 어느 하나에 해당하는 경우에는 그러하지 아니하다.

1. 임차인이 2기의 차임액에 해당하는 금액에 이르도록 차임을 연체한 사실이 있는 경우

2. 임차인이 거짓이나 그 밖의 부정한 방법으로 임차한 경우

3. 서로 합의하여 임대인이 임차인에게 상당한 보상을 제공한 경우

4. 임차인이 임대인의 동의 없이 목적 주택의 전부 또는 일부를 전대(轉貸)한 경우

5. 임차인이 임차한 주택의 전부 또는 일부를 고의나 중대한 과실로 파손한 경우

6. 임차한 주택의 전부 또는 일부가 멸실되어 임대차의 목적을 달성하지 못할 경우

7. 임대인이 다음 각 목의 어느 하나에 해당하는 사유로 목적 주택의 전부 또는 대부분을 철거하거나 재건축하기 위하여 목적 주택의 점유를 회복할 필요가 있는 경우

   가. 임대차계약 체결 당시 공사시기 및 소요기간 등을 포함한 철거 또는 재건축 계획을 임차인에게 구체적으로 고지하고 그 계획에 따르는 경우

   나. 건물이 노후·훼손 또는 일부 멸실되는 등 안전사고의 우려가 있는 경우

   다. 다른 법령에 따라 철거 또는 재건축이 이루어지는 경우

8. 임대인(임대인의 직계존속·직계비속을 포함한다)이 목적 주택에 실제 거주하려는 경우

9. 그 밖에 임차인이 임차인으로서의 의무를 현저히 위반하거나 임대차를 계속하기 어려운 중대한 사유가 있는 경우

② 임차인은 제1항에 따른 계약갱신요구권을 1회에 한하여 행사할 수 있다. 이 경우 갱신되는 임대차의 존속기간은 2년으로 본다.

③ 갱신되는 임대차는 전 임대차와 동일한 조건으로 다시 계약된 것으로 본다. 다만, 차임과 보증금은 제7조의 범위에서 증감할 수 있다.

④ 제1항에 따라 갱신되는 임대차의 해지에 관하여는 제6조의2를 준용한다.

⑤ 임대인이 제1항제8호의 사유로 갱신을 거절하였음에도 불구하고 갱신요구가 거절되지 아니하였더라면 갱신되었을 기간이 만료되기 전에 정당한 사유 없이 제3자에게 목적 주택을 임대한 경우 임대인은 갱신거절로 인하여 임차인이 입은 손해를 배상하여야 한다.

⑥ 제5항에 따른 손해배상액은 거절 당시 당사자 간에 손해배상액의 예정에 관한 합의가 이루어지지 않는 한 다음 각 호의 금액 중 큰 금액으로 한다.

1. 갱신거절 당시 월차임(차임 외에 보증금이 있는 경우에는 그 보증금을 제7조의2 각 호 중 낮은 비율에 따라 월 단위의 차임으로 전환한 금액을 포함한다. 이하 "환산월차임"이라 한다)의 3개월분에 해당하는 금액

2. 임대인이 제3자에게 임대하여 얻은 환산월차임과 갱신거절 당시 환산월차임 간 차액의 2년분에 해당하는 금액

3. 제1항제8호의 사유로 인한 갱신거절로 인하여 임차인이 입은 손해액

[본조신설 2020. 7. 31.]

제7조【차임 등의 증감청구권】 ① 당사자는 약정한 차임이나 보증금이 임차주택에 관한 조세, 공과금, 그 밖의 부담의 증감이나 경제사정의 변동으로 인하여 적절하지 아니하게 된 때에는 장래에 대하여 그 증감을 청구할 수 있다. 이 경우 증액청구는 임대차계약 또는 약정한 차임이나 보증금의 증액이 있은 후 1년 이내에는 하지 못한다. <개정 2020. 7. 31.>

② 제1항에 따른 증액청구는 약정한 차임이나 보증금의 20분의 1의 금액을 초과하지 못한다. 다만, 특별시·광역시·특별자치시·도 및 특별자치도는 관할 구역 내의 지역별 임대차 시장 여건 등을 고려하여 본문의 범위에서 증액청구의 상한을 조례로 달리 정할 수 있다. <신설 2020. 7. 31.>

[전문개정 2008. 3. 21.]

제7조의2【월차임 전환 시 산정률의 제한】 보증금의 전부 또는 일부를 월 단위의 차임으로 전환하는 경우에는 그 전환되는 금액에 다음 각 호 중 낮은 비율을 곱한 월차임(月借賃)의 범위를 초과할 수 없다. <개정 2010. 5. 17., 2013. 8. 13., 2016. 5. 29.>

1. 「은행법」에 따른 은행에서 적용하는 대출금리와 해당 지역의 경제 여건 등을 고려하여 대통령령으로 정하는 비율

2. 한국은행에서 공시한 기준금리에 대통령령으로 정하는 이율을 더한 비율

[전문개정 2008. 3. 21.]

제8조【보증금 중 일정액의 보호】 ① 임차인은 보증금 중 일정액을 다른 담보물권자(擔保物權者)보다 우선하여 변제받을 권리가 있다. 이 경우 임차인은 주택에 대한 경매신청의 등기 전에 제3조제1항의 요건을 갖추어야 한다.

② 제1항의 경우에는 제3조의2제4항부터 제6항까지의 규정을 준용한다.

③ 제1항에 따라 우선변제를 받을 임차인 및 보증금 중 일정액의 범위와 기준은 제8조의2에 따른 주택임대차위원회의 심의를 거쳐 대통령령으로 정한다. 다만, 보증금 중 일정액의 범위와 기준은 주택가액(대지의 가액을 포함한다)의 2분의 1을 넘지 못한다. <개정 2009. 5. 8.>

[전문개정 2008. 3. 21.]

제8조의2【주택임대차위원회】 ① 제8조에 따라 우선변제를 받을 임차인 및 보증금 중 일정액의 범위와 기준을 심의하기 위하여 법무부에 주택임대차위원회(이하 "위원회"라 한다)를 둔다.

② 위원회는 위원장 1명을 포함한 9명 이상 15명 이하의 위원으로 성별을 고려하여 구성한다. <개정 2020. 7. 31.>

③ 위원회의 위원장은 법무부차관이 된다.

④ 위원회의 위원은 다음 각 호의 어느 하나에 해당하는 사람 중에서 위원장이 임명하거나 위촉하되, 제1호부터 제5호까지에 해당하는 위원을 각각 1명 이상 임명하거나 위촉하여야 하고, 위원 중 2분의 1 이상은 제1호·제2호 또는 제6호에 해당하는 사람을 위촉하여야 한다. <개정 2013. 3. 23., 2020. 7. 31., 2025. 10. 1.>

1. 법학·경제학 또는 부동산학 등을 전공하고 주택임대차 관련 전문지식을 갖춘 사람으로서 공인된 연구기관에서 조교수 이상 또는 이에 상당하는 직에 5년 이상 재직한 사람

2. 변호사 · 감정평가사 · 공인회계사 · 세무사 또는 공인중개사로서 5년 이상 해당 분야에서 종사하고 주택임대차 관련 업무경험이 풍부한 사람

3. 재정경제부에서 물가 관련 업무를 담당하는 고위공무원단에 속하는 공무원

4. 법무부에서 주택임대차 관련 업무를 담당하는 고위공무원단에 속하는 공무원(이에 상당하는 특정직 공무원을 포함한다)

5. 국토교통부에서 주택사업 또는 주거복지 관련 업무를 담당하는 고위공무원단에 속하는 공무원

6. 그 밖에 주택임대차 관련 학식과 경험이 풍부한 사람으로서 대통령령으로 정하는 사람

⑤ 그 밖에 위원회의 구성 및 운영 등에 필요한 사항은 대통령령으로 정한다.

[본조신설 2009. 5. 8.]

제9조【주택 임차권의 승계】 ① 임차인이 상속인 없이 사망한 경우에는 그 주택에서 가정공동생활을 하던 사실상의 혼인 관계에 있는 자가 임차인의 권리와 의무를 승계한다.

② 임차인이 사망한 때에 사망 당시 상속인이 그 주택에서 가정공동생활을 하고 있지 아니한 경우에는 그 주택에서 가정공동생활을 하던 사실상의 혼인 관계에 있는 자와 2촌 이내의 친족이 공동으로 임차인의 권리와 의무를 승계한다.

③ 제1항과 제2항의 경우에 임차인이 사망한 후 1개월 이내에 임대인에게 제1항과 제2항에 따른 승계 대상자가 반대의사를 표시한 경우에는 그러하지 아니하다.

④ 제1항과 제2항의 경우에 임대차 관계에서 생긴 채권 · 채무는 임차인의 권리의무를 승계한 자에게 귀속된다.

[전문개정 2008. 3. 21.]

제10조【강행규정】 이 법에 위반된 약정(約定)으로서 임차인에게 불리한 것은 그 효력이 없다.

[전문개정 2008. 3. 21.]

제10조의2【초과 차임 등의 반환청구】 임차인이 제7조에 따른 증액비율을 초과하여 차임 또는 보증금을 지급하거나 제7조의2에 따른 월차임 산정률을 초과하여 차임을 지급한 경우에는 초과 지급된 차임 또는 보증금 상당금액의 반환을 청구할 수 있다.

[본조신설 2013. 8. 13.]

제11조【일시사용을 위한 임대차】 이 법은 일시사용하기 위한 임대차임이 명백한 경우에는 적용하지 아니한다.

[전문개정 2008. 3. 21.]

제12조【미등기 전세에의 준용】 주택의 등기를 하지 아니한 전세계약에 관하여는 이 법을 준용한다. 이 경우 "전세금"은 "임대차의 보증금"으로 본다.

[전문개정 2008. 3. 21.]

제13조【「소액사건심판법」의 준용】 임차인이 임대인에 대하여 제기하는 보증금반환청구소송에 관하여는 「소액사건심판법」 제6조, 제7조, 제10조 및 제11조의2를 준용한다.

[전문개정 2008. 3. 21.]

제14조【주택임대차분쟁조정위원회】 ① 이 법의 적용을 받는 주택임대차와 관련된 분쟁을 심의 · 조정하기 위하여 대통령령으로 정하는 바에 따라 「법률구조법」 제8조에 따른 대한법률구조공단(이하 "공단"이라 한다)의 지부, 「한국토지주택공사법」에 따른 한국토지주택공사(이하 "공사"라 한다)의 지사 또는 사무소 및 「한국감정원법」에 따른 한국감정원(이하 "감정원"이라 한다)의 지사 또는 사무소에 주택임대차분쟁조정위원회(이하 "조정위원회"라 한다)를 둔다. 특별시 · 광역시 · 특별자치시 · 도 및 특별자치도(이하 "시 · 도"라 한다)는 그 지방자치단체의 실정을 고려하여 조정위원회를 둘 수 있다. <개정 2020. 7. 31.>

② 조정위원회는 다음 각 호의 사항을 심의 · 조정한다.

1. 차임 또는 보증금의 증감에 관한 분쟁

2. 임대차 기간에 관한 분쟁

3. 보증금 또는 임차주택의 반환에 관한 분쟁

4. 임차주택의 유지 · 수선 의무에 관한 분쟁

5. 그 밖에 대통령령으로 정하는 주택임대차에 관한 분쟁

③ 조정위원회의 사무를 처리하기 위하여 조정위원회에 사무국을 두고, 사무국의 조직 및 인력 등에 필요한 사항은 대통령령으로 정한다.

④ 사무국의 조정위원회 업무담당자는 「상가건물임대차보호법」 제20조에 따른 상가건물임대차분쟁조정위원회 사무국의 업무를 제외하고 다른 직위의

업무를 겸직하여서는 아니 된다. <개정 2018. 10. 16.>

[본조신설 2016. 5. 29.]

제15조【예산의 지원】 국가는 조정위원회의 설치·운영에 필요한 예산을 지원할 수 있다.

[본조신설 2016. 5. 29.]

제16조【조정위원회의 구성 및 운영】 ① 조정위원회는 위원장 1명을 포함하여 5명 이상 30명 이하의 위원으로 성별을 고려하여 구성한다. <개정 2020. 7. 31.>

② 조정위원회의 위원은 조정위원회를 두는 기관에 따라 공단 이사장, 공사 사장, 감정원 원장 또는 조정위원회를 둔 지방자치단체의 장이 각각 임명하거나 위촉한다. <개정 2020. 7. 31.>

③ 조정위원회의 위원은 주택임대차에 관한 학식과 경험이 풍부한 사람으로서 다음 각 호의 어느 하나에 해당하는 사람으로 한다. 이 경우 제1호부터 제4호까지에 해당하는 위원을 각 1명 이상 위촉하여야 하고, 위원 중 5분의 2 이상은 제2호에 해당하는 사람이어야 한다.

1. 법학·경제학 또는 부동산학 등을 전공하고 대학이나 공인된 연구기관에서 부교수 이상 또는 이에 상당하는 직에 재직한 사람
2. 판사·검사 또는 변호사로 6년 이상 재직한 사람
3. 감정평가사·공인회계사·법무사 또는 공인중개사로서 주택임대차 관계 업무에 6년 이상 종사한 사람
4. 「사회복지사업법」에 따른 사회복지법인과 그 밖의 비영리법인에서 주택임대차분쟁에 관한 상담에 6년 이상 종사한 경력이 있는 사람
5. 해당 지방자치단체에서 주택임대차 관련 업무를 담당하는 4급 이상의 공무원
6. 그 밖에 주택임대차 관련 학식과 경험이 풍부한 사람으로서 대통령령으로 정하는 사람

④ 조정위원회의 위원장은 제3항제2호에 해당하는 위원 중에서 위원들이 호선한다.

⑤ 조정위원회위원장은 조정위원회를 대표하여 그 직무를 총괄한다.

⑥ 조정위원회위원장이 부득이한 사유로 직무를 수행할 수 없는 경우에는 조정위원회위원장이 미리 지명한 조정위원이 그 직무를 대행한다.

⑦ 조정위원의 임기는 3년으로 하되 연임할 수 있으며, 보궐위원의 임기는 전임자의 남은 임기로 한다.

⑧ 조정위원회는 조정위원회위원장 또는 제3항제2호에 해당하는 조정위원 1명 이상을 포함한 재적위원 과반수의 출석과 출석위원 과반수의 찬성으로 의결한다.

⑨ 그 밖에 조정위원회의 설치, 구성 및 운영 등에 필요한 사항은 대통령령으로 정한다.

[본조신설 2016. 5. 29.]

제17조【조정부의 구성 및 운영】 ① 조정위원회는 분쟁의 효율적 해결을 위하여 3명의 조정위원으로 구성된 조정부를 둘 수 있다.

② 조정부에는 제16조제3항제2호에 해당하는 사람이 1명 이상 포함되어야 하며, 그 중에서 조정위원회위원장이 조정부의 장을 지명한다.

③ 조정부는 다음 각 호의 사항을 심의·조정한다.

1. 제14조제2항에 따른 주택임대차분쟁 중 대통령령으로 정하는 금액 이하의 분쟁
2. 조정위원회가 사건을 특정하여 조정부에 심의·조정을 위임한 분쟁

④ 조정부는 조정부의 장을 포함한 재적위원 과반수의 출석과 출석위원 과반수의 찬성으로 의결한다.

⑤ 제4항에 따라 조정부가 내린 결정은 조정위원회가 결정한 것으로 본다.

⑥ 그 밖에 조정부의 설치, 구성 및 운영 등에 필요한 사항은 대통령령으로 정한다.

[본조신설 2016. 5. 29.]

제18조【조정위원의 결격사유】 「국가공무원법」 제33조 각 호의 어느 하나에 해당하는 사람은 조정위원이 될 수 없다.

[본조신설 2016. 5. 29.]

제19조【조정위원의 신분보장】 ① 조정위원은 자신의 직무를 독립적으로 수행하고 주택임대차분쟁의 심리 및 판단에 관하여 어떠한 지시에도 구속되지 아니한다.

② 조정위원은 다음 각 호의 어느 하나에 해당하는 경우를 제외하고는 그 의사에 반하여 해임 또는 해촉되지 아니한다.

1. 제18조에 해당하는 경우
2. 신체상 또는 정신상의 장애로 직무를 수행할

수 없게 된 경우
[본조신설 2016. 5. 29.]

제20조【조정위원의 제척 등】 ① 조정위원이 다음 각 호의 어느 하나에 해당하는 경우 그 직무의 집행에서 제척된다.

1. 조정위원 또는 그 배우자나 배우자이었던 사람이 해당 분쟁사건의 당사자가 되는 경우
2. 조정위원이 해당 분쟁사건의 당사자와 친족관계에 있거나 있었던 경우
3. 조정위원이 해당 분쟁사건에 관하여 진술, 감정 또는 법률자문을 한 경우
4. 조정위원이 해당 분쟁사건에 관하여 당사자의 대리인으로서 관여하거나 관여하였던 경우

② 사건을 담당한 조정위원에게 제척의 원인이 있는 경우에는 조정위원회는 직권 또는 당사자의 신청에 따라 제척의 결정을 한다.

③ 당사자는 사건을 담당한 조정위원에게 공정한 직무집행을 기대하기 어려운 사정이 있는 경우 조정위원회에 기피신청을 할 수 있다.

④ 기피신청에 관한 결정은 조정위원회가 하고, 해당 조정위원 및 당사자 쌍방은 그 결정에 불복하지 못한다.

⑤ 제3항에 따른 기피신청이 있는 때에는 조정위원회는 그 신청에 대한 결정이 있을 때까지 조정절차를 정지하여야 한다.

⑥ 조정위원은 제1항 또는 제3항에 해당하는 경우 조정위원회의 허가를 받지 아니하고 해당 분쟁사건의 직무집행에서 회피할 수 있다.
[본조신설 2016. 5. 29.]

제21조【조정의 신청 등】 ① 제14조제2항 각 호의 어느 하나에 해당하는 주택임대차분쟁의 당사자는 해당 주택이 소재하는 지역을 관할하는 조정위원회에 분쟁의 조정을 신청할 수 있다. <개정 2020. 7. 31.>

② 조정위원회는 신청인이 조정을 신청할 때 조정절차 및 조정의 효력 등 분쟁조정에 관하여 대통령령으로 정하는 사항을 안내하여야 한다.

③ 조정위원회의 위원장은 다음 각 호의 어느 하나에 해당하는 경우 신청을 각하한다. 이 경우 그 사유를 신청인에게 통지하여야 한다. <개정 2020. 6. 9.>

1. 이미 해당 분쟁조정사항에 대하여 법원에 소가 제기되거나 조정 신청이 있은 후 소가 제기된 경우
2. 이미 해당 분쟁조정사항에 대하여 「민사조정법」에 따른 조정이 신청된 경우나 조정신청이 있은 후 같은 법에 따른 조정이 신청된 경우
3. 이미 해당 분쟁조정사항에 대하여 이 법에 따른 조정위원회에 조정이 신청된 경우나 조정신청이 있은 후 조정이 성립된 경우
4. 조정신청 자체로 주택임대차에 관한 분쟁이 아님이 명백한 경우
5. 피신청인이 조정절차에 응하지 아니한다는 의사를 통지한 경우
6. 신청인이 정당한 사유 없이 조사에 응하지 아니하거나 2회 이상 출석요구에 응하지 아니한 경우
[본조신설 2016. 5. 29.]

제22조【조정절차】 ① 조정위원회의 위원장은 신청인으로부터 조정신청을 접수한 때에는 지체 없이 조정절차를 개시하여야 한다. <개정 2020. 6. 9.>

② 조정위원회의 위원장은 제1항에 따라 조정신청을 접수하면 피신청인에게 조정신청서를 송달하여야 한다. 이 경우 제21조제2항을 준용한다. <개정 2020. 6. 9.>

③ 조정서류의 송달 등 조정절차에 관하여 필요한 사항은 대통령령으로 정한다.
[본조신설 2016. 5. 29.]

제23조【처리기간】 ① 조정위원회는 분쟁의 조정신청을 받은 날부터 60일 이내에 그 분쟁조정을 마쳐야 한다. 다만, 부득이한 사정이 있는 경우에는 조정위원회의 의결을 거쳐 30일의 범위에서 그 기간을 연장할 수 있다.

② 조정위원회는 제1항 단서에 따라 기간을 연장한 경우에는 기간 연장의 사유와 그 밖에 기간 연장에 관한 사항을 당사자에게 통보하여야 한다.
[본조신설 2016. 5. 29.]

제24조【조사 등】 ① 조정위원회는 조정을 위하여 필요하다고 인정하는 경우 신청인, 피신청인, 분쟁 관련 이해관계인 또는 참고인에게 출석하여 진술하게 하거나 조정에 필요한 자료나 물건 등을 제출하도록 요구할 수 있다.

② 조정위원회는 조정을 위하여 필요하다고 인정하는 경우 조정위원 또는 사무국의 직원으로 하여금 조정 대상물 및 관련 자료에 대하여 조사하게 하거나 자료를 수집하게 할 수 있다. 이 경우 조정위원이나 사무국의 직원은 그 권한을 표시하는 증표를 지니고 이를 관계인에게 내보여야 한다.

③ 조정위원회위원장은 특별시장, 광역시장, 특별자치시장, 도지사 및 특별자치도지사(이하 "시·도지사"라 한다)에게 해당 조정업무에 참고하기 위하여 인근지역의 확정일자 자료, 보증금의 월차임 전환율 등 적정 수준의 임대료 산정을 위한 자료를 요청할 수 있다. 이 경우 시·도지사는 정당한 사유가 없으면 조정위원회위원장의 요청에 따라야 한다.

[본조신설 2016. 5. 29.]

제25조 【조정을 하지 아니하는 결정】 ① 조정위원회는 해당 분쟁이 그 성질상 조정을 하기에 적당하지 아니하다고 인정하거나 당사자가 부당한 목적으로 조정을 신청한 것으로 인정할 때에는 조정을 하지 아니할 수 있다.

② 조정위원회는 제1항에 따라 조정을 하지 아니하기로 결정하였을 때에는 그 사실을 당사자에게 통지하여야 한다.

[본조신설 2016. 5. 29.]

제26조 【조정의 성립】 ① 조정위원회가 조정안을 작성한 경우에는 그 조정안을 지체 없이 각 당사자에게 통지하여야 한다.

② 제1항에 따라 조정안을 통지받은 당사자가 통지받은 날부터 14일 이내에 수락의 의사를 서면으로 표시하지 아니한 경우에는 조정을 거부한 것으로 본다. <개정 2020. 6. 9.>

③ 제2항에 따라 각 당사자가 조정안을 수락한 경우에는 조정안과 동일한 내용의 합의가 성립된 것으로 본다.

④ 제3항에 따른 합의가 성립한 경우 조정위원회위원장은 조정안의 내용을 조정서로 작성한다. 조정위원회위원장은 각 당사자 간에 금전, 그 밖의 대체물의 지급 또는 부동산의 인도에 관하여 강제집행을 승낙하는 취지의 합의가 있는 경우에는 그 내용을 조정서에 기재하여야 한다.

[본조신설 2016. 5. 29.]

제27조 【집행력의 부여】 제26조제4항 후단에 따라 강제집행을 승낙하는 취지의 내용이 기재된 조정서의 정본은 「민사집행법」 제56조에도 불구하고 집행력 있는 집행권원과 같은 효력을 가진다. 다만, 청구에 관한 이의의 주장에 대하여는 같은 법 제44조제2항을 적용하지 아니한다.

[본조신설 2016. 5. 29.]

제28조 【비밀유지의무】 조정위원, 사무국의 직원 또는 그 직에 있었던 자는 다른 법률에 특별한 규정이 있는 경우를 제외하고는 직무상 알게 된 정보를 타인에게 누설하거나 직무상 목적 외에 사용하여서는 아니 된다.

[본조신설 2016. 5. 29.]

제29조 【다른 법률의 준용】 조정위원회의 운영 및 조정절차에 관하여 이 법에서 규정하지 아니한 사항에 대하여는 「민사조정법」을 준용한다.

[본조신설 2016. 5. 29.]

제30조 【주택임대차표준계약서 사용】 주택임대차계약을 서면으로 체결할 때에는 법무부장관이 국토교통부장관과 협의하여 정하는 주택임대차표준계약서를 우선적으로 사용한다. 다만, 당사자가 다른 서식을 사용하기로 합의한 경우에는 그러하지 아니하다. <개정 2020. 7. 31.>

[본조신설 2016. 5. 29.]

제31조 【벌칙 적용에서 공무원 의제】 공무원이 아닌 주택임대차위원회의 위원 및 주택임대차분쟁조정위원회의 위원은 「형법」 제127조, 제129조부터 제132조까지의 규정을 적용할 때에는 공무원으로 본다.

[본조신설 2016. 5. 29.]

부칙 〈제21065호, 2025. 10. 1.〉 (정부조직법)

제1조 【시행일】 이 법은 공포한 날부터 시행한다. 다만, 부칙 제7조에 따라 개정되는 법률 중 이 법 시행 전에 공포되었으나 시행일이 도래하지 아니한 법률을 개정한 부분은 각각 해당 법률의 시행일부터 시행하고, 다음 각 호의 개정규정은 해당 호에서 정하는 날부터 시행한다.

1. 다음 각 목의 개정규정은 2026년 1월 2일부터 시행한다. 다만, 부칙 제7조에 따라 개정되는 법률(가목 및 나목의 개정규정과 관련되는 부분으로 한정한다) 중 본문에 따른 시행일 전에 공포되었으나 본문에 따른 시행일이 도래하지 아니한 법률을 개정한 부분은 각각 해당 법률의 시행일부터 시행한다.

　　가. 제19조제4항, 제23조, 제29조제1항제1호 및 제30조의 개정규정

　　나. 제12조제2항, 제19조제3항, 제22조 및 제29조제2항 단서의 개정규정(재정경제부장관 및 재정경제부에 관한 부분으로 한정한다)

　　다. 부칙 제7조에 따라 개정되는 법률(가목 및 나목의 개정규정과 관련되는 부분으로 한정한다)

2. 생략

제2조 부터 제6조까지 생략

제7조【다른 법률의 개정】 ①부터 <120>까지 생략

<121> 주택임대차보호법 일부를 다음과 같이 개정한다.

제8조의2제4항제3호 중 "기획재정부"를 "재정경제부"로 한다.

<122>부터 <626>까지 생략

제8조 생략

상가건물 임대차보호법

[시행 2026. 5. 12.]
[법률 제21083호, 2025. 11. 11., 일부개정]

제1조【목적】 이 법은 상가건물 임대차에 관하여 「민법」에 대한 특례를 규정하여 국민 경제생활의 안정을 보장함을 목적으로 한다.
[전문개정 2009. 1. 30.]

제2조【적용범위】 ① 이 법은 상가건물(제3조제1항에 따른 사업자등록의 대상이 되는 건물을 말한다)의 임대차(임대차 목적물의 주된 부분을 영업용으로 사용하는 경우를 포함한다)에 대하여 적용한다. 다만, 제14조의2에 따른 상가건물임대차위원회의 심의를 거쳐 대통령령으로 정하는 보증금액을 초과하는 임대차에 대하여는 그러하지 아니하다. <개정 2020. 7. 31.>

② 제1항 단서에 따른 보증금액을 정할 때에는 해당 지역의 경제 여건 및 임대차 목적물의 규모 등을 고려하여 지역별로 구분하여 규정하되, 보증금 외에 차임이 있는 경우에는 그 차임액에 「은행법」에 따른 은행의 대출금리 등을 고려하여 대통령령으로 정하는 비율을 곱하여 환산한 금액을 포함하여야 한다. <개정 2010. 5. 17.>

③ 제1항 단서에도 불구하고 제3조, 제10조제1항, 제2항, 제3항 본문, 제10조의2부터 제10조의9까지의 규정, 제11조의2 및 제19조는 제1항 단서에 따른 보증금액을 초과하는 임대차에 대하여도 적용한다. <신설 2013. 8. 13., 2015. 5. 13., 2020. 9. 29., 2022. 1. 4.>
[전문개정 2009. 1. 30.]

제3조【대항력 등】 ① 임대차는 그 등기가 없는 경우에도 임차인이 건물의 인도와 「부가가치세법」 제8조, 「소득세법」 제168조 또는 「법인세법」 제111조에 따른 사업자등록을 신청하면 그 다음 날부터 제3자에 대하여 효력이 생긴다. <개정 2013. 6. 7.>

② 임차건물의 양수인(그 밖에 임대할 권리를 승계한 자를 포함한다)은 임대인의 지위를 승계한 것으로 본다.

③ 이 법에 따라 임대차의 목적이 된 건물이 매매 또는 경매의 목적물이 된 경우에는 「민법」 제575조제1항·제3항 및 제578조를 준용한다.

④ 제3항의 경우에는 「민법」 제536조를 준용한다.
[전문개정 2009. 1. 30.]

제4조【확정일자 부여 및 임대차정보의 제공 등】 ① 제5조제2항의 확정일자는 상가건물의 소재지 관할 세무서장이 부여한다.

② 관할 세무서장은 해당 상가건물의 소재지, 확정일자 부여일, 차임 및 보증금 등을 기재한 확정일자부를 작성하여야 한다. 이 경우 전산정보처리조직을 이용할 수 있다.

③ 상가건물의 임대차에 이해관계가 있는 자는 관할 세무서장에게 해당 상가건물의 확정일자 부여일, 차임 및 보증금 등 정보의 제공을 요청할 수 있다. 이 경우 요청을 받은 관할 세무서장은 정당한 사유 없이 이를 거부할 수 없다.

④ 임대차계약을 체결하려는 자는 임대인의 동의를 받아 관할 세무서장에게 제3항에 따른 정보제공을 요청할 수 있다.

⑤ 확정일자부에 기재하여야 할 사항, 상가건물의 임대차에 이해관계가 있는 자의 범위, 관할 세무서장에게 요청할 수 있는 정보의 범위 및 그 밖에 확정일자 부여사무와 정보제공 등에 필요한 사항은 대통령령으로 정한다.
[전문개정 2015. 5. 13.]

제5조【보증금의 회수】 ① 임차인이 임차건물에 대하여 보증금반환청구소송의 확정판결, 그 밖에 이에 준하는 집행권원에 의하여 경매를 신청하는 경우에는 「민사집행법」 제41조에도 불구하고 반대의무의 이행이나 이행의 제공을 집행개시의 요건으로 하지 아니한다.

② 제3조제1항의 대항요건을 갖추고 관할 세무서장으로부터 임대차계약서상의 확정일자를 받은 임차인은 「민사집행법」에 따른 경매 또는 「국세징수법」에 따른 공매 시 임차건물(임대인 소유의 대지를 포함한다)의 환가대금에서 후순위권리자나 그 밖의 채권자보다 우선하여 보증금을 변제받을 권리가 있다.

③ 임차인은 임차건물을 양수인에게 인도하지 아니하면 제2항에 따른 보증금을 받을 수 없다.

④ 제2항 또는 제7항에 따른 우선변제의 순위와 보증금에 대하여 이의가 있는 이해관계인은 경매법원 또는 체납처분청에 이의를 신청할 수 있다. <개정 2013. 8. 13.>

⑤ 제4항에 따라 경매법원에 이의를 신청하는 경우에는 「민사집행법」 제152조부터 제161조까지의 규정을 준용한다.

⑥ 제4항에 따라 이의신청을 받은 체납처분청은 이해관계인이 이의신청일부터 7일 이내에 임차인 또는 제7항에 따라 우선변제권을 승계한 금융기관 등을 상대로 소(訴)를 제기한 것을 증명한 때에는 그 소송이 종결될 때까지 이의가 신청된 범위에서 임차인 또는 제7항에 따라 우선변제권을 승계한 금융기관 등에 대한 보증금의 변제를 유보(留保)하고 남은 금액을 배분하여야 한다. 이 경우 유보된 보증금은 소송 결과에 따라 배분한다. <개정 2013. 8. 13.>

⑦ 다음 각 호의 금융기관 등이 제2항, 제6조제5항 또는 제7조제1항에 따른 우선변제권을 취득한 임차인의 보증금반환채권을 계약으로 양수한 경우에는 양수한 금액의 범위에서 우선변제권을 승계한다. <신설 2013. 8. 13., 2016. 5. 29.>

1. 「은행법」에 따른 은행
2. 「중소기업은행법」에 따른 중소기업은행
3. 「한국산업은행법」에 따른 한국산업은행
4. 「농업협동조합법」에 따른 농협은행
5. 「수산업협동조합법」에 따른 수협은행
6. 「우체국예금·보험에 관한 법률」에 따른 체신관서
7. 「보험업법」 제4조제1항제2호라목의 보증보험을 보험종목으로 허가받은 보험회사
8. 그 밖에 제1호부터 제7호까지에 준하는 것으로서 대통령령으로 정하는 기관

⑧ 제7항에 따라 우선변제권을 승계한 금융기관 등(이하 "금융기관등"이라 한다)은 다음 각 호의 어느 하나에 해당하는 경우에는 우선변제권을 행사할 수 없다. <신설 2013. 8. 13.>

1. 임차인이 제3조제1항의 대항요건을 상실한 경우
2. 제6조제5항에 따른 임차권등기가 말소된 경우
3. 「민법」 제621조에 따른 임대차등기가 말소된 경우

⑨ 금융기관등은 우선변제권을 행사하기 위하여 임차인을 대리하거나 대위하여 임대차를 해지할 수 없다. <신설 2013. 8. 13.>

[전문개정 2009. 1. 30.]

제6조【임차권등기명령】 ① 임대차가 종료된 후 보증금이 반환되지 아니한 경우 임차인은 임차건물의 소재지를 관할하는 지방법원, 지방법원지원 또는 시·군법원에 임차권등기명령을 신청할 수 있다. <개정 2013. 8. 13.>

② 임차권등기명령을 신청할 때에는 다음 각 호의 사항을 기재하여야 하며, 신청 이유 및 임차권등기의 원인이 된 사실을 소명하여야 한다.

1. 신청 취지 및 이유
2. 임대차의 목적인 건물(임대차의 목적이 건물의 일부분인 경우에는 그 부분의 도면을 첨부한다)
3. 임차권등기의 원인이 된 사실(임차인이 제3조제1항에 따른 대항력을 취득하였거나 제5조제2항에 따른 우선변제권을 취득한 경우에는 그 사실)
4. 그 밖에 대법원규칙으로 정하는 사항

③ 임차권등기명령의 신청에 대한 재판, 임차권등기명령의 결정에 대한 임대인의 이의신청 및 그에 대한 재판, 임차권등기명령의 취소신청 및 그에 대한 재판 또는 임차권등기명령의 집행 등에 관하여는 「민사집행법」 제280조제1항, 제281조, 제283조, 제285조, 제286조, 제288조제1항·제2항 본문, 제289조, 제290조제2항 중 제288조제1항에 대한 부분, 제291조, 제293조를 준용한다. 이 경우 "가압류"는 "임차권등기"로, "채권자"는 "임차인"으로, "채무자"는 "임대인"으로 본다.

④ 임차권등기명령신청을 기각하는 결정에 대하여 임차인은 항고할 수 있다.

⑤ 임차권등기명령의 집행에 따른 임차권등기를 마치면 임차인은 제3조제1항에 따른 대항력과 제5조제2항에 따른 우선변제권을 취득한다. 다만, 임차인이 임차권등기 이전에 이미 대항력 또는 우선변제권을 취득한 경우에는 그 대항력 또는 우선변제권이 그대로 유지되며, 임차권등기 이후에는 제3조제1항의 대항요건을 상실하더라도 이미 취득한 대항력 또는 우선변제권을 상실하지 아니한다.

⑥ 임차권등기명령의 집행에 따른 임차권등기를 마

친 건물(임대차의 목적이 건물의 일부분인 경우에는 그 부분으로 한정한다)을 그 이후에 임차한 임차인은 제14조에 따른 우선변제를 받을 권리가 없다.

⑦ 임차권등기의 촉탁, 등기관의 임차권등기 기입 등 임차권등기명령의 시행에 관하여 필요한 사항은 대법원규칙으로 정한다.

⑧ 임차인은 제1항에 따른 임차권등기명령의 신청 및 그에 따른 임차권등기와 관련하여 든 비용을 임대인에게 청구할 수 있다.

⑨ 금융기관등은 임차인을 대위하여 제1항의 임차권등기명령을 신청할 수 있다. 이 경우 제3항·제4항 및 제8항의 "임차인"은 "금융기관등"으로 본다. <신설 2013. 8. 13.>

[전문개정 2009. 1. 30.]

제7조【「민법」에 따른 임대차등기의 효력 등】 ① 「민법」 제621조에 따른 건물임대차등기의 효력에 관하여는 제6조제5항 및 제6항을 준용한다.

② 임차인이 대항력 또는 우선변제권을 갖추고 「민법」 제621조제1항에 따라 임대인의 협력을 얻어 임대차등기를 신청하는 경우에는 신청서에 「부동산등기법」 제74조제1호부터 제6호까지의 사항 외에 다음 각 호의 사항을 기재하여야 하며, 이를 증명할 수 있는 서면(임대차의 목적이 건물의 일부분인 경우에는 그 부분의 도면을 포함한다)을 첨부하여야 한다. <개정 2011. 4. 12., 2020. 2. 4.>

1. 사업자등록을 신청한 날
2. 임차건물을 점유한 날
3. 임대차계약서상의 확정일자를 받은 날

[전문개정 2009. 1. 30.]

제8조【경매에 의한 임차권의 소멸】 임차권은 임차건물에 대하여 「민사집행법」에 따른 경매가 실시된 경우에는 그 임차건물이 매각되면 소멸한다. 다만, 보증금이 전액 변제되지 아니한 대항력이 있는 임차권은 그러하지 아니하다.

[전문개정 2009. 1. 30.]

제9조【임대차기간 등】 ① 기간을 정하지 아니하거나 기간을 1년 미만으로 정한 임대차는 그 기간을 1년으로 본다. 다만, 임차인은 1년 미만으로 정한 기간이 유효함을 주장할 수 있다.

② 임대차가 종료한 경우에도 임차인이 보증금을 돌려받을 때까지는 임대차 관계는 존속하는 것으로 본다.

[전문개정 2009. 1. 30.]

제10조【계약갱신 요구 등】 ① 임대인은 임차인이 임대차기간이 만료되기 6개월 전부터 1개월 전까지 사이에 계약갱신을 요구할 경우 정당한 사유 없이 거절하지 못한다. 다만, 다음 각 호의 어느 하나의 경우에는 그러하지 아니하다. <개정 2013. 8. 13.>

1. 임차인이 3기의 차임액에 해당하는 금액에 이르도록 차임을 연체한 사실이 있는 경우
2. 임차인이 거짓이나 그 밖의 부정한 방법으로 임차한 경우
3. 서로 합의하여 임대인이 임차인에게 상당한 보상을 제공한 경우
4. 임차인이 임대인의 동의 없이 목적 건물의 전부 또는 일부를 전대(轉貸)한 경우
5. 임차인이 임차한 건물의 전부 또는 일부를 고의나 중대한 과실로 파손한 경우
6. 임차한 건물의 전부 또는 일부가 멸실되어 임대차의 목적을 달성하지 못할 경우
7. 임대인이 다음 각 목의 어느 하나에 해당하는 사유로 목적 건물의 전부 또는 대부분을 철거하거나 재건축하기 위하여 목적 건물의 점유를 회복할 필요가 있는 경우

   가. 임대차계약 체결 당시 공사시기 및 소요기간 등을 포함한 철거 또는 재건축 계획을 임차인에게 구체적으로 고지하고 그 계획에 따르는 경우

   나. 건물이 노후·훼손 또는 일부 멸실되는 등 안전사고의 우려가 있는 경우

   다. 다른 법령에 따라 철거 또는 재건축이 이루어지는 경우

8. 그 밖에 임차인이 임차인으로서의 의무를 현저히 위반하거나 임대차를 계속하기 어려운 중대한 사유가 있는 경우

② 임차인의 계약갱신요구권은 최초의 임대차기간을 포함한 전체 임대차기간이 10년을 초과하지 아니하는 범위에서만 행사할 수 있다. <개정 2018. 10. 16.>

③ 갱신되는 임대차는 전 임대차와 동일한 조건으

로 다시 계약된 것으로 본다. 다만, 차임과 보증금은 제11조에 따른 범위에서 증감할 수 있다.

④ 임대인이 제1항의 기간 이내에 임차인에게 갱신 거절의 통지 또는 조건 변경의 통지를 하지 아니한 경우에는 그 기간이 만료된 때에 전 임대차와 동일한 조건으로 다시 임대차한 것으로 본다. 이 경우에 임대차의 존속기간은 1년으로 본다. <개정 2009. 5. 8.>

⑤ 제4항의 경우 임차인은 언제든지 임대인에게 계약해지의 통고를 할 수 있고, 임대인이 통고를 받은 날부터 3개월이 지나면 효력이 발생한다.

[전문개정 2009. 1. 30.]

제10조의2【계약갱신의 특례】 제2조제1항 단서에 따른 보증금액을 초과하는 임대차의 계약갱신의 경우에는 당사자는 상가건물에 관한 조세, 공과금, 주변 상가건물의 차임 및 보증금, 그 밖의 부담이나 경제사정의 변동 등을 고려하여 차임과 보증금의 증감을 청구할 수 있다.

[본조신설 2013. 8. 13.]

제10조의3【권리금의 정의 등】 ① 권리금이란 임대차 목적물인 상가건물에서 영업을 하는 자 또는 영업을 하려는 자가 영업시설ㆍ비품, 거래처, 신용, 영업상의 노하우, 상가건물의 위치에 따른 영업상의 이점 등 유형ㆍ무형의 재산적 가치의 양도 또는 이용대가로서 임대인, 임차인에게 보증금과 차임 이외에 지급하는 금전 등의 대가를 말한다.

② 권리금 계약이란 신규임차인이 되려는 자가 임차인에게 권리금을 지급하기로 하는 계약을 말한다.

[본조신설 2015. 5. 13.]

제10조의4【권리금 회수기회 보호 등】 ① 임대인은 임대차기간이 끝나기 6개월 전부터 임대차 종료 시까지 다음 각 호의 어느 하나에 해당하는 행위를 함으로써 권리금 계약에 따라 임차인이 주선한 신규임차인이 되려는 자로부터 권리금을 지급받는 것을 방해하여서는 아니 된다. 다만, 제10조제1항 각 호의 어느 하나에 해당하는 사유가 있는 경우에는 그러하지 아니하다. <개정 2018. 10. 16.>

1. 임차인이 주선한 신규임차인이 되려는 자에게 권리금을 요구하거나 임차인이 주선한 신규임차인이 되려는 자로부터 권리금을 수수하는 행위

2. 임차인이 주선한 신규임차인이 되려는 자로 하여금 임차인에게 권리금을 지급하지 못하게 하는 행위

3. 임차인이 주선한 신규임차인이 되려는 자에게 상가건물에 관한 조세, 공과금, 주변 상가건물의 차임 및 보증금, 그 밖의 부담에 따른 금액에 비추어 현저히 고액의 차임과 보증금을 요구하는 행위

4. 그 밖에 정당한 사유 없이 임대인이 임차인이 주선한 신규임차인이 되려는 자와 임대차계약의 체결을 거절하는 행위

② 다음 각 호의 어느 하나에 해당하는 경우에는 제1항제4호의 정당한 사유가 있는 것으로 본다.

1. 임차인이 주선한 신규임차인이 되려는 자가 보증금 또는 차임을 지급할 자력이 없는 경우

2. 임차인이 주선한 신규임차인이 되려는 자가 임차인으로서의 의무를 위반할 우려가 있거나 그 밖에 임대차를 유지하기 어려운 상당한 사유가 있는 경우

3. 임대차 목적물인 상가건물을 1년 6개월 이상 영리목적으로 사용하지 아니한 경우

4. 임대인이 선택한 신규임차인이 임차인과 권리금 계약을 체결하고 그 권리금을 지급한 경우

③ 임대인이 제1항을 위반하여 임차인에게 손해를 발생하게 한 때에는 그 손해를 배상할 책임이 있다. 이 경우 그 손해배상액은 신규임차인이 임차인에게 지급하기로 한 권리금과 임대차 종료 당시의 권리금 중 낮은 금액을 넘지 못한다.

④ 제3항에 따라 임대인에게 손해배상을 청구할 권리는 임대차가 종료한 날부터 3년 이내에 행사하지 아니하면 시효의 완성으로 소멸한다.

⑤ 임차인은 임대인에게 임차인이 주선한 신규임차인이 되려는 자의 보증금 및 차임을 지급할 자력 또는 그 밖에 임차인으로서의 의무를 이행할 의사 및 능력에 관하여 자신이 알고 있는 정보를 제공하여야 한다.

[본조신설 2015. 5. 13.]

제10조의5【권리금 적용 제외】 제10조의4는 다음 각 호의 어느 하나에 해당하는 상가건물 임대차의 경우에는 적용하지 아니한다. <개정 2018. 10. 16.>

1. 임대차 목적물인 상가건물이 「유통산업발전법」

제2조에 따른 대규모점포 또는 준대규모점포의 일부인 경우(다만, 「전통시장 및 상점가 육성을 위한 특별법」 제2조제1호에 따른 전통시장은 제외한다)

2. 임대차 목적물인 상가건물이 「국유재산법」에 따른 국유재산 또는 「공유재산 및 물품 관리법」에 따른 공유재산인 경우

[본조신설 2015. 5. 13.]

제10조의6【표준권리금계약서의 작성 등】 국토교통부장관은 법무부장관과 협의를 거쳐 임차인과 신규 임차인이 되려는 자의 권리금 계약 체결을 위한 표준권리금계약서를 정하여 그 사용을 권장할 수 있다. <개정 2020. 7. 31.>

[본조신설 2015. 5. 13.]

제10조의7【권리금 평가기준의 고시】 국토교통부장관은 권리금에 대한 감정평가의 절차와 방법 등에 관한 기준을 고시할 수 있다.

[본조신설 2015. 5. 13.]

제10조의8【차임연체와 해지】 임차인의 차임연체액이 3기의 차임액에 달하는 때에는 임대인은 계약을 해지할 수 있다.

[본조신설 2015. 5. 13.]

제10조의9【계약 갱신요구 등에 관한 임시 특례】 임차인이 이 법(법률 제17490호 상가건물 임대차보호법 일부개정법률을 말한다) 시행일부터 6개월까지의 기간 동안 연체한 차임액은 제10조제1항제1호, 제10조의4제1항 단서 및 제10조의8의 적용에 있어서는 차임연체액으로 보지 아니한다. 이 경우 연체한 차임액에 대한 임대인의 그 밖의 권리는 영향을 받지 아니한다.

[본조신설 2020. 9. 29.]

제11조【차임 등의 증감청구권】 ① 차임 또는 보증금이 임차건물에 관한 조세, 공과금, 그 밖의 부담의 증감이나 「감염병의 예방 및 관리에 관한 법률」 제2조제2호에 따른 제1급감염병 등에 의한 경제사정의 변동으로 인하여 상당하지 아니하게 된 경우에는 당사자는 장래의 차임 또는 보증금에 대하여 증감을 청구할 수 있다. 그러나 증액의 경우에는 대통령령으로 정하는 기준에 따른 비율을 초과하지 못한다. <개정 2020. 9. 29.>

② 제1항에 따른 증액 청구는 임대차계약 또는 약정한 차임 등의 증액이 있은 후 1년 이내에는 하지 못한다.

③ 「감염병의 예방 및 관리에 관한 법률」 제2조제2호에 따른 제1급감염병에 의한 경제사정의 변동으로 차임 등이 감액된 후 임대인이 제1항에 따라 증액을 청구하는 경우에는 증액된 차임 등이 감액 전 차임 등의 금액에 달할 때까지는 같은 항 단서를 적용하지 아니한다. <신설 2020. 9. 29.>

[전문개정 2009. 1. 30.]

제11조의2【폐업으로 인한 임차인의 해지권】 ① 임차인은 「감염병의 예방 및 관리에 관한 법률」 제49조제1항제2호에 따른 집합 제한 또는 금지 조치(같은 항 제2호의2에 따라 운영시간을 제한한 조치를 포함한다)를 총 3개월 이상 받음으로써 발생한 경제사정의 중대한 변동으로 폐업한 경우에는 임대차계약을 해지할 수 있다.

② 제1항에 따른 해지는 임대인이 계약해지의 통고를 받은 날부터 3개월이 지나면 효력이 발생한다.

[본조신설 2022. 1. 4.]

제12조【월 차임 전환 시 산정률의 제한】 보증금의 전부 또는 일부를 월 단위의 차임으로 전환하는 경우에는 그 전환되는 금액에 다음 각 호 중 낮은 비율을 곱한 월 차임의 범위를 초과할 수 없다. <개정 2010. 5. 17., 2013. 8. 13.>

1. 「은행법」에 따른 은행의 대출금리 및 해당 지역의 경제 여건 등을 고려하여 대통령령으로 정하는 비율

2. 한국은행에서 공시한 기준금리에 대통령령으로 정하는 배수를 곱한 비율

[전문개정 2009. 1. 30.]

제13조【전대차관계에 대한 적용 등】 ① 제10조, 제10조의2, 제10조의8, 제10조의9(제10조 및 제10조의8에 관한 부분으로 한정한다), 제11조 및 제12조는 전대인(轉貸人)과 전차인(轉借人)의 전대차관계에 적용한다. <개정 2015. 5. 13., 2020. 9. 29.>

② 임대인의 동의를 받고 전대차계약을 체결한 전차인은 임차인의 계약갱신요구권 행사기간 이내에 임차인을 대위(代位)하여 임대인에게 계약갱신요구권을 행사할 수 있다.

[전문개정 2009. 1. 30.]

제14조【보증금 중 일정액의 보호】 ① 임차인은 보증

금 중 일정액을 다른 담보물권자보다 우선하여 변제받을 권리가 있다. 이 경우 임차인은 건물에 대한 경매신청의 등기 전에 제3조제1항의 요건을 갖추어야 한다.

② 제1항의 경우에 제5조제4항부터 제6항까지의 규정을 준용한다.

③ 제1항에 따라 우선변제를 받을 임차인 및 보증금 중 일정액의 범위와 기준은 임대건물가액(임대인 소유의 대지가액을 포함한다)의 2분의 1 범위에서 해당 지역의 경제 여건, 보증금 및 차임 등을 고려하여 제14조의2에 따른 상가건물임대차위원회의 심의를 거쳐 대통령령으로 정한다. <개정 2013. 8. 13., 2020. 7. 31.>

[전문개정 2009. 1. 30.]

제14조의2【상가건물임대차위원회】 ① 상가건물 임대차에 관한 다음 각 호의 사항을 심의하기 위하여 법무부에 상가건물임대차위원회(이하 "위원회"라 한다)를 둔다.

1. 제2조제1항 단서에 따른 보증금액

2. 제14조에 따라 우선변제를 받을 임차인 및 보증금 중 일정액의 범위와 기준

② 위원회는 위원장 1명을 포함한 10명 이상 15명 이하의 위원으로 성별을 고려하여 구성한다.

③ 위원회의 위원장은 법무부차관이 된다.

④ 위원회의 위원은 다음 각 호의 어느 하나에 해당하는 사람 중에서 위원장이 임명하거나 위촉하되, 제1호부터 제6호까지에 해당하는 위원을 각각 1명 이상 임명하거나 위촉하여야 하고, 위원 중 2분의 1 이상은 제1호·제2호 또는 제7호에 해당하는 사람을 위촉하여야 한다.

1. 법학·경제학 또는 부동산학 등을 전공하고 상가건물 임대차 관련 전문지식을 갖춘 사람으로서 공인된 연구기관에서 조교수 이상 또는 이에 상당하는 직에 5년 이상 재직한 사람

2. 변호사·감정평가사·공인회계사·세무사 또는 공인중개사로서 5년 이상 해당 분야에서 종사하고 상가건물 임대차 관련 업무경험이 풍부한 사람

3. 재정경제부에서 물가 관련 업무를 담당하는 고위공무원단에 속하는 공무원

4. 법무부에서 상가건물 임대차 관련 업무를 담당

하는 고위공무원단에 속하는 공무원(이에 상당하는 특정직공무원을 포함한다)

5. 국토교통부에서 상가건물 임대차 관련 업무를 담당하는 고위공무원단에 속하는 공무원

6. 중소벤처기업부에서 소상공인 관련 업무를 담당하는 고위공무원단에 속하는 공무원

7. 그 밖에 상가건물 임대차 관련 학식과 경험이 풍부한 사람으로서 대통령령으로 정하는 사람

⑤ 그 밖에 위원회의 구성 및 운영 등에 필요한 사항은 대통령령으로 정한다.

[본조신설 2020. 7. 31.]

제15조【강행규정】 이 법의 규정에 위반된 약정으로서 임차인에게 불리한 것은 효력이 없다.

[전문개정 2009. 1. 30.]

제16조【일시사용을 위한 임대차】 이 법은 일시사용을 위한 임대차임이 명백한 경우에는 적용하지 아니한다.

[전문개정 2009. 1. 30.]

제17조【미등기전세에의 준용】 목적건물을 등기하지 아니한 전세계약에 관하여 이 법을 준용한다. 이 경우 "전세금"은 "임대차의 보증금"으로 본다.

[전문개정 2009. 1. 30.]

제18조【「소액사건심판법」의 준용】 임차인이 임대인에게 제기하는 보증금반환청구소송에 관하여는 「소액사건심판법」 제6조·제7조·제10조 및 제11조의2를 준용한다.

[전문개정 2009. 1. 30.]

제19조【표준계약서의 작성 등】 법무부장관은 국토교통부장관과 협의를 거쳐 보증금, 차임액, 임대차기간, 수선비 분담, 관리비 부과 항목 등의 내용이 기재된 상가건물임대차표준계약서를 정하여 그 사용을 권장할 수 있다. <개정 2020. 7. 31., 2025. 11. 11.>

[본조신설 2015. 5. 13.]

제19조의2【관리비 내역의 제공】 ① 임대차계약 시 합의로 임차인이 임대인에게 상가건물의 유지관리를 위하여 필요한 관리비를 납부하는 경우 임차인은 임대인에게 그 부과된 관리비 내역의 제공을 요청할 수 있다.

② 제1항에 따라 임차인으로부터 관리비 내역의 제공을 요청받은 임대인은 이에 따라야 한다.

③ 제1항 및 제2항에 따라 임대인이 제공하여야 하는 관리비 내역 등에 필요한 사항은 대통령령으로 정한다.

[본조신설 2025. 11. 11.]

제20조【상가건물임대차분쟁조정위원회】 ① 이 법의 적용을 받는 상가건물 임대차와 관련된 분쟁을 심의·조정하기 위하여 대통령령으로 정하는 바에 따라 「법률구조법」 제8조에 따른 대한법률구조공단의 지부, 「한국토지주택공사법」에 따른 한국토지주택공사의 지사 또는 사무소 및 「한국감정원법」에 따른 한국감정원의 지사 또는 사무소에 상가건물임대차분쟁조정위원회(이하 "조정위원회"라 한다)를 둔다. 특별시·광역시·특별자치시·도 및 특별자치도는 그 지방자치단체의 실정을 고려하여 조정위원회를 둘 수 있다. <개정 2020. 7. 31.>

② 조정위원회는 다음 각 호의 사항을 심의·조정한다.

1. 차임 또는 보증금의 증감에 관한 분쟁

2. 임대차 기간에 관한 분쟁

3. 보증금 또는 임차상가건물의 반환에 관한 분쟁

4. 임차상가건물의 유지·수선 의무에 관한 분쟁

5. 권리금에 관한 분쟁

6. 그 밖에 대통령령으로 정하는 상가건물 임대차에 관한 분쟁

③ 조정위원회의 사무를 처리하기 위하여 조정위원회에 사무국을 두고, 사무국의 조직 및 인력 등에 필요한 사항은 대통령령으로 정한다.

④ 사무국의 조정위원회 업무담당자는 「주택임대차보호법」 제14조에 따른 주택임대차분쟁조정위원회 사무국의 업무를 제외하고 다른 직위의 업무를 겸직하여서는 아니 된다.

[본조신설 2018. 10. 16.]

제21조【주택임대차분쟁조정위원회 준용】 조정위원회에 대하여는 이 법에 규정한 사항 외에는 주택임대차분쟁조정위원회에 관한 「주택임대차보호법」 제14조부터 제29조까지의 규정을 준용한다. 이 경우 "주택임대차분쟁조정위원회"는 "상가건물임대차분쟁조정위원회"로 본다.

[본조신설 2018. 10. 16.]

제22조【벌칙 적용에서 공무원 의제】 공무원이 아닌 상가건물임대차위원회의 위원 및 상가건물임대차분쟁조정위원회의 위원은 「형법」 제127조, 제129조부터 제132조까지의 규정을 적용할 때에는 공무원으로 본다. <개정 2020. 7. 31.>

[본조신설 2018. 10. 16.]

부칙 〈법률 제21083호, 2025. 11. 11.〉

제1조【시행일】 이 법은 공포 후 6개월이 경과한 날부터 시행한다.

제2조【관리비 내역의 제공에 관한 적용례】 제19조의2의 개정규정은 이 법 시행 이후 임대차계약을 체결하거나 갱신하는 경우부터 적용한다.

2026 박문각 행정사 2차
조민기 민법(계약) 핵심요약집

초판인쇄 | 2026. 1. 26.   **초판발행** | 2026. 2. 2.   **편저자** | 조민기

발행인 | 박 용   **발행처** | (주)박문각출판   **등록** | 2015년 4월 29일 제2019-000137호

주소 | 06654 서울시 서초구 효령로 283 서경 B/D 4층   **팩스** | (02)584-2927

전화 | 교재 문의 (02)6466-7202

저자와의
협의하에
인지생략

정가 24,000원

ISBN 979-11-7519-732-9